# 나의
# 스칸디나비아

# 나의
# 스칸디나비아

이희숙 지음

이담
Books

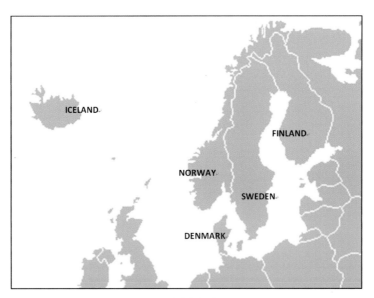

스칸디나비아 지도

## 서두

'스칸디나비아' 하면 사람들은 바이킹을 연상할 것이다. 그러나 스칸디나비아(덴마크·노르웨이·스웨덴)는 북구 5국(핀란드·아이슬란드 포함)과 정치·경제·사회·문화적으로 서로 밀접한 관계를 가지면서 세계 최고의 복지 및 민주주의 국가이다.

1975년 당시, 극히 소수의 동양인만이 찾던 스칸디나비아가 오늘날 손쉽게 방문할 수 있는 지역이 된 배경에는 열심히 사회에 공헌한 국민들, 특히 뛰어난 사람들의 재능·열정·노력 그리고 기다림이 숨어 있다. 최초의 한국 유학생으로서, 생의 대부분의 시간을 스칸디나비아와 함께해온 필자가 오랜 침묵에서 깨어나 지금에서야 이 글을 쓰게 된 이유는 첫째, 이 지역에 관한 기사를 쓰도록 지면을 제공해준 한국 언론에게 감사를, 둘째, 나의 외국생활을 궁금해했던 친지들에게 일종의 보고서를, 셋째, '세상을 위해 의미 있는 일을 하라'고 가르치고 돌아가신 부모님께 효도를, 그리고 36년 전 '솔베이지송'에 반해 무작정 찾아온 한 동양여성을 깊은 인간애로 맞아주고 보살펴준 스칸디나비아에 작은 보답을 하고 싶기 때문이다.

모쪼록 이곳에서의 소중한 일부의 내 경험들이 미지의 독자들에게 스칸디나비아를 바로 아는 계기가 되기를 바라는 마음이다.

2011년 5월, 핀란드 헬싱키에서
이희숙

# MY SCANDINAVIA

노르웨이

NORWAY

# 기나긴 겨울을 이기고 나온 축제

## 미드서머 이브(1991. 6)

북극에 가까운 스칸디나비아는 일 년 중 반이 밤이 긴 겨울을, 나머지 반이 낮이 긴 여름을 가지고 있다. 기나긴 추위를 견뎌내고 여름을 맞이하는 그들은 풍성한 잔치를 마련하고 해가 지지 않는 따뜻한 밤을 함께 보낸다. 미드서머(Mid Summer) 축제!

눈을 떴다.

커튼 사이로 태양이 눈부시다.

테이블 위의 손목시계를 보았다.

열 시다.

정신없이 샤워를 끝내고 집주인이 여름휴가를 떠나 텅 빈, 큰 집의 문을 나섰다. 밤새 비가 왔는지 헤르만 헤세의 라일락 향기와 신록에 정신이 새로워진다. 어느 시인이 장미 향기에 죽었다는 사연을 이해할 것 같은 기분이다.

어젯밤, 외국이라고는 처음으로 노르웨이에 도착하여 밤하늘 별들만이 나를 반겨 주던 폰네부 공항에서 택시로 오슬로 근교에 위치한 부유한 선주 집으로 왔다.

그리고 이 아침! 시냇물 소리와 새들의 지저귐만이 함께하는 깊은 정적은 어제까지만 해도 소란투성이었던 한국과는 정반대여서 잠시 정신이 혼란스러워짐을 느끼며 다시 시계를 보았다. 뒤늦게 여덟 시간의 시차를 바꾸지 않았음을 깨닫는다.

높이 떠 있는 해를 바라보며 버스를 기다리고 서 있는데 멀리서 엔진소리가 들린다. 동양여성을 정류장에서 갑자기 맞닥뜨리게 된 운전수는 잠이 깬 눈치다.

"몇 시죠? 지금은?"

"새벽 다섯 시입니다. 첫 버스지요."

그날 이후, 나는 오슬로대학에 노르웨이어를 배우러 가는 부지런한 모범 유학생이 되어 버렸다. 1975년 7월 15일, 그때 나는 스칸디나비아의 미드서머(하지)를 전혀 몰랐던 것이다.

미드서머, 노르웨이어로 'Santhans' 또는 'Jonsok'이라 부르는 이날(6월 24일)은 역사적으로 세례자 성 요한(St John, the Baptist)의 탄생을 축하하는 날로 그의 이름을 따서 Jon, Johan 또는 Hans라 불리게 되었다. 이날을 휴일로 정한 이유는 기독교 신약성경, 누가복음 마리아계시록에서 찾을 수 있다. 천사가 3월 25일 마리아 앞에 나타나 임신 6개월이었던 엘리사벳에게 3개월 후 태어날 아들이 요한임을 알려, 기독교인들은 그의 생일 6월 24일을 신성한 날로 정하고 이브 날에 탄생축하 기념축제를 하게 된 것이다.

미드서머에 교회에서는 특별미사가 열리고, 모든 사람들이 휴일을 보낸다. 예전에는 크리스마스, 부활절, 성신강림절, 3일이 공휴일이었으나 덴마크 수상 스트류네스가 사흘 중 마지막 날과 미드서머를 근무일로 바꾸었다. 당시 덴마크 지배하에 있던 노르웨이 서쪽지방 사람들은 그의 말을 듣지 않고 모든 상점의 문을 닫았으며 그 관습이 지금까지 이어지고 있다. 아무튼 사람들은 미드서머 이브에는 항상 파티를 하였는데 여기에는 성 요한 탄생기념 외에 다른 이유들도 있다.

노르웨이와 핀란드인들은 모닥불을 피우고 그 주위에 모여 독한 꿀술을 마시고 발할(Vallhal)의 전쟁신들을 찬양하였다. 다음 날은 산기슭에 가축들을 데리고 가는 농민들에게 잠깐 휴식하기에 좋은 따뜻하고 밝은 날이었다. 자연히 그들은 미드서머 이브를 위하여 맥주 제조법을 만들었고, 모닥불 주위에 마을주민들이 모여 음악에 맞추어 춤과 오락으로 밤을 지새우게 되었다. 사람들이 자동차와 보트를 소유하게 되자, 가족 친지들 사이의 개인파티가 생겨나게 되었는데, 이튿날 아침까지 이어지는 이 파티는 주말이 아닌 경우, 다음날 직장에서 조는 사람들을 많이 보게 된다.

스웨덴은 특별한 전통을 가지고 있다. 미드서머(Midsommardagen)가 가까운 주말을 축제일로 만들어 도시사람들이 시골로 떠난다. 그들은 미드서머 전날 아침부터 집·자동차·교회 그리고 무도회장에 꽃을 장식하고 전통복장을 한다. 또 광장이나 저택의 정원에 화환이 달린 긴 기둥(메이폴)을 만들어 점심때는 그것을 들어 올렸다가 날이 어두워지면 그 주위를 돌며 음악에 맞추어 민속춤을 춘다.

기독교가 전파되기 이전부터 스칸디나비아에서 모닥불을 피우는 것은 6개월간의 긴 겨울, 눈과 추위가 끝나고 따뜻한 태양, 자작나무의 신록, 그리고 수천 가지 꽃향기가 물씬한 밤공기로 인해 사람들의 마음이 기쁘게 됨을 축복하는 의미이다.

미드서머 이브는 낭만과 꿈으로 가득 차는데, 특히 젊은 여자들은 그날 밤 어떤 남자와 결혼할 것인지를 미리 알게 된다. 들녘에 나가 아홉 가지의 서로 다른 야생화를 따서 머리맡에 두고 잠들면, 남편이 될 사람의 얼굴을 꿈꾸게 된다는 것이다.

모닥불을 피우는 또 다른 이유는 일 년 중 낮이 가장 긴 날을 기념하는 일 외에도 항상 활동하는 마녀들을 쫓아낸다는 의미가 있다. 덴마크에서는 부지깽이를 사용하고, 노르웨이에서는 빗자루에 십자가를 새겨 거기에 침을 세 번 뱉으면 마녀들이 견딜 수 없게 된다고 믿는다. 또 영험이 있는 나뭇가지를 문이나 창문 틈새에 놓아두거나, 철로 만든 도구를 이용해서도 마녀를 쫓을 수도 있다.

이날 밤 공중에서는 마녀들의 속삭임을 들을 수 있다. 이는 디오니소스적 축제인 연 총회에 참석하러 가는 마녀들이 빗자루를 타고 지옥 입구에 위치한 회합장소로 날아가는 소리이다. 마녀들의 행진을 보려면 길 교차로에 앉아 백양나무 화관을 머리에 쓰고 부지깽이를 들고 있거나, 아홉 가지의 서로 다른 야생화를 불에 태우면 된다.

마녀들이 회합장소에 도착하면, 대마왕과 이날의 여주인공인 대마왕의 할머니로부터 환영키스를 받는다. 그 후 할머니는 마녀들에게서 일 년 동안의 행위를 자백받고 보고서를 심판하는데, 이 장면은 덴마크 셀란드 벨요교회 설교단에 묘사된 괴상한 장면에서 볼 수 있다.

축제가 시작되면 대마왕은 마녀들에게 멋진 남자마귀를 파트너로 하사하여 그들은 농담, 유희, 춤 그리고 술로 밤을 지새운다. 이 날 대마왕은 가장 공격적인 마녀에게 연설을 시키고, 대마왕의 할머니는 최고의 존귀한 존재로 행동한다. 축제가 끝나고 돌아갈 때 마녀들은 대마왕의 뜨거운 포옹을 받게 되는데, 이는 마피아 두목처럼 형제의 단합과 충성심을 요구함을 의미한다.

몇백 년 동안 사람들은 비정상적이고 환상적인 모습으로 마녀들을 창조해내었는데, 실제 노르웨이에서 정신이 돌거나 미래를 예언하는 사람들을 마녀라 부르며 불에 태우는 일이 벌어졌다. 마르틴 루터(Martin Luther)는 어린 시절 마녀와 악마의 공포로 어두운 시절을 보낼 것이라는 주술가의 예언을 평생 동안 철저히 믿었다고 한다.

마녀들의 회합장소는 노르웨이의 경우 베르겐 근교의 리더톤이며, 스웨덴은 블로쿨라 동쪽에 있는 섬이고, 덴마크 마녀는 마녀의 본고장인 독일 블록스베르그나 브로켄, 노르웨이, 또는 아이슬란드 헤클라에서 각각 모인다. 16세기 중순의 한 기록에 의하면, 헤클라 주변에서는 매일 마녀와 귀신들의 아우성과 신음소리를 들을 수 있었으며, 이곳 사람들은 전쟁이나 피 흘리는 사건이 터질 때마다 이 소리를 쉽게 감지할 수 있었다고 한다.

미드서머 이브에는 마녀뿐만 아니라 지하귀신들도 주의해야 한다. 한 예로 남자와 여자들이 축제 때 소리 없이 사라져 목이 잘려진 채로 발견된 사건을 들 수 있는데, 이것은 지하귀신이 힘을 행사한 것이다. 미신에 의하면 이날 밤은 아픈 사람의 병을 고치는 데 가장 효험 있는 날이다. 특히 교회마당에 이불이나 시트를 깔아 밤새 이슬을 받아 다음날 병자를 감싸주면 병이 낫게 된다는 믿음이 있다. 또 이날 마시는 물은 특별히 신성한 물이라 하여 눈병과 복통약으로 사용되었다. 그러나 트로엘 룬드 이론에 의하면, 당시 사람들은 물을 잘 마시지 않기 때문에 이날 우연히 마신 경험의 결과가 좋다 보니 그러한 미신이 생긴 것이라고 반박한다. 아무튼, 미드서머 이브는 모든 사람들을 분주하게 만드는 날임에 틀림없다.

오래도록 이곳에 살면서도 나는 아직도 해가 지지 않는 밤에 잘 적응이 안 되어, 여름이면 이중, 삼중으로 커튼을 달고, 서너 번은 잠을 깬다. 북쪽 스칸디나비아 사람들은 사회·경제적 안정으로 생의 의미를 심각하게 생각해 자살률이 높다. 통계에 의하면 6개월간 계속되는 밤과 6개월간 지지 않는 태양을 견디지 못해 세상을 등진다고 한다. 아마도 이들에게 가장 좋은 처방은 모닥불이나 독한 술보다 편도 비행기 티켓을 사서 스칸디나비아를 영원히 떠나게 해주는 일일지 모른다. 하나님의 선물로 뚜렷한 사계절에, 좋은 기후조건을 가진 한국으로 이민 가는 것도 좋은 방법의 하나가 아닐까?

# 그린 윈터 그리고 화이트 윈터

## 노르웨이 I (1984. 2)

노르웨이인들은 태양이 강렬해야 함에도 불구하고 추운 여름 날씨를 그린 윈터(Green Winter)라고 부른다. 화이트 윈터(White Winter)와 더불어 두 개의 겨울을 맞이하는 이곳 젊은이들은 짝 찾기를 고심하지 않고 종이 한 장 때문에 결혼하지 않는다. 파티에 자기가 마실 술을 지참하고, 은행에서 빌린 돈이 많을수록 세금을 적게 내는 지상 최고의 복지국가.

지금도 여름이면 오슬로 주변 바닷가에는 많은 여자들이 토플리스 차림으로 하늘을 맞대고 누워 있다. 소위 나체촌으로, 옷을 입으면 도리어 웃음거리가 된다. 감히 이곳에 들어갈 용기가 없는 호기심 많은 남자들은 멀리서 망원경으로 열심히 구경을 하고, 세상을 한탄하는 늙은 세대들은 눈살을 찌푸린다.

15세가 되면 학교에서는 피임교육을 철저히 시키고, 길거리에는 큰 글씨로 쓴 '성병을 조심하라'는 포스터들이 나부낀다. 어릴 때부터 혼성교육에 따른 집단생활로 성경험이 빠르며, 미혼이든 기혼이든 독신자들은 짝 찾기를 근심하지 않는다.

결코 증명서 한 장 때문에 결혼하지 않는 이들은 18세부터 시작하여 쉽게 사랑에 빠졌던 만큼, 결혼 2~3년 내에 쉽게 이혼한다. 이 기간 동안 아기를 갖지 않았음을 다행으로 생각하는 그들은 결혼 관념이 매우 희박하다. 성 개방, 여성해방운동, 맞벌이 경제 등으로 탁아소에는 아기들이 울고 있고, 많은 청소년들이 집을 뛰쳐나와 거리를 헤매다가 마약환자가 되기도 하며, 노인들은 양로원에서 찾아오지 않는 자식들을 원망하며 늙어간다.

머리가 좋은 사람이 이런 사회제도를 역이용하는 이 모든 현상들은 희생과 책임이 적은 개인 이기주의 또는 물질주의 사회에서 비롯된 것인 듯하다.

# 노르웨이 II(1989. 5)

1975년 7월, 지구 반대편에 있는 노르웨이로 훌쩍 떠나올 결심을 하기까지, 나는 신문학 대학원 공부를 영국에서 할 작정이었다. 또 기회가 되면 열광하던 말론 브란도를 만나러 남태평양 타히티 섬으로 갈 계획도 세웠다. 그러던 어느 날, 영화 「송 오브 노르웨이(Song of Norway)」에서 흘러나오는 그리그(Grieg)의 「솔베이지송」에 반해 인생진로를 갑자기 틀었다. 첫 동양인으로서, 소망하였던 그림공부를 오슬로국립미술대학에서 이룬 다음부터는, 나는 나의 생에 더 이상 꿈을 꾸지 않는다. 오히려 그 꿈을 현실화시키고자 3단계의 작업을 한다. 먼저 꿈을 가능한 아이디어로 바꾸고, 실천할 계획과 방법을 만든 다음, 행동에 옮긴다.

Nordweg, 즉 '북쪽으로 가는 길'이란 뜻의 노르웨이는 오랫동안 계속되는 신비한 백야의 밤과, 손이 닿지 않은 자연 속의 야생동물로 소문이 나 호기심에 찬 여행자들에 의해 발견되었다. 그리그 작품에서도 잘 묘사되어 있듯이, 여름이면 노르웨이 서부 협만(피오르)을 따라 북쪽 땅끝마을(Nordkapp)까지 가는 데 일주일 이상 걸리는 여객선을 타기 위하여 세계 각처에서 관광객들이 모여든다.

짧은 여름이라 노르웨이인들은 해안가 별장에서 하이킹, 등산, 조킹, 보팅, 낚시 등을 즐긴다. 특히 7월 초순부터 2주일간 계속되는 합동휴가 때는 일광욕을 위하여 근무시간까지 단축, 오후 세 시가 넘으면 시내공원 곳곳에서 반나체로 뒹구는 젊은이들을 쉽게 볼 수 있다. 1978년 이곳을 방문하신 어머니께서도 이 광경을 보고 놀라, 내가 이곳에 살아서는 안 된다며 빨리 귀국하라고 말씀하셨던 에피소드가 새삼스레 추억으로 떠오른다.

또 북쪽으로 가면 6월 중순에서 7월 말까지 하루 종일 해가 지지 않는 백야(Midnight Sun)가 계속되는데, 이때 많은 사람들이 불면증으로 고생하는 반면, 겨울에는 하루 서너 시간을 제외하고는 밤이 계속되어 알코올과 멜랑콜리에 빠지는 경우가 많다. 그러나 겨울이 되면 노르웨이는 제철을 만난 셈이 된다. 집 앞에만 나가도 곧바로 스키를 탈 수 있을 만큼 많은 눈이 내리고, 오슬로 주변 공원과 숲속에는 스키를 타기에 편하도록 밤새 조명을 밝힌다.

매년 2월이 되면 홀멘콜른(Holmenkollen)에서 세계스키점프대회가 열린다. "태어날 때부터 스키를 달고 나온다"는 노르웨이인들은 세 살이 되면 스키를 배우고, 산 위의 통나무집에서 긴 겨울을 보낸다. 부활절 스키휴가에서 돌아온 사람들의 얼굴이 얼마나 검게 탔는지에 따라, 그들이 얼마만큼 풍요롭게 휴가를 즐겼는지를 가늠할 수 있다. 태양의 위대함이여!

부활절 이야기가 나온 김에 좀 더 해보자. 서기 1000년경 기독교가 도입되면서부터 88%의 노르웨이인들이 국교인 루터교에 속하였다. 그러나 지금은 세례식, 결혼식, 장례식 등 세 번의 교회방문을 제외하고는 대부분 교회에 나가지 않는다. 대신 교회는 휴가를 가지 못한 노인들의 임시 거주지가 되었다.

특히 크리스마스 시즌에는 노르웨이 전체가 선물 사기에 부산하다. 성탄절은 일 년에 단 한 번 가족들이 모이는 명절이라 텅 빈 도시가 외국인들에게는 적막하기 그지없다. 특히 이브 날에는 오후 다섯 시부터 밤 열한 시까지 전차·버스 등 공공 교통수단마저 모두 정지돼 버려 마치 지상 끝에 홀로 서 있는 느낌이다. 저녁식사로 돼지고기요리(Ribbe)에 감자술(Aquavit)이 차려지는데, 이는 어둠을 몰아내고 태양이 다시 돌아오기를 기대한다는 의미이다. 성탄 아침에는 치즈, 비스킷 그리고 갖가지 젓갈이 담긴 콜드디시(Cold Dish)가 차려진다.

19세기까지만 해도 노르웨이는 대가족과 가난으로 이민을 떠나는 사람들이 많았다. 미국 미네소타 주를 중심으로 이민자 수가 노르웨이 인구 4백만 명(현재 2011년 약 450만)과 거의 맞먹었다. 제1, 2차 세계대전 후 급속히 진행된 산업화와 함께, 핵가족제도가 생겨나면서 인구성장률이 점차 낮아지고 있다. 각 가정은 보통 두 명의 자녀를 두는데, 이는 여성해방운동에 의한 여성의 인권신장과 사회진출이 크게 높아진 데 그 이유가 있다.

많은 젊은이들이 결혼 대신 동거를 하며, 정부는 이들에게 결혼한 사람과 똑같은 법적 지위와 복지제도의 혜택을 제공한다. 최근에는 에이즈(AIDS) 공포 때문에 결혼을 택하는 비율이 높아지고 있다. 오슬로 市의 경우, 하루 두 명이 결혼하면 한 명이 이혼하며, 미혼모도 급격히 늘고 있다. 전쟁으로 인해 남자인구가 여자인구에 비해 훨씬 적은 탓에 짝을 구하는 일이 쉽지 않다.

낮은 인구분포는 유럽에서 아이슬란드 다음 순위이며, 70%가 도시 또는 도시 근교에 살고 있다. 오슬로 중심가인 칼 요한(Karl Johan) 街에 잠시 서 있으면, 지나가는 멋진 블론드의 남녀들을 쉽게 볼 수 있는데 말론 브란도도 잊을 수 있을 정도이다. 훤칠한 키에 하얀 살결, 특히 여자들은 화장을 하지 않는 것이 특징으로 그 모습이 스웨덴의 그레타 가르보나 노르웨이의 리브 울먼 등 세계적인 여배우들과 닮아 있다.

그들은 언제나 세계미인대회나 모델선발에서 상위권을 차지하는 영광을 차지하여, 미국의 많은 모델 에이전시들이 이곳으로 모인다. 이는 금발들이 상류사회에 들어갈 수 있는 좋은 기회이다. 시카고에 알 카포네가 드나들던 술집 키 클럽이 있다. 항상 바뀌는 웨이트리스는 주로 스칸디나비아에서 청운의 꿈을 안고 건너간 18세 전후의 금발미녀들로서, 돈 많고 외로운 남자들에게 좋은 상대가 된다.

노르웨이 북쪽에 2만여 명의 사미(Sami)족이 살고 있다. 이 나라
의 원주민으로서, 이들 중 10%가 사슴 목축업으로 생계를 유지하고
있다. 한때 핵시설 설치를 반대하는 대규모 시위를 하여 노르웨이인
들과 잘 어울리지 않으며, 고도의 언어와 풍속을 가지고 있으나 종
종 차별대우를 받기도 한다. 그래도 노르웨이의 경제발전으로 파키
스탄 등지에서 이민 온 노동자들에 비하면 아무것도 아니다.

사미족에 대한 에피소드가 있다. 1975년 내가 동양인으로서 처음
오슬로미술대학에 들어갔을 때, 옆에 앉은 짝이 사미족이었다. 서로
비슷하게 생긴 모습, 즉 검은 머리에 작은 키로 친구들은 나를 사미
족으로 착각하였다. 그 당시 이들은 감히 동양에서 이 먼 노르웨이
까지 공부하러 온 사람이 있다고 생각할 만큼 국제적이 아니었다.
유럽에서 고립된 나라였음을 여실히 보여 주는 사례이다.

노르웨이인은 유머가 많은 민족이지만, 또 아이러니도 많다. 모든
것을 인정하면서도 또 인정하지 않으려 한다. 덴마크 통치시대부터
생긴 얀테법(Janteloven), 즉 '자기 자신이 남보다 잘났다고 생각지
말라'는 사고방식인데, 특히 젊은 세대의 발전을 막는 요소가 되기
도 한다. 그들은 자신들의 나라를 자랑하는 보수적인 민족이지만 수
줍음이 많아, 그들과 친해지기 위해 약간의 관심만 보여 주면 자연

스럽게 친구가 될 수 있다. 한번 인간관계가 맺어지면 가장 친한 친구가 되는 것이 스칸디나비아인들의 특징이다.

내가 다닌 미술대학에서 미국 유학생이 존칭어로 교수에게 인사를 하였는데, 이런 말투에 익숙지 않는 교수는 물론, 학생들도 매우 당황해하였다. 서로 이름을 부르는 교수와 학생은 친구이자 논쟁의 상대로, 작품을 비평할 때면 이들 간에 열전이 벌어진다. 정부에서 빌린 돈이나 장학금으로 부유하게 사는 학생들은 의사표시에 적극적일 뿐 아니라 교수에게 신선한 아이디어를 제공하는 촉매제이다. 따라서 노르웨이에서는 필요 없는 중간과정들이 적어 어떤 일을 하는 데 있어 그 가부를 쉽게 알 수 있다. 행정부서에서 내린 결정에 찬성하지 않으면 3주 안에 다시 소청할 수 있는 휴먼 민주주의 국가이다.

다른 사람의 집을 처음 방문할 때는 여주인을 위한 작은 선물, 예를 들어 꽃, 초콜릿, 기념품 등을 마련하는 것이 예의이다. 촛불 아래 이루어지는 파티에 선박교역 관계로 많은 한국 기업인들이 초청되었다. 밝은 불빛 아래 급히 음식을 먹는 한국인들로서는 거의 어둠 속에 천천히 식사하는 노르웨이인들을 기다리는 일이 무척 곤혹스러운 일이었다.

술을 마실 때는 '스콜(Skål)'이라 외치며 서로 눈인사를 한 다음

잔을 부딪친다. 노르웨이어로 사발을 스콜이라고 부르는데 '건배'라는 뜻으로, 이는 바이킹족들이 해골로 술을 마시기 시작한 데서 비롯되었다. 누군가 파티 도중에 말을 하려면, 와인 잔을 두드려 소리를 내어 주의를 환기시킨다. 특히 그날의 주빈은 식사를 끝내기 전에 반드시 여주인의 음식솜씨를 칭찬하는 짤막하고 위트 있는 스피치를 해야 한다. 일상생활에서 어린이들은 식사 후 자리를 뜰 때 '음식에 감사합니다(Takk for maten)'라고 인사한다. 일단 친해지게 되면 서로의 뺨을 비비는데, 나는 처음 수염이 많이 난 남자와 이런 식의 인사를 하고 얼마나 얼굴을 씻었던가!

노르웨이는 세계에서 가장 물가가 비싼 곳이라, 파티를 할 때는 대부분 자기가 마실 술을 사 가지고 간다. 젊은이들은 그날 밤 짝을 만나기도 하므로 대부분의 여자들이 피임을 할 뿐 아니라 어떤 남자들은 안전을 위해 콘돔을 휴대한다.

88서울올림픽 때였다. 노르웨이 선수의 금메달 획득 자축연이 디스코장에서 열렸다. 한 선수가 흐르는 땀을 씻으려 무심코 손수건을 꺼내다 무언가를 바닥에 떨어뜨렸다. 그것을 주운 미국에서 온 자원봉사자가 콘돔인 줄 알고 얼굴이 홍당무가 되어 물었다. "노르웨이가 이 정도로 프리섹스의 나라인가요?" 천만의 말씀이다. 프리섹스도 일부에서만 통하는 풍속일 뿐이다. 몇 년 전부터는 남자 쪽의 허락 없이도 임신중절이 가능해졌다. 이전에는 영국으로 중절수술을 가야 할 만큼 매우 보수적인 나라였다.

남자로부터 훌륭한 저녁을 초청받을 때는 그날 밤까지 초대한다는 의미도 들어 있다. 북구여성과 로맨스를 가지고 싶었던 한 한국 남자가 술집에서 만난 금발미녀에게 술을 대접하였는데, 상대를 빨리 취하게 하려고 속도를 내다, 그만 자신이 먼저 취하는 바람에 여성의 배웅을 받고 숙소로 돌아가야 했던 일이 있었다. 그때 그가 노르웨이 여성들이 얼마나 술이 센지, 또 술값이 얼마나 비싼지 미리 알았더라면…… 노르웨이인들에게 술을 권하면 'No'라고 대답하는 사람은 드물다. 공휴일이나 휴가 때, 특히 술값이 싼 영국이나 남부 유럽에 가보면 술에 취해 졸고 있거나 고함지르는 사람들이 노르웨이인이다.

감자술을 많이 마셔 정신이 돌아 해적생활을 했다는 바이킹족은 9세기 동안 소왕국에서 시작하여 10세기부터는 통합 노르웨이 왕국을 건설하였다. 초기 중세기 바이킹 사회가 영국·프랑스·아일랜드·아이슬란드에서 발견되었고, 이들이 그린란드와 북미의 항해선로를 개척한 것은 콜럼버스 이전의 일이다. 11세기 기독교가 도입되자 왕국의 힘이 막강해졌고, 13세기 선박활동으로 강력한 국가를 이루었다.

그러나 전 인구의 3분의 2를 몰살시킨 흑사병이 노르웨이를 쇠약하게 만들면서 1380년 덴마크에 합병되고 만다. 1814년 나폴레옹 전쟁 후, 덴마크는 강대국 간의 협정에 따라 노르웨이를 스웨덴에 넘긴다. 이런 역사로 노르웨이인과 스웨덴인 사이의 감정이 좋지 못하며, 농담조로 서로를 비난한다.

1905년 평화조약으로 스웨덴과의 연합이 풀어졌고, 노르웨이는 독립국가가 되어 덴마크의 칼(Carl) 왕자를 국왕으로 모시게 되었다. 칼 왕자는 호콘(Haakon) 7세로 개칭되었고, 그들은 제1차 세계대전에서 중립을 지켰다. 그러나 제2차 세계대전 때 히틀러의 침략으로 5년간 나치 치하에 놓이게 되자, 왕자 올라브(Olav) 5세는 영국에 노르웨이 임시정부를 세워 독립운동을 하였다. 생전의 올라브 왕(현재는 하랄드 왕)은 시내 중심에 위치한 왕궁에서 손수 차를 몰고 다니는 검소한 할아버지였다. 또 별장지에서 애견과 함께 산책하는 중 이웃사람들과 대화하는 모습도 자주 보여 주었다.

석유파동이 한창이던 때 홀멘콜른에서 스키점프대회가 열렸다. '서민의 왕'임을 자인하는 왕이 아침 일찍 전차를 탔다. 차장은 당황해 어쩔 줄 몰라 하는데도 왕은 일반요금을 지불하고는 낡은 전차 한편에 조용히 자리를 잡았다. 혼잡한 전차 속에서 피곤해 자신 등에 기대어 졸고 있는 노동자를 30분 동안 깨우지 않은 채 왕은 아무렇지도 않은 듯 미소만 띠고 있었다.

세계에서 가장 가까이 왕궁에 접근할 수 있는 이 나라는 또한 많은 여성장관을 내각에 두었다. 1981년 첫 여수상이 된 브룬틀란드는 7명의 여성장관을 배출시켰는데 이들 대부분이 35~37세의 가정주부이다. 언젠가 국회 정문 앞에서 바구니를 들고 차를 기다리던 한 주부의 모습과 인터뷰 차 사무실에서 만난 수상의 모습은 무척 대조적이었다.

6·25한국전쟁 당시 의료를 지원한 노르웨이(스칸디나비아 3개국이 을지로에 위치한 국립의료원 건립에 참여함)는 제2차 세계대전 후 유엔창설에 기여하였으며, 나토(NATO) 세계경제발전기구, 유럽자유무역협회의 회원으로서 1996년 12월 유럽공동체에 참여하였다. 또 통상뿐 아니라 경제·의료 계통에 많은 예산을 투입하여 아시아·아프리카·남미 등 제3국에 많은 도움을 주고 있다.

노르웨이 문화예술에서 입센의 문학, 뭉크의 미술, 그리그의 음악을 결코 빼놓을 수 없다. 그리그는 서부 협만(피오르)의 아름다운 자연을 낭만적인 음악으로 표현하였으며, 그를 기념하여 베르겐에서는 매년 음악 페스티벌이 열린다. 입센이 쓴 『인형의 집』의 주인공 노라는 자신의 잠재능력을 개발하기 위해 가정을 떠남으로써 국제 여성해방운동사에 큰 영향을 미쳤다. 한편, 사후에 이름을 떨친 뭉크의 그림은 항상 우울하다. 어린 시절부터 사랑의 결핍과 배반 속에서 살았던 탓인지 뒤를 보고 서 있는 모습과, 인간과 죽음과의 만남이 그의 예술의 특징이다.

　선진국 중에서도 사회보장이 가장 잘된 복지국가로 대두한 노르웨이는 경제성장과 발전 속도에 신중을 기하고 있다. 복지국가답게 67세부터 시작되는 연금제도와 신체훈련 및 장애인 시설 등에 최선을 다한다. 나는 노르웨이를 한마디로 정직하고 순박하며 순진하고 깨끗한 나라로 묘사하고 싶다.

파도 위에서 '나'를 재발견한다

## 스카게라크 해협(1991. 6)

노르웨이 오슬로에서 덴마크 코펜하겐을 오가는 여객선 '킹 오브 스칸디나비아(King of Scandinavia)'는 서비스와 여흥으로 밤 항해를 즐겁게 만들어 준다. 1991년 3월 나는 열여섯 시간의 여행으로 내 자신을 돌아볼 기회를 가졌다.

바깥에는 심한 풍랑이 일고 있다.

북해의 큰바람이 몰려온다.

하늘을 쳐다보니 먹구름이다. 조금 있으면 소나기가 내릴 것 같다. 언젠가 프랑스 노르망디 해변에서 내 자그마한 체구를 한껏 씻어준 그 소나기가 그립다. 정신을 가다듬는다. 많은 사람들은 조용한 자연 속에서 안정을 찾지만 나는 록음악이나 천둥, 급속히 변모하는 자연 속에서 더 정적을 느끼고, 환희를 느낀다.

홀로 있음!

얼마나 행복한 단어인가. 그것은 내가 일부러 지불하고 선택한 자유이다. 외로움, 역시 행복한 것이다. 생활에 바빠 그럴 틈이 없는 사람들에 비해 외로울 사치스러운 시간도 있으니까.

나는 다시 배 안으로 들어간다. 기울어가는 황혼의 마지막 따스함을 등 뒤로 느끼며…….


유럽대륙과 떨어진 탓으로 스칸디나비아에는 많은 여객선들이 운항되고 있다. 가장 역사가 깊은 스칸디나비안 시웨이즈(Scandinavian Seaways)는 1886년에 세워진 회사로 오슬로에서 코펜하겐, 코펜하겐에서 뉴캐슬·하위치·암스테르담 등 여러 도시를 운항한다. 나는 멋진 실내, 훌륭한 서비스, 특별한 가격, 맛난 음식 그리고 선장이 미남이기 때문에 비행기 대신에 이 배를 권하는 것이 아니라, 열여섯 시간의 선박여행이 자기 자신을 돌아볼 수 있는 최상의 기회이기 때문에 권하고 싶다.

그러나 정작 내 자신은 출발부터 해프닝이었다. 매일 오후 다섯 시 오슬로를 출발하는 이 배를 그만 놓쳐 버렸다. 예전 같으면, 두 발을 동동거렸겠지만, 어느 틈에 나도 성숙해지고 경제적 여유가 생겼는지, 걱정해주며 차를 태워준 남자친구에게 오히려 그곳에서 두 시간 떨어진 항구로 앞질러 가 있으면 배를 탈 수 있을 거라며 안심시킨다. 다급하게 차를 모는 그 친구에게 음악까지 틀어주며 마음을 진정시키다 보니 어느새 작은 돛단배가 나를 기다리고 있었다.

제 시간에 오지 못한 여행객은 나뿐이었다. 나는 시야에서 멀어져 가는 그의 차를 바라보며, 어린 시절 본 한국영화에서의 밀항하는 여간첩 같은 스릴과 또 오슬로대학에 다닐 때 여동생과 로테르담 외항으로 남동생을 만나러 가다 하마터면 중국 배를 탈 뻔했던 아슬아슬한 추억에 마음이 야릇해짐을 느꼈다.

누가 날 상관할 것인가! 나의 존재를? 인간에게 가장 슬픈 것은 무관심의 존재이다.


"땡큐!"

모처럼 특별 TV프로그램을 놓쳐 아쉬워하던 외딴 작은 항구의 돛단배 선장에게 작별인사를 하고, 나는 한국의 군인들이 오래전 월

남에 싸우러 갈 때 사용하던 그런 사닥다리를 타고 배 안으로 올라
갔다. 배를 놓친 승객 하나 때문에 '열중쉬어' 차림을 하고 서 있는
승무원들에게 미안한 눈짓을 하고 내 방을 찾았다.

쿠세트, 2인용, 4인용, 특실에 따라 가격이 다르고 잠잘 수 있는
기회도 달라진다. 학생들은 제일 값싼 표를 사서 슬리핑백을 바닥에
깔고 준비해 온 샌드위치에 맥주 한 잔으로 밤을 지새우는가 하면,
회사 돈으로 출장 가는 비즈니스맨들은 면세 샴페인에다 최고급 요
리를 주문하며 푸짐한 여행을 즐긴다. 술이라면 결코 사양하지 않는
스칸디나비아인들에게는 최고의 행운이다.

나는 편한 옷으로 갈아입고 호기심 많은 어린아이처럼, 또 카메
라를 맨 일본인 관광객처럼 배 안 구석구석을 돌아다녔다. 꼭대기 6
층 갑판에는 선장실·사무실·회의실·조종실이, 5층에는 레스토랑·디
스코텍·카페·나이트클럽이, 4층에는 승객들이 드나드는 출입구와
객실·상점·놀이터가, 지하층인 3층에는 객실, 2층에는 차고, 최하층
에 쿠세트가 각각 있다.

여러 층을 오르락내리락하다 보면 종종 나처럼 호기심 많은 구경
꾼을 여러 차례 만나게 되어 서로 눈웃음을 나누기도 한다. 4층에서
는 담배와 와인을 즐기는 부인의 주말파티를 위하여 면세점 문이
열리기도 전에 그 앞을 서성대며 주머니를 더듬는 공처가들(혹은
애처가)도 만나게 된다.

비자카드!

세상은 참 편리하다. 플라스틱 카드 한 장과 서명할 수 있는 자기 이름만 있으면 모든 것이 형통하다. 그들에겐 나중 은행독촉장을 생각할 여유가 없다. 카페에는 돈 없고 늙은 연금수혜자들과 턱수염이 가득한 진바지 차림의 청년예술가 후보생들이 커피 한 잔을 앞에 두고 묵묵히 상념에 젖어 있으며, 가족 여행객들은 뿔뿔이 흩어져 책을 읽거나 서성거리며 저녁식사가 나오기를 기다린다. 이 시각 조용한 단 한 곳은 여덟 시부터 북해에서 잡아 올린 싱싱한 생선을 대접할 고급 레스토랑이다. 사실 이때부터 진짜 여행이 시작된다.

황혼이 진다.

방금 산 면세 향수로 몸을 치장한 사람들은 새 옷으로 갈아입고 자신들의 호주머니 사정에 따라 레스토랑을 선택한다. 뷔페를 할 사람, 요리를 주문할 사람……. 그런데 스칸디나비아의 특징은 그룹디너이다. 어릴 때부터 남녀들이 자유롭게 교제한 탓으로 어떤 파티를 가더라도 5~6명이 항상 모여 있다. 이런 습관은 넓은 대지에 적은 인구로 집과 집이 지리적으로 떨어져 있고, 또 추운 겨울로 기후적으로 고립되어 있는 탓에 무의식적으로 누군가와 같이 있고 싶은 연대의식에서 비롯된 것인지도 모른다.

밤 열두 시, 디스코텍에는 들뜬 틴에이저들이 관능적인 동작으로 몸을 흔들어 대고 있고, 웨이터들은 햄버거와 콜라를 나르기에 바쁘며, 모처럼 신난 DJ는 어깨를 들썩거리며 판 고르기에 여념이 없다. 바에는 서로 관심이 있으면서도 냉가슴을 앓아오던 직장동료, 혹은 사장과 비서 간의 사랑고백으로 폴 모리아 악단의 선율 속에 토닉 잔이 차곡차곡 쌓여 간다. 차라리 신부 앞에 자신의 죄를 고백하는 바흐 오르간 음악이 더 잘 어울리지 않을까?

뭐니 뭐니 해도 가장 번잡한 곳은 나이트클럽이다. 두어 시간 전까지만 해도 명상처와 같던 이곳이 자유를 찾아 암흑세계를 뛰쳐나온 폴란드 악사의 서러움이 담긴 연주가 시작되면서 음식과 술에 취한 사람들의 마지막 광란의 장소가 되고 있다. 남편과 부인이 서로를 속이고 애인을 가지는 것을 영광으로 삼았던 프랑스 루이 왕조는 가면무도회를 최대한 활용하였다. 그런 점에서 나이트클럽은 가면이 필요 없는 곳이면서도 또 필요한 곳이다. 여자들의 치맛자락이 더 올라가고 남자들의 셔츠 단추가 풀린다. 좀처럼 표정을 바꾸지 않는 무뚝뚝한 스칸디나비아 남성들에게도 일단 술이 몇 잔 들어가면 얼마 후 넥타이가 풀리고 노래와 춤이 나오기 시작된다.

인내심을 가지고 관찰해 보면 내성적인 사람은 구석 한편에서 졸고 있고, 외향적인 남성들은 고함을 지르는 등 술버릇이 나온다. 남자들의 이런 버릇은 부모들이 직장에 나가고 자식들이 혼자 집을 지켜야 하는 사회제도의 탓이다. 그들은 '홀로 있음'을 좋아해서 미혼자가 많지만, 외로움이 싫어 프리섹스가 발달하였는지도 모른다.

한 중년부부가 눈에 들어온다. 유럽대륙으로 시집간 딸과 처음 볼 손자를 만나러 가는 그들도 옛 추억이 그리운지 이미 굳어 버린 발로 조심스럽게 스텝을 밟는다. 나는 그들의 발자취를 따라 과거의 오랜 먼지가 그들의 눈동자로 스며드는 것을 보며 환희를 느낀다.

로맨스그레이! 사랑의 위대함이여!


배 안을 샅샅이 뒤지며 하고 싶은 구경을 다 했다. 스칸디나비아에 오래 살아서인지 계속 치근거리는 남자에게도 "No"라고 쉽게 대답한다. 그럴 때마다 그들은 동양여성인 내가 스칸디나비아 여성이 되었다고 비난하며, 또 다른 여자에게 다가가 똑같은 수작을 계속한다.

할 일이 더 없는 나는 취침 전 마지막으로 한 번 더 선상으로 나섰다. 조금은 잔잔해진 바람을 뺨으로 느끼며 파도소리를 듣는다. 멀리 보이는 연인들의 포옹이 내심 부러웠는지 순간 나도 행복해지고 싶어진다.

갑자기 홀로 있음이, 외로움이, 이 모두가 불행으로 여겨진다. 취기가 오른 탓인지, 캄캄한 대양 속에 한 줌의 재가 되어 이대로 홀연히 사라져 버리고 싶은 충동이 느껴진다. 흘러가는 파도를 따라 이미 세상을 떠난 부모님을 만나러 갈까?

어디선가 나를 부르는 사람이 있다. 돌아가신 어머니의 목소리다. "너는 나의 자랑스러운 딸! 네 능력과 미모로 세상을 훨훨 날아다니다, 좋은 사람을 만나면 결혼을 하거라. 혹 자식을 낳지 못하면 양자를 두어라. 세상에 버려진 아이들이 모두 네 자식이다."

아니다, 아직은 할 일이 남아있다.

판도라 상자의 내용물 중에서 희망과 능력을 부모님에게서 선물 받았고, 항상 때가 되면 뜻이 이루어진다는 신념을 하나님에게서 선물 받은 나는 또다시 용기를 낸다. 나는 살아야만 한다. 그럴 때 진정한 생의 의미가 있다. 그 때문에 연애, 명예, 돈 그리고 죽음으로부터의 끝없는 유혹을 견디지 않았던가? 이 밤의 유혹을, 메피스토펠레스의 달콤한 말을 작은 가슴으로 뿌리치며, 나는 상기된 얼굴로 내 보금자리로 돌아온다.

생의 찬미를 위하여, 나 또한 면세점에서 사둔 위스키 병을 딴다. 이럴 때는 한 잔의 위스키가 샴페인보다 훨씬 더 정감이 있다. 왼쪽 방에는 늙은이들의 달콤한 코고는 소리, 오른쪽 방에는 그날 밤 새로 만난 젊은 연인들의 2차 파티로 웃음소리가 들린다. 안톤 슈나크의 「우리를 슬프게 하는 것들」의 구절을 생각하며 잠을 청한다.

배는 다음 날 아홉 시 정각 코펜하겐 항구에 도착하였다. 사업가에게는 러시아워를 피할 가장 적합한 시간이며, 관광객에게는 선물을 살 수 있도록 상점이 열리는 안성맞춤의 시간이다. 새벽 조깅자들은 벌써부터 선상을 돌아다니며 땀을 흘리고 있고, 미처 선물을 사지 못한 게으름뱅이들과 맥주광들(맥주는 이튿날 아침에 판매 개시)들은 면세점에서 마지막 잔돈을 소비한다.

지난밤 새로 만나 밤을 새운 남녀들은 전날 밤의 분위기에 따라 이름과 전화번호를 나눈 뒤 바삐 돌아가 짐을 싸고, 밤새 술에 취한 사람들은 잠을 깨기 위해 뒤늦게 커피숍에 나타난다. 또 손자를 만나러 가는 중년부부는 예전에 사용했던 추억의 신혼가방을 곁에 둔 채 하선을 기다리며, 유니폼으로 더 멋져 보이는 승무원들은 마지막 서비스를 하느라 분주하다. 배 안은 정말 바쁘다. 그러나 옛 동대문 시장처럼 뒤죽박죽이 아닌 질서정연한 복잡함! 그것이 유럽이다.

나는 이들 어느 그룹에도 속하지 않는다. 몸도 마음도 자유로운 사람이니까.


멀리 안데르센의 인어공주상이 보이고 갈매기가 보인다. 배가 곧 항구에 도착한다는 표시이다. 부두에는 영화처럼 나를 맞아주는 브라스밴드가 보이지 않는다. 서운함을 삼키며 새로 산 큰 가방을 끙끙대며 끌고 내려가 코펜하겐 근교에 위치한 루이지애나미술관을 찾기 위해 지도를 펼친다.

열여섯 시간의 여행! 나는 나를 재발견하였다.

# 기차로 방문, 국민에게 신고하는 새 국왕

## 하랄드 왕(1991. 9)

　1991년 6월 20일부터 이틀간. 트론하임 市에서는 하랄드(Harald) 왕과 손야(Sonja) 왕비의 왕관계승식이 있었다. 기차여행으로 이루어지는 이 의식은 오슬로를 출발. 트론하임이 종착역이다. 국민과 왕과의 친밀감과 진정한 민주주의를 느끼는 대관식에 동행하였다.

아침의 오슬로 역은 오늘따라 꽃과 국기로 치장되었다. 가까이에서 어린 음악대의 행진음악이 들려온다. 지금 왕궁을 떠나 이곳으로 향하는 국왕 내외와 그들을 배웅하는 국회의장·경찰대장·오슬로시장·목사를 환영하러 나온 일행에게 정신없이 플래시가 터진다. 나는 국내외 기자단이 그들과 함께 동행할 기차 — 얼마 전 올라브 왕이 서거하여 새 국왕이 된 하랄드 왕과 손야 왕비의 왕관계승식이 이루어지는 트론하임으로 출발하는 기차 — 로 달려갔다.

미리 외무부에서 작성해 놓은 좌석배치도에 따라 담당기자들이 왕의 움직임을 따라 바삐 움직이는 동안, 어느새 30분이 흘러 첫 통과 마을인 아이스볼에 도착하였다. 아이스볼은 노르웨이가 1814년 덴마크왕국으로부터 자치를 인정받아 처음으로 헌법을 만든 곳으로 왕위계승식 때마다 역대 왕들이 들르는 유서 깊은 곳이다. 마중 나온 어린이들은 잠시 학교를 쉬며, 마을주민들도 하던 일을 멈추고 환영식에 모여 있다. 조용함 속의 절도, 나는 새삼스럽게 왕의 위엄을 느낀다.

매년 5월 17일 국경일, 민속의상 차림으로 왕궁 앞을 지나면서 발코니에 서 있는 왕 가족들을 향해 '후라 후라!'를 외치는 모습! 왕의 인기와 위대함은 얼마 전 서거한 올라브 왕으로 끝날 줄 알았는데 그것은 오산이었다. 아무리 무능한 국왕이라도 그의 존재는 노르웨이 국민들, 특히 어린이들에게 자부심을 갖게 한다. 이것은 능력에 의해 선정되는 민주주의를 바탕으로 하는 노르웨이 정치철학과는 대조를 이룬다.

환영식은 한 늙은 여배우의 시 낭독으로 시작되어 왕의 방문기념 사인으로 끝났다. 이 광경을 공원 바깥에 설치된 모니터를 통해 바라보는 주민들을 뒤로한 채, 왕 일행은 자동차에 올라 마을을 떠난다. 일행 뒤에는 오직 몇 대의 수행 차량만 따를 뿐 경호대원이라고는 보이지 않는다. 간혹 보이는 것은 국왕을 보호하기보다 행사스케줄에 맞추기 위해 배치된 교통경찰들이다.

다음 마을을 들어서도 먼저 보인 것은 어린이들이다. 노르웨이의 특징은 국왕과 어린이들과의 관계이다. 젊은 국왕이라도 어린이들에게는 마음 좋은 할아버지라 시민들이 서 있는 길에는 항상 어린이들이 왕비에게 꽃을 선사한다. 밴드음악이 울려 퍼지면 환영식이 시작된다. 기차를 타려고 들어오는 왕 일행을 마중하러 온 역무원들은 일생 처음 만나보는 최고의 귀빈들을 자신의 카메라에 담기에 바쁘다. 이 작은 마음 씀씀이를 국왕은 기뻐할 것인가? 아니면 당연하다 생각할 것인가? 여기에 새 국왕의 미래가 달려 있다.

오후 한 시가 되자, 특별기차는 세 번째 방문도시인 콩스빈게르에 도착하였다. '국왕의 도시'라는 뜻으로 스웨덴과의 경계선에 위치한 도시라 역사적 의미가 크다. 차창 밖에 비가 부슬부슬 내리자,

동행한 프랑스 기자들이 투덜거린다. 내가 비를 동양적으로 해석하여 '왕을 축복하는 하나님의 선물'이라고 설명하였더니 동양철학에 콤플렉스를 가진 그들의 얼굴이 다시 밝아진다.

이번에는 환영식장에 성인합창단이 기다리고 있었다. 마을시장의 축사 종이 위에 빗방울과 떨려서 흐르는 그의 땀이 헝클어져 있다. 국가가 울려 퍼지고 국왕 찬양가가 나오면, 청바지를 새 옷으로 갈아입은 젊은이와 휠체어에 몸을 지탱한 늙은이들이 일제히 따라 부른다. 심지어 왕 바로 옆에 가서 셔터를 누르며, 국기를 흔들며 환영한다. 대부분의 나라들이 국기의 존엄성을 위하여 특별행사 때만 국기를 사용한다. 언젠가 한 노르웨이 관광객이 이스탄불에서 무심코 신문에 인쇄된 터키 국기를 찢다가 그곳에서 몇 년간 감옥생활을 하였다는 에피소드가 생각난다.

왕이 답사를 한다. 시작이 '나와 왕비'가 아니고 "왕비와 나는"이다. 왕비라는 어휘가 먼저 나오는 것이 여성 존중의 노르웨이 문법 때문이라는 한 기자의 설명에 나는 괜히 신이 났다.

"시민 여러분, 기차가 지나갈 때마다 왕비와 나를 위해 손을 흔드는 국민들 그리고 이곳에서 우리를 환영해주는 국민들에게 모두 감사를 표합니다. 예상치 않은 환영입니다. 이 마을은 노르웨이 역사적 사실로 …… 앞으로 다가올 2주일간의 왕위계승 행사로 바쁘겠지만 나는 이곳을 잊지 않을 것입니다." 왕의 얼굴에는 진지함과 유머로 온 주위에 웃음이 가득 찬다.

　나는 왕이라기보다 한 남성으로서의 매력에 이끌려 괜히 마음이 설레며, 앞으로 다가올 행사가 은근히 걱정스러워진다. 그런 나를 이해할 수 없는, 나보다 덩치가 큰 사진기자들이 포도주와 쇠고기 요리로 점심을 먹는 왕의 모습을 찍기 위해 분주히 움직인다. 심지어 키가 작은 여사진기자는 사닥다리를 펼쳐서까지 열심히 일을 한다.

　인생은 경주이고, 이 경주에서 이긴 자만이 성공하는 기회평등과 여성해방의 나라! 노르웨이를 다시 보게 된다.


　오후 3시 반에 떠난 기차는 엘베룸에 도착했다. 음악페스티벌이 열리는 도시라 내 귀에는 벌써부터 헨델의 「왕궁의 불꽃놀이」 음악이 들리는 것 같다. 비는 이제 천둥까지 겹친 폭우가 되었다. 한국이라면 미리 천막을 쳤거나 실내행사를 예비해 두었을 텐데 무뚝뚝하고 융통성 없는 이들은 그대로 진행을 한다. 한쪽에 가득 찬 비를 쓸어내고, 재즈악단 단원들은 악기에 배어든 물을 빼내고 우산을 펼치기에 여념이 없다. 마치 천지창조가 열려 하나님의 영광이 있을 것만 같은 분위기이다. 이런 소란 속에서도 불평 한 마디 없이 왕 일행을 맞기 위해 질서와 존경이 배어나고 있다. 나는 문화에 특별히 관심을 가진, 인기 많은 하랄드 국왕부부의 과거행적을 기억해 내었다.

두 사람은 상류사회의 휴양지인 남부해안도시 항케에서 처음 만났다. 당시 왕자였던 하랄드가 평민 출신의 의상점 딸 손야와 9년 연애 후 약혼한다는 소문은 국민들을 무척 놀라게 했는데, 이는 평민과 결혼할 수 있다는 조항이 법에 언급돼 있지 않았기 때문이다.

1905년, 스웨덴에서 독립한 노르웨이는 덴마크 칼 왕자를 호콘 왕이라는 이름으로 영국 빅토리아 여왕의 손녀 마우드 공주와 결혼시켰다. 노르웨이로 온 그들은 올라브 왕을 낳았고, 올라브 왕은 스웨덴 공주와 결혼하여 하랄드 왕을 낳았다. 왕가에 서민의 피가 섞인다는 사실은 평등주의 사회인 노르웨이로서도 큰 이변이었다.

당시 올라브 왕은 하랄드 왕자에게 외국 공주를 소개시키는 등 온갖 노력을 다했으나, 결국에는 평민과의 결혼을 승낙하게 되어 결혼에 골인한 것이다. 그때가 1968년 8월 29일이다.

왕비는 옷차림에 남달리 신경을 써서 방문도시에 따라 옷차림도 달리 했다. 엘베룸에서는 흰색 양장에 하얀 숄을 걸쳤다. 폭우 속에 왕비 앞에 길을 잃은 한 정신박약 어린이가 비를 맞으며 서 있다가 갑자기 여왕 앞으로 걸어가는데도 아무도 저지하지 않는다. 어린이 천국의 노르웨이! 자기 자식을 때리면 오히려 처벌받는 나라이다. 이것이 매로 자식을 다루는 파키스탄 이민자 어머니들에게는 고통이다. 이곳에서는 "사랑을 매로 다스리라"는 법칙이 통하지 않는다.

여왕이 어린이에게 다정한 말을 건네자, 뒷좌석의 전 수상이 여자아이를 자기 무릎 위에 앉힌다.

마지막으로 흘러나오는 재즈음악은 기자단을 다시 텔레팩스와 전화기가 설치된 기차로 내몬다. 이때부터 정보전쟁이 벌어진다.

기차는 계속 장려한 자연 속을 헤쳐 구름 사이로 달린다. 제우스 신이 지상에 무슨 일이 생겼는지 궁금하여 내려다볼 것만 같다. 왕이 타고 있는 특별기차의 통과시간을 미리 알아낸 시민들이 철로가에서 종이국기를 흔들며 환호하는 동안, 나이 든 남자들은 오래도록 간직해온 30년형 고물카메라의 셔터를 누르기에 바쁘다. 제발 고물 사진기가 작동되기를 바라면서…… 그들은 언제가 이 사실을 손자들에게 자랑 삼아 말해줄 것이다. 죽기 전에 무언가를 후손에게 안겨주고 싶은 것이 인간의 욕망이다.

왕관을 받으러 떠나는 이 기차는 오슬로를 출발하여 트론하임이 종착역이며, 식이 끝나면 왕 가족들은 서부 협만을 거쳐 2주일 만에 오슬로로 되돌아온다. 행사비용의 반은 국왕이 지불하고 나머지는 정부의 몫이다. 왕관이 무거워 들고 다니지 않고 그 교회에 간직된다는 사실은 나폴레옹 제관식을 기대한 나를 다소 실망시켰다.

한 나라의 왕이 되는 것은 영광스러운 일이겠으나, 자유주의 찬미자인 내겐 별로 흥미가 없다. 국민의 모범이 되기 위해 아침부터 밤늦게까지 행사에 참여하고, 왕국의 위엄을 지키기 위해 자의든 타의든 자신을 희생해야 하는 이들이 과연 행복할 것인가? 그래야 할 왕이 아니어서 나는 참으로 다행이다!

저녁 일곱 시, 마지막 행선지인 아름다운 호반의 도시 하마르에 도착하였다. 기자단을 안내하는 가이드가 바로 얼마 전의 노동장관이다. 언제 장관을 지냈는지, 자원하여 묵묵히 일하는 그녀의 모습에 고개가 숙여진다. 사람 위에 사람 없고, 평화가 보상받게 되는 나라! 노르웨이이다.

특별행사로 국왕을 마차로 모신 이 도시는 시민과 어린이들이 광장에 아무렇게나 앉아 노르웨이인이 된 한국양자들과 함께 "후라 후라!"를 외치고 있다. '모든 것을 노르웨이를 위해!'를 모토로 삼은 하랄드 왕은 음악을 들으면서 한쪽 양말을 걷어 올린다. 나는 이러한 왕의 행동을 은밀히 주시하였다. 국가가 나오자 다시 위엄 있는 모습을 되찾고, 연이어 승원에서 준비한 중세기 음악이 황혼 속에서 흘러나온다.

저녁식사 후 11시 30분에 출발할 기차를 기다리며 잠시 잠이 들었는데 바깥이 소란하여 깨어 보니, 소집하지도 않았는데도 시민들이 잠을 자지 않고 국왕을 배웅하기 위해 역 광장에 모여 있었다. 개인주의가 팽배한 이 나라에 국왕의 인기를 가늠해볼 수 있는 장면이었다. 얼마 전 올라브 왕이 타계하였을 때, 항상 텅 비어 있던 교회가 조상객으로 가득 차, 한 언론이 '국민들은 예수님보다 국왕을 더 좋아한다'는 제목의 기사를 썼던 일이 생각난다.

다음날 6월 21일 아침, 턴셋 마을에 도착하면서 나는 이 마을이 어떤 행사를 준비했는지 궁금해졌다. 오래전 이곳의 한 늙은이가 필리핀 여성들과 펜클럽을 만들어 노르웨이 노총각들의 신세를 바꾸었다는, 소위 섹스비즈니스로 소동이 난 곳이기 때문이다.

높은 건물 옥상 위에 전통옷차림의 마을악단이 연주하는 트럼펫 소리는 아이다의 개선장군이라도 된 듯한 기분을 느끼게 만든다. 다섯 가지 프로그램이 마련되었는데 국왕부부는 이 가운데 나치에 대항하는 어린이를 그린 연극을 감상한 후 조용히 자리를 떴다.

어느새 기차는 탄광지로 유명한 뢰로스로 다가가고 있다. 향토심이 유달리 강한 이곳 시민들은 시장 스스로 고유의상 차림으로 왕 일행을 환영하였고, 교회로 오르는 길 곳곳에 민속 춤판이 벌어졌다. 바깥에서 기다리던 사진기자들이 마지막 샷을 위해 국왕 내외에게 "잠깐만!"이라며 거의 명령조로 말한다. 그래도 국왕부부는 그들이 요구하는 대로 포즈를 취해준다. 나는 거기서 또 한번 민주주의를 느꼈다.

여행의 종착지인 트론하임 바로 전 정거장인 스텔렌은 아주 작은 시골마을이라 기차는 5분간만 멈추었다. 국왕을 위해 마련한 스피커가 녹이 슬어 소리가 나지 않는다. 그러나 이에 상관치 않는 왕은 "집에 돌아가면 선물 받은 흔들의자를 꼭 사용하겠다"라고 약속한다. 이제 한 시간 후면 종착역인 트론하임에 도착한다는 안내에, 동행한 방송기자들도 마지막을 장식할 영상을 찍기 시작한다.

한 노르웨이 기자가 내게 "이 여행을 어떻게 생각하느냐?"고 질문했다. "왕과 국민의 사이, 민주주의, 국왕을 찬양하는 하느님의 뜻인 바, 어느 누가 국왕이 되어도 이 영예는 영원할 것"이라고 답하였다. 국왕이 한 남성으로서 마음이 끌린다는 말은 끝내 하지 않았다.

오후 다섯 시, 자유인이 된 나는 해공군대의 사열을 받으면서 이곳 시민들의 '후라' 환영소리에 웃음을 띠는 국왕을 뒤로 남겨둔 채 기차역을 떠났다.


이틀 후 예수님보다 더 인기 있는 하랄드 왕과 손야 왕비가 12세기의 고딕 교회제단에서 무릎을 꿇었을 때, 과연 하나님은 질투가 나지 않았을까?

"하나님! 노르웨이를 영원히 지켜 주시옵소서."

그들의 합창소리가 그 자리에 선 내 귀에 선명하게 들려온다.

에드바르 그리그(1990. 3)

오슬로를 출발한 지 얼마 후, 스칸디나비아항공(SAS) 여승무원이 노르웨이의 두 번째 큰 도시이며 그리그의 고향인 베르겐에 곧 착륙한다는 방송을 한다. 나는 창문을 통해 아래로 시선을 내렸다.

작곡가 바그너에게 「The Flying Dutchman」의 영감을 주었던 노르웨이 남부해안의 절벽보다 훨씬 더 아름다운 서부해안. 피오르(협만)와 푸른 파도! 얼마 전까지만 해도 바다의 신비로 가득 찬 이 해안에 노르웨이를 오늘의 세계 부강국으로 만든 북해석유 시추선이 끝없이 화염을 뿜어내고 있다. 역사의 아이러니를 느끼게 한다. 그리그가 살았더라면 웅장하고 호기심 많고 슬픔과 고독이 가득 찬 「페르귄트 조곡」보다 이 거대한 장치에서 흘러나오는 소리로 불협화음 심포니를 작곡했을지도 모르겠다.

1990년 1월 중순, 겨울인데도 멕시코의 대서양 난류로 눈 대신 비가 내린다. 극성스럽게 내리는 이 하염없는 비를 그리그는 론도형식으로 작곡했을까를 의아해하며 공항 밖을 나섰다. 몇 주일 전 전화로 미리 그리그 생가 트롤하우겐(Troldhaugen)에서 인터뷰하자던 피아니스트 아우든 카이저(Audun Kayser) 씨가 노르웨이인으로서는 잘 입지 않는 색깔의 오리털 점퍼를 입고 서성이고 있었다. 나는 곧장 그에게 다가가 악수를 청하고, 그의 작은 토요타 자동차에 몸을 실었다.

그리그 음악의 해석자이며, 트롤하우겐의 예술책임자인 카이저 씨는 얼마 전 한국의 TV방송국에서 그리그를 중심으로 서부의 아름다운 자연을 촬영해 갔는데, 그들이 본 그리그 인상을 노르웨이 TV에서도 방영하고 싶다면서 한국인들을 유쾌한 민족으로 기억하였다.

"당신의 성함은 전형적인 노르웨이 출신이 아닌데요?"

"저의 조상이 독일인으로 여기로 이주했죠."

"그리그처럼 당신도 외국인이에요. 여기 오기 전 그에 관한 공부를 했지만, 저 자신이 음악가가 아니라 질문지를 따로 작성해오지 않았어요. 제가 노르웨이에 온 것이 「솔베이지송」 때문이라, 트롤하우겐에 도착하면 저를 위해 피아노를 쳐 주시고 그리그에 관해 들려 주셨으면 합니다."

"그런데 저의 베르겐 사투리를 이해할 수 있을지 걱정되네요."

나는 걱정 말라며 미소로 답한 후, 그가 왜 피아니스트가 되었는지를 물으며 차창 밖으로 보이는 베르겐의 아름다운 풍광을 즐겼다.


'트롤(Troll, 전설에 나오는 인간 모습을 닮은 귀신)이 살던 언덕'이라는 의미의 트롤하우겐은 그리그의 부인 니나가 지은 이름인데, 그리그 삼촌인 건축가 삭크 불이 1885년 4월 서부 노르웨이의 농가에서 자주 볼 수 있는 전형적인 통나무집 양식에 영국 빅토리아 양식을 합친 것으로, 이 집은 1920년에 개조되었다.

나는 겨울철의 토요일이라 일반에게 공개되지 않은 이 집의 오래된 문의 열쇠구멍을 찾아내고, 또 도둑을 경계하기 위해 설치한 보안장치가 꺼질 때까지 기다려야 하는 비애를 느끼며, 간신히 집 안으로 들어가니 역사의 공허함이 내 가슴을 스친다. 그리그 가족이

나를 기다리고 있지 않았던 것이다.

나는 카이저 씨에게 그리그의 혼과 대화할 시간이 필요하므로 30분 정도 혼자 있기를 원한다고 말하자, 그는 쾌히 승낙하고 아래층 사무실로 총총 사라져 갔다. 나는 그리그가 부엌으로 사용하였던, 지금은 그의 기념물로 장식된 메모리얼 룸으로 들어갔다. 그의 낡은 여행가방, 트로피, 훈장, 음악노트, 서신들과 화가 에렉 베렌시욜드가 그린 그리그의 생전의 모습을 주의 깊게 바라보니, 그가 얼마나 인생을 끈기 있게 살다 갔는지가 느껴져 왔다.

옆방은 식당과 응접실인데 그리그와 니나가 주로 시간을 보냈던 곳으로 이곳 역시 다양한 선물들로 가득 차 있었다. 스타인웨이 피아노는 1892년 은혼식 때 베르겐의 음악친구들이 준 선물이고, 은제품과 샹들리에, 액자에 흠이 가 있는 피아노 위에 걸린 덴마크 풍경화는 60세 생일 때 받은 선물이다. 세월의 흐름과 인생의 무상함이랄까? 나는 창가에 있는 의자에 몸을 걸친 채 밖을 내다보았다.

바이올린 현처럼 가느다란 빗줄기가 나를 과거로 향하여 태엽을 감고 있었으며, 그리그가 소리 없이 내게 다가와 방금 작곡한 악보를 기쁨으로 보여 주는 것 같은 착각에 불현듯 머리를 돌렸다. 아마도 내가 점령하고 있는 이 의자는 니나가 차를 마시며 책을 읽다가 황혼이 지면 온 방 안을 촛불로 낭만을 장식한 후, 남편의 피아노곡에 도취되어 조용히 눈을 들어 함께 노래를 불러 주었던 바로 그 의자가 아닐까? 또 자신만의 평안과 자유를 찾으려 이곳에서 조금 떨어진 호숫가 통나무집에서 하루 일과를 마치고 뒷짐 지고 걸어오는 남편을 반기려 내려다보는 의자일지도 모른다.

진바지 차림의 자그마한 동양여성의 예술가에 대한 무례함에 무심결에 옷차림을 추스르며, 낮은 소리로 나는 "그리그!" 하고 불렀다.

"미스 리, 따라오세요, 나의 자유세계인 작업실을 보여 드릴 테니 저의 사상과 고통 그리고 기쁨을 알아맞혀 보세요!"

나는 그의 영혼에 이끌려 정신없이 그를 따라갔다.

"1892년, 저는 런던·파리·베를린·라이프치히·빈·프라하·바르샤바·로마로 여행을 자주 떠났습니다. 리스트·차이콥스키·브람스가 저를 크게 환영했습니다. 연주여행을 다니면서 항상 나만의 작업실을 원하여, 이곳에 돌아온 즉시 통나무집을 지어 이곳에서 평화와 영감을 얻고 있답니다. 저만의 탈출세계! 미스 리는 이해하죠? 예술가이니까. 전 이곳에 속한 모든 것을 너무 사랑하여, 잠시 자리를 비운 사이에도 혹시나 방문할 도둑을 위하여 '도둑 선생님'으로 정중히 시작하는 메모에 '제가 그린 악보는 저 자신 외에는 아무 가치가 없으니 제발 가져가지 말아 달라'는 애원을 써 두었죠."

"많은 사람들은 저를 유머러스하다고 말하지만 실제 이것은 삶과 직결된 심각한 문제였답니다. 이 집은 겨울에 방한장치가 잘 안 되어, 추운 공기와 호수로부터 오는 습기로 류머티즘을 얻었지만, 날씨가 좋은 날에는 기쁨으로 피아노를 위한 서정적 소품과 아네 가보르그의 시를 작곡했습니다. 자, 피아노로 갑시다. 저를 일부러 찾아온 미스 리와 저를 좋아하는 한국음악 애호가를 위해 피아노곡을 쳐 드릴게요."

나는 눈을 뜨고 현실로 돌아왔다. 나도 모르는 사이, 카이저 씨가 이곳에 와 넋을 잃고 밖을 내다보며 혼잣말로 중얼거리고 있는 나를 방해하지 않기 위해(예술가들만이 통하는 텔레파시라고 할까?) 피아노곡을 연주하고 있었다. 시계를 보니 거의 한 시간이 지났다. 나는 정신을 차려 카이저 씨의 음악을 배경으로 삼아, 집 구석구석에 전시된 그리그의 유품들을 응시하며 그의 생을 추억하였다.

에드바르 하게루프 그리그(Edvard Hagerup Grieg)는 1843년 6월 15일 베르겐에서 태어났는데, 할아버지 알렉산더 그리그(실제 성은 Gregor)는 스코틀랜드 출신으로 북해를 거쳐 미지의 땅 노르웨이로 이주하였다. 어릴 때부터 피아노의자에 기어 올라가 연약한 손가락으로 건반을 두들겼으며, 6살 때 어머니 게시네는 아들의 재능을 알고 피아노 레슨을 시켰다. 그는 나중 어머니에게 「The Old Mother」라는 곡을 헌정하였다. 아버지가 영사를 지내 집안은 부유한 편으로

16살 때 덴마크에서 공부를 할 수 있었다. 실제로 그리그에게 영향을 끼친 사람은 당시 유명했던 바이올리니스트인 친척 울레 불이다.

그리그는 주로 덴마크와 독일에서 공부를 하였지만, 그의 음악에서 자주 나오는 신선하고 짜릿하면서 폭포에서 떨어져 폭포수로 변해 가는 물결 같은 감정표현은 평평한 독일의 자연풍경보다, 본래부터 가지고 있던 노르웨이인의 아이덴티티에서 나온 것이다.

그는 덴마크와도 밀접한 관계가 있다. 활짝 개인 덴마크의 날씨, 초록빛 자작나무, 안데르센 동화가 고향 베르겐보다 오히려 더 상상과 자유를 그에게 부여하였을 뿐 아니라 국제적으로 명성이 나게끔 해주었고, 또 미래의 부인이 될 사촌 니나 하게루프(Nina Hagerup)를 만나게 해주었다. 그리그 부부는 성격뿐 아니라 외양도 잘 조화되었다. 니나는 음악을 이해하였고, 성악가로서 즉흥적으로 노래를 불렀다. 니나를 향한 사랑은 그녀에게 바친 여러 곡 속에서 찾아볼 수 있다.

나는 피아노 위에 놓인 그들 부부의 사진을 한참 주시하다가, 여전히 피아노 연주에 넋을 잃고 있는 카이저 씨에게 다가가 '부부의 사랑이 영원했는가?'를 물어보았다. 왜냐하면 그리그는 한때 프랑스에서 한 여성음악가를 사랑하여, 니나와 그 여성 중 한 사람을 택해야 하는 운명에 처해, 결국 가정을 택했다는 사실을 책에서 읽었기 때문이다.

"만일 그리그가 그 여성과 사랑을 계속할 수 있는 자유를 가졌더라면 그는 인간의 고통과 기쁨을 가졌을 남자로서, 그의 음악은 더 깊이 있고 더 국제적으로 되지 않았을까요?"

카이저 씨는 예상치 못한 나의 질문에 당황하였다.

"글쎄요. 그러면 노르웨이의 전통음악은 사라졌겠죠."

그때 유럽은 반 고흐의 그림에서 볼 수 있듯이 중국, 일본 문화가 예술에 큰 영향을 주었지만 노르웨이는 유럽대륙과 고립되어 국제 문화에 참여하지 못하였다.

나는 카이저 씨에게 「솔베이지송」을 부탁하였다. 그의 반주를 따라 나 스스로 니나가 되어 "겨울이 가도 또다시 봄이 오니……"라며 한국가사로 노래를 불렀더니, 덕분에 그 자신도 잠시 그리그가 돼 보았다며 찬사를 아끼지 않는다.

나는 다시 나만의 세계로 돌아왔다.

가랑비는 이제 맹렬한 소낙비가 되었고 천둥이 치는데, 해가 지기 시작한다. 갑자기 저기 호수의 깊은 안개 속에서 금방이라도 트롤귀신이 나타나 '동양여성이 왜 우리 주인 그리그를 괴롭히느냐?'며 나무랄 것 같은 기분이 들어 소스라쳐 놀랐다. 나는 정신을 집중하여 그리그를 계속 더듬어 갔다.

그리그는 덴마크에서 노르웨이 국가를 작곡한 리카드 누드락크를 친구로 만나 음악가가 되기로 결심하였으며, 이때부터 그의 곡은 민족정신을 가진 대담한 멜로디에 풍부한 색감을 지니게 되었다. 대표곡인 「피아노 콘체르트 A단조」로 19세기 유럽음악에 새로운 공기를 불어넣은 민족 낭만주의 음악가로 대두하였다.

노르웨이에 돌아온 그는 베르겐에 음악학교를 세웠고 문호 헨리크 입센과 겨룰 만한 본스타네 본슨과 같이 훌륭한 음악을 작곡하였다. 특히 언어에 대한 이해와 문학적 재능으로 입센의 『페르귄트』를 음악적으로 묘사하였음이 「오세의 죽음」이나 「솔베이지송」에서 볼 수 있다.

정부연금으로 어디서든 살 수 있는 여유를 가지게 되자, 그리그는 자연을 사랑한 탓에 하당게르 피오르에 있는 로프투후스에서 지낼 생각을 하였지만, 국제적인 음악생활을 잊을 수 없어 다시 베르겐으로 이동한다. 그는 이곳 주위의 산림을 야생 그대로 두고, 태양에 비치는 호수의 모습과 자연 속에서의 자신의 감정을 천재적 재능으로 음악 속에 반영하였다. 백야의 여름밤이 되면 이곳 정원은 예술가들의 친목장소로 사용되었고, 그는 60세 생일을 자축하기 위해 시음악단 150명을 이곳으로 초대하였다. 이 풍습이 현재의 베르겐 국제 음악페스티벌의 기초가 되지 않았을까?

그리그의 끈기와 참을성은 자그마한 체구에도 불구하고 젊었을 때 상한 폐와 나이 들어 심해진 위장병에도 굽히지 않았고, 스스로를 비참하게 여겨 병원에 입원하는 대신, 신선한 용기와 새로운 노력으로 1907년 64세로 그의 심장이 멈출 때까지 견뎌내었다.

1908년 그리그의 관은 이 언덕에 묻혔으며, 이곳에 잠시 머물다 덴마크로 돌아가 혼자 살다 죽은 니나의 관이 1936년 그의 관 옆에 안치되어 있다. 게오르그 브란데스는 그를 '북구인으로서 세계에 가장 널리 알려진 사람'이라고 일컬었다.

나는 카이저 씨의 음악이 절정에 달함을 느끼며 시계를 보니 많은 시간이 흘러, 바쁜 마음으로 이 집의 역사를 훑어 내려갔다. 그리그가 죽은 후 니나는 여름이면 이곳에 머물렀다. 그러나 제1차 세계대전으로 경제상황이 악화되자, 1919년 이 집을 포기한 채 약간의 그림들만 코펜하겐으로 옮겨 갔으며, 대부분의 소장품들은 베르겐 미술갤러리에 맡겨지고 가구들은 경매 처분되었다.

1923년 그리그의 조카 요아킴이 이 집을 인수하여, 그리그를 기념하는 장소로 만들기 위해 재개조하여 1928년에 박물관이 되었다. 이곳에 돌아와 존경과 감격의 눈물로 이 광경을 바라본 니나는 "남편과 함께, 우리들의 집을 잃은 것이 매우 슬펐고, 종종 집이 없다는 사실을 이상하게 여겼는데, 다시 보게 되었다"고 자신의 기쁜 심정을 편지에 썼다.

1953년 첫 베르겐 음악페스티벌이 이 집에서 열렸는데 그리그의 피아노를 사용하였을 뿐만 아니라, 1957년부터 열리는 하계연주회에는 최대로 수용할 수 있는 90명의 청중들이 실내에서, 또 날씨가 좋으면 수백 명이 정원에 설치된 스피커를 통해 그의 음악을 만나고 있다.

사실 지난 1977년 이곳을 방문했을 때는 그 수백 명의 청중에 당시 오슬로미술대학에서 함께 공부한 여동생과 내가 끼어 있었는데, 지금은 손님으로서 그리그의 방에 안내되어 그의 음악을 듣고 있으니, 옛 성인들이 말한 '인생은 놀라움이고 살 만한 가치가 있음'이 이런 경우가 아닐까?

"카이저 씨, 이제는 충분해요. 그리그를 위해 제가 한 곡을 쳐 드릴게요. 그래서 동양과 전혀 관련 없는 이 집에 동양의 영혼이 스며들도록……. 단지 기념사진을 찍으러 오는 동양인이 아닌……."

카이저 씨뿐 아니라 트롤들도, 주변 자연도 놀라 소낙비마저 돌연히 멈춰 버린 토요일 오후, 나는 저곳 호수에 황혼이 깔리기 시작하는 것을 기뻐하며, 어느새 내 손이 그리그의 스타인웨이 피아노 건반 위에 놓여 있음을 발견하였다.

자신만을 즐기는 낭편 앞에 아내는 영원한 노라입니다

## 헨리크 입센 I (1990. 8)

"나에 관해 알고 싶은 사람이면 먼저 노르웨이를 이해해야 한다. 아름다운 북구의 경관, 그러나 무척 가혹한 환경이다. 대부분 주택들은 몇 마일씩 띄엄띄엄 떨어져 있어. 다른 사람에게 관심을 가질 수도 없는 형편이다. 자연히 우리는 사색적이고 매사가 엄숙하고 절망하고 회의에 빠질 때도 많다. 평범한 노르웨이 사람들은 누구나 철학자인 것이다. 우리는 춥고 어두운 긴 겨울 동안, 태양을 그리며 산다." -입센 어록에서-

혁명이념과 사랑의 자유가 휩쓸던 19세기 낭만주의 시대에는 가정을 가지든지, 저주스러운 독신자로 살든지, 성적 탈선으로 사회적으로 손가락질을 받는 일 외에 여자가 선택할 수 있는 길이란 없었다. 여자에게 결혼은 가장 매력적인 길이었다. 그러나 남편 토발드의 이기적인 허영심을 만족시키는 인형이기를 거부한 노라는 안락한 가정과 귀여운 자식과 헤어져, 여자들이 가던 길에서 돌아서서 이웃의 손가락질을 받으며, 고독하게 홀로 자유의 삶을 찾아 나섰다.

그 후 백여 년이 지나 오슬로 중심가에 위치한 국립극장 주위에는 수많은 노라가 서성거리고, 평온한 즐거움이 가득 찬 가정을 잃은 토발드가 북적인다. 바로 이 극장에서 『인형의 집』과 『페르귄트』 등 헨리크 입센(Henrik Ibsen)의 명작들이 꾸준히 공연되고 있다.

그 옛날 만년의 입센은 이 거리를 산보하는 것이 유일한 낙이었다. 한적한 곳보다는 사람이 많은 거리를 택해 항상 프록코트에 실크 모자를 쓰고 장갑을 낀 손에 우산을 든 채 천천히 걸었다. 카페에 앉으면 주위 시선을 의식하여 손거울을 끄집어내어 수염을 다듬었다. 입센에게는 토발드의 모습이 담겨 있다.

오랜 명성과 운치를 풍기는 오슬로 중심의 칼 요한 街에 위치한 국립극장 주변에는 문화에 도취된 사람들이 드나드는 테아테르 카페가 있다. 2층 발코니에는 80세 된 노인이 항상 부드러운 바이올린 선율의 왈츠곡을 켰는데, 1990년 7월, 오늘따라 좁은 층계를 오르내리다 다쳤는지 아니면 반복되는 연주에 싫증이 난 것인지 그의 음악소리가 들리지 않는다. 나는 입센극을 공연한 배우이자 입센 작품의 최고 해설자인 크누트 비겔트 씨를 만났다.

"입센은 1828년에 시엔이라는 자그마한 선박도시에서 태어났죠. 바로 제 고향이기도 합니다."

노르웨이 특유의 차분한 분위기를 풍기는 비겔트 씨가 입센에 열광하는 것은 지극히 자연스러운 일이다. 왜냐하면 영국의 셰익스피어, 프랑스의 몰리에르, 노르웨이의 입센을 가리켜 세계 3대 극작가로 부르기 때문이다. 이름 없는 노르웨이를 세계문학사에 남긴 입센은 바로 노르웨이 정신을 상징한다.

검은 눈과 긴 검은 머리를 한 동양여성을 호기심 어린 눈으로 바라보는 웨이터와 손님들의 시선을 피해, 나는 비겔트 씨와 함께 입센을 찾아 떠났다.


시엔(Skien)은 오슬로에서 서남쪽으로 160km 떨어진, 자동차로 두 시간 걸리는 북해연안에 있는 도시이다. 입센은 이곳을 '제재소와 폭포의 도시'라 불렀는데 그 폭포가 지금은 발전에 이용되고, 제재소는 펄프 제조공장이 되어 있다. 그의 생가는 오래전 불타 버려 인근에 입센문화센터가 세워졌다.

"아버지 크뉴트는 부르주아 출신 사업가였으나 투기를 좋아한 나머지 재산을 모두 날려 버려, 입센이 여덟 살 되던 해에 이곳을 떠나 4km 떨어진 여름휴양지 벤스탑으로 이사를 해야 했습니다. 아버지의 괴팍한 성격과 가난으로 입센은 외롭고 내성적인 성격이 되었죠."

여성적인 섬세함과 내성적인 성격으로 입센은 두 명의 남동생보다는 여동생 헤드비와 함께 어두운 2층 다락방에서 인형극 놀이를 하며 어린 시절을 보낸다. 집 앞에 그의 동상이 세워져 있지만, 열다섯 살까지 살았던 벤스탑에는 그를 기억할 만한 것이 별로 없다.

"입센은 포숨철공소에서 노동자로 일하면서 남몰래 작가의 꿈을 키웠습니다. 스무 살이 되자, 부모로부터 독립하여 자유로운 삶과 예술을 위해 그림스타드로 향했지요."

지금은 두 시간도 채 걸리지 않는 거리를 8일이나 걸려 그곳에 도착한 입센은 라이만 가족이 운영하는 약국의 조수로 일하면서, 그의 문학적인 생애에 중요한 계기를 마련한다.

"7년간 라이만약국에서 일하는 동안 두 여인을 만났습니다. 옆방에 거처한 스물여덟 살의 하녀였던 엘세 소피에와 1857년 그가 서른 살이 되었을 때 열여섯 살의 릭케 홀스트입니다."

엘세 소피에는 입센의 아이를 가져 이웃의 눈길을 피해 고향으로 돌아가나, 그 사생아가 자신이 입센의 아들임을 알고 스스로를 헨릭 슨이라 이름 지었다. 그는 구두 제조공이며 바이올리니스트였으나, 후에 알코올 중독자가 되고 만다. 한편 어린 소녀 릭케 홀스트에게 순수한 영감을 얻은 입센은 자신의 많은 작품에서 천사와 같은 여인의 모습으로 그녀를 그렸다. 그녀와는 짧은 사랑으로 끝이 나고 이듬해 새로운 여성인 수잔나를 만난다.

"수잔나는 정식으로 결혼한 유일한 여성이었습니다. 아내로서 갖추어야 할 모든 미덕을 지녔고, 특히 많은 책을 읽어야 했던 입센에게 미리 책을 읽고 그에게 그 내용을 요약해 들려주거나 짤막한 비평을 해준 지적 수준과 문학적인 재능을 지녔죠."

수잔나는 노라의 모델이 되었다. 무명작가 입센은 자기 재능에 대한 회의와 가난으로 폭음을 하거나 사냥으로 방랑하며 생의 고비를 그때그때 넘겼는데, 수잔나로부터 평온과 안정 그리고 기쁨을 얻는 행복한 결혼생활을 하였다. 그러나 연륜과 함께 명성이 높아가자, 입센은 다시 다른 여성에게 눈을 돌린다. 예순 살에 독일의 고센사스에서 열린 '입센광장' 명명식에서 열여덟 살의 에밀 바닥을 만나 사랑에 빠졌는데, 이 사실을 눈치 챈 수잔나는 남편이 그녀에게 편지를 쓰는 것조차 허락하지 않는다.

"수잔나는 입센에게 자신의 재능과 여인으로서의 모든 것을 주었으나 입센의 타고난 허영심과 만년에 누린 그의 명성 속에 묻혀 자신을 잃어버린 노라가 되었어요. 아내의 그러한 모습과 자신의 양심 때문에 『인형의 집』이라는 명작을 쓴 것인지도 모릅니다. 입센은 노라의 남편 토발드를 통해 자기 성격의 일부를 고백한 것이었죠.”

그들 사이에 외아들 시구드가 태어났으며, 1891년까지 독일과 이태리에서 27년 동안 살았던 입센은 노르웨이에서 만년을 보낸다. 긴 외국생활에서 돌아온 입센은 겨울추위가 사라진 후 열한 시에 해가 져서 세 시에 다시 뜨는 백야의 여름을 즐긴다. 그가 산보를 나서던 집은 국립극장에서 멀지 않은 아르비엔스 街 1번지에 있는 아파트로 왕궁이 마주 바라보이는 2층방에서 1895년까지 마지막 11년을 지내다 죽음을 맞는다.

보르 프렐세르스 공동묘지에 뵤욘손과 나란히 묻힌 무덤에 높다란 오벨리스크가 푸른 숲과 여름 라일락 향기 속에 우뚝 솟아 있다.

“여성을 노예 상태로 버려두고 남성이 자유로울 수 있을까?”라고 셸리는 「매브 여왕」이라는 시에서 노래하였다. 다양하고 자극적인 자신의 즐거움을 찾는 남편은 가정을 평온한 즐거움의 처소로 치장한다. 그런 아내에게는 가정이란 영원한 인형의 집일 수밖에 없다. 노라의 가출은 사랑하는 남편과 가족 사이에서 자신의 진정한 자아를 찾기 위한 고통스러운 여정이었다. 남편처럼 그녀에게도 가정이 평온한 즐거움의 처소가 되었을 때 그녀는 긴 방황을 끝낼 것이다.

# 헨리크 입센 II (1990. 11)

*한국인들은 그리그의 「페르귄트」에 나오는 「솔베이지송」을 유난*
*히 좋아하는 것 같다. 내가 귀국할 때마다 한결같이 이 노래를 불러*
*달라고 조른 것만 봐도 알 수 있다. 그러나 오랜만에 만나는 반가운*
*사람들의 이 간절한 요청을 뿌리쳐왔던 것은 이 노래에 담겨 있는*
*한 여인의 기구한 운명과 애처로움이 같은 여성으로서, 슬프고 분노*
*감마저 느끼게 하기 때문이다. 나는 이 노래를 「서머타임」으로 유명*
*한 흑인 소프라노 가수 안 브라운에게서 가르침을 받은 적이 있지*
*만, 이 곡을 부르지 않는 것은 바로 그와 같은 이유에서다.*

9월 오슬로에서 열린 첫 입센 연극페스티벌을 기회로 입센의 고
향 시엔을 다시 찾았다. 마을사람들의 입센에 대한 자긍심은 최고급
호텔레스토랑에서부터 목이 말라 잠시 들른 맥주집에까지, 곳곳마
다 그의 작품 속 주인공들의 이름을 딴 간판을 사용한 것에서 알 수
있다. 그의 침대를 오슬로에 신축된 입센박물관으로 옮길 때 거센
반발을 일으켰던 시민들의 열정 속에서 그의 위대함을 다시 느꼈다.
입센이 태어난 집은 이미 화재로 소실되고 없어, 대신에 유년시절의
벤스탑으로 가는 도중 한 작은 교회에 들렸다.

"입센이 열다섯 살에 견진성사를 받았던 곳입니다. 아버지 크뉴
트 입센은 자기 아들이 일등인 줄 알고 참석했다가 세 번째 열에 서
있는 것을 보고 화가 나서 목사에게 욕을 했습니다."

시엔 市의 문화담당관 칼 그런리 씨의 설명을 들으면서, 스테인드글라스를 통해 스며드는 햇빛을 받으며, 2층 합창대 난간에 기대서서 단상을 바라보니 그 앞에 조아리고 있는 어린 입센의 모습이 눈에 선하였다.

"그는 부유한 상인의 여섯 명의 자녀들 중 둘째로 1828년 3월 20일 시엔에서 태어났죠. 많은 사람들이 그의 집에 초청되기를 원했을 만큼 유복했는데, 그가 일곱 살 되던 해에 사업이 기울자, 아버지는 좌절감으로 연일 술을 마시며 가족들을 못살게 굴었고, 심지어 입센이 자신의 친자식이 아니라는 소문까지 내기도 했습니다."

차창 밖을 보니 어느새 벤스탑 농장이 눈앞에 전개되고 있었다. 입센은 그림스타드에서 개인 도서실을 소유하고 있던 라우프트의 영향으로, 의학공부를 하는 한편 희곡을 썼다. 로마역사와 프랑스혁명을 소재로 한 무운시 형태의 역사드라마를 브린눌프 바네(B. Bjarne)라는 가명으로 크리스티아니아 극장에 제출하였으나 거절당했다. 대신 입센은 의학공부에 전념하면서 헬트베그의 학생공장(Student Fabrik)에 들어가 보온손을 만났다. 결국 의사시험에서도 낙방하여 의사의 꿈을 포기하고, 자유기고가 겸 시인으로서 일을 시작하였다.

"1852년 스물세 살, 입센은 그리그의 삼촌인 올레 불의 도움으로 베르겐국립극장에서 극작가·감독·배우·장식가 등의 일을 전부 혼자 맡을 수 있었어요. 또 3개월간의 극장 장학금도 받아 코펜하겐, 독일 드레스덴 등지에서 연극공부를 했지요. 매년 한 편의 작품을 써야 한다는 조건인데, 이때 쓴 작품은 큰 성공을 보지 못했습니다."

나는 벽 한편에 걸려 있는 한 여자의 사진과 입센이 그린 풍경화를 향해 걸음을 옮기며, 부인 수잔나를 어떻게 만났는지 물었다.

"입센은 그 이전 선장 딸인 릭케 홀스트와 비밀약혼을 했으나, 선장의 반대로 뜻을 이루지 못하고 혼자 숨어 살았습니다. 수잔나 토레센을 만나 50년을 같이 살았는데 그들은 파티에서 만났습니다. 첫눈에 반한 입센은 마음이 약하고 내성적이라 한동안 아무 말도 못했어요. 어느 날 구애를 하러 그녀의 집을 방문했는데, 거실에서 기다리다 불안감에 뛰쳐나오려는데, 소파 밑에서 수잔나가 참던 웃음을 터뜨리며 기어 나왔지요."

수잔나는 또 다른 솔베이지였다는 생각이 나의 뇌리를 스쳤다. 왜냐하면 입센은 수잔나와 결혼한 후 다른 두 여자와 방탕한 생활을 하였는데, 독일에서 만난 에밀 바닥과 오슬로에서 만난 피아니스트 힐두르 안데르센이 그들로서, 에밀 바닥은 후에 『헤다 가블러』의 소재가 되었다.

"1862년 크리스티아니아(오슬로의 옛 명칭)의 노스캐극장이 망하자, 입센은 극장 일을 그만두고 민속이야기를 수집하러 서노르웨이로 갔습니다. 사냥꾼인 실존인물 페르를 만나 『페르귄트』를 구상하게 되었지요. 또 스웨즈운하 개통 시 스웨덴과 노르웨이 대표로 이집트에 가서 피라미드 등 그곳의 인상을 강하게 받아, 이를 『페르귄트』에 삽입했죠. 페르라는 주인공을 통해 자아와 자유를 찾고자 했던 것입니다."

1864년부터 입센은 가족과 함께 코펜하겐, 베를린, 베니스를 거쳐 로마를 여행하였다. 『페르귄트』의 일부는 이시치아 섬에서 쓰여지고 나머지 부분은 소렌토에서 완성되었으며, 1876년 크리스티아니아극장에서 초연되었다. 그러나 그를 작가로 성공시킨 작품은 일 년 앞서 썼던 『브란드』였다. 이상주의자이며 맹신자인 젊은 목사를 그린 이 작품은 그 당시 사회에 큰 이슈가 되었다. 입센은 그때 신(God)에 열중해 있었는데, 이 점에서 니체와는 큰 대비가 된다.

그는 1891년 노르웨이에 돌아올 때까지 27년간 독일, 이태리 등에 살면서 『영혼들』, 『인형의 집』, 『헤다 가블러』 등 수많은 작품으로 스칸디나비아와 유럽을 떠들썩하게 만들었다. 특히 노르웨이 학생들의 반응은 열광적이었고, 1877년 스웨덴의 읍살라대학은 명예박사 학위를 수여하였다. 또 같은 해 『인형의 집』은 이혼이 불가능하던 그 시대에 스캔들이 되었고, 여성해방의 한 요인으로 작용했다.

"입센은 어떻게 다양하고 독특한 성격의 주인공들을 만들어 낼 수 있었을까요?"

"아마 어린 시절부터 우울함과 혼자 있기를 좋아한 것이 그를 다혈질의 괴팍한 성격으로 변질시킨 것 같습니다."

"그것이 입센을 위대한 작가로 만든 것이 아닐까요? 뭉크처럼······."

"그럴지도 모르죠. 그는 일종의 기인이었습니다. 이런 일화가 있어요. 그의 작품이 공연되던 어느 날 국립극장의 감독 뵤온손으로부터 공연 후 무대 뒤에 와서 출연한 배우들과 인사를 나누라는 연락을 받았습니다. 입센은 배우들과 악수를 하는 동안 한마디 말도 하지 않다가 갑자기 한쪽 벽을 가리키면서 '그림이 비뚤어졌군' 하더니 지팡이를 짚고 총총히 밖으로 사라졌습니다."

그런 입센은 1906년 78세로 심장마비로 죽을 때까지도 사회의 반항아였다. 사후, 그의 유산은 오슬로 市에 기증되었다가 다시 시엔 市 민속박물관으로 옮겨졌다.

내가 둘러본 입센의 많은 유품 중 프록코트를 입고 모자를 손에 든 그의 뒷모습이 가장 마음에 든다.

암시적인 색채와 조형으로 표현된 존재의
추상적 테마

## 에드바르 뭉크(1991. 1)

불안과 공포, 우수와 고독, 그리고 죽음 등 인간존재의 추상적, 철
학적 테마를 극도로 양식화된 암시적인 색채와 단순하면서도 강한
구도로 조형화한 표현주의의 선구자. 뭉크의 예술과 비극적인 사랑
을 둘러싼 삶.

"나는 결혼을 하지 않는다. 나의 유일한 자식은 그림이다. 제발 혼자 자유롭게 있도록 내버려 달라!"

세계 현대미술사에 표현주의(Expressionism)의 선구자로 간주되는 에드바르 뭉크(Edvard Munch)가 늘 즐겨 쓰던 말이다.

1990년 11월, 나는 시 중심가에서 15분간 차로 달려, 오슬로 市가 그를 기념하고자 세운 퇴이엔(Tøyen) 뭉크 현대미술관에 도착하였다. 1940년에 문을 연 이곳에는 그가 죽기 전 기증하였던 페인팅·그래픽·드로잉 등이 전시되어 있다.

관장 프랑크 허이페트 씨는 뭉크 대표작의 하나인 「병든 어린이」를 가리킨다. "뭉크가 가장 표현하고 싶어 했던 것은 그가 실제 경험한 사랑과 죽음입니다. 열세 살 때 누나 소피에의 죽음을 안타깝게 그린 것이죠."

뭉크는 정치가·예술가·과학자로 이루어진 아버지 쪽과 농촌의 평범한 어머니 쪽의 피를 물려받았다. 아버지 크리스티안 뭉크는 젊은 시절 신화와 전설을 탐독하며 여러 곳을 여행하였고, 한때는 선박의사로, 이후 군의관으로 전향하여 크리스티아니아에 정착하였다. 마흔네 살이 되어 스무 살 아래인 프레데릭 슈타트의 상인의 딸 라우라 볼슈타트와 결혼하여 두 아들과 세 딸을 두었다. 아들 뭉크는 어린 시절 기관지염으로 세 번이나 병원에 입원해야 했고, 운동을 안 한 탓인지 약하고 중간키의 금발이었다.

1863년 12월 12일 뢰텐에서 태어난 뭉크는 다섯 살 때 어머니를 여의고 그 후 동생 라우라를, 8년 후에는 가장 좋아한 누나 소피에 마저 폐결핵으로 잃었다(나중 나머지 두 형제도 일찍 사망함). 부인을 잃은 아버지는 우울증이 더욱 심해져 자식들에게 엄격한 기독교인이 되도록 성경을 읽어 주었다. 숙모 카렌이 집안일을 도맡았으며, 뭉크의 예술적 재능을 발견하여 그를 지원하였다. 숙모에 대한 뭉크의 존경심은 스물한 살에 그린 그림에 잘 나타나 있다.

뭉크는 일 년 동안 다니던 기술학교를 그만두고 미술학교에 입학, 유명한 화가 크리스티안 크로그의 지도 아래 누드페인팅을 공부하였으며, 여름에는 프리츠 탈로우가 만든 야외아카데미에서 그림을 그리면서 차츰 프랑스에 영향을 받은 사실주의(Realism) 작가가 되었다. 그러나 점차 그의 붓질이 대담해지면서 사실주의를 벗어나게 되었고, 1989년 3주일간 파리에 머물면서 그의 예술의 전환점인「병든 어린이」의 작품제작에 몰두하였다. 고통스러운 개인 경험의 생생한 표현을 찾기 위해 일 년 동안이나 고생한 작품이었지만, 그 결과는 과격한 것이었고 그 비평은 철저히 타격적인 것이었다.

1888년 그는「저녁」의 구성에 처음으로 에로틱한 드라마를 심중하게,「해변가의 잉게르」에는 노르웨이의 새로운 낭만주의에 발맞

춘 서정적 분위기를 나타내었다. 다음 해 그의 가족들이 남서쪽 해안도시 오스가드스트란드로 이사, 이때부터 뭉크는 크리스티아니아의 보헤미안 리더인 한스 에거와 그의 과격한 무정부주의적 분위기 속에 휩쓸렸다. 그는 신에 대한 믿음과, 새로운 불안과 고통의 근원인 니체의 철학 사이에서 방황하며 인생의 중대한 전환점을 맞이하였고, 보헤미안의 아이디어에 맞춘 현대인들의 동경과 번민을 그림 속에서 진실하게 클로즈업시켰다.

크리스티아니아 개인전에서는 예전의 「병든 어린이」보다는 덜 자극적인 작품들을 보여 주었고, 3년 정부장학금을 받아 파리의 레온 보나(Leon Bonnat)의 제자가 되었다. 여름에는 노르웨이에서, 나머지 시간은 남프랑스에 머물렀다. 그 당시 후기 인상주의와 반자연주의의 실험들이 사실주의에 불만족을 느낀 뭉크에게 영향을 주었다.

"시벨리우스는 자연에서 많은 영감을 얻었는데, 뭉크는 어떤가요?"

"뭉크는 오스가드스트란드 주위의 해변, 자연, 사람들을 그렸으며 한여름밤의 달을 그려 연인과의 사랑의 기쁨과 고통을 강조했죠. 항상 불안하고 바다를 동경한 점이 입센과 비슷하죠."

프랑스에 도착한 첫 가을, 아버지의 죽음을 연락받은 뭉크는 외로움과 우울에 휩싸였다. '밤'에 창문 곁에 서 있는 고독한 모습과 어두운 실내를 온통 푸른색으로 그려 위슬러의 미묘한 밤의 컬러를 회상시키며, 그는 빨강을 아픔·고통·열정·사랑의 드라마로 택하였다.

1891년 뭉크는 커다란 곡선과 동질적인 컬러를 '멜랑콜리'에 나타내었는데, 프랑스의 변증법에 영향받아 단순하고 형태적이다. 그의 이름을 세계적으로 알린 「절규」의 첫 스케치를 시작하면서, 새로운 상징적 분위기로 자연을 동경, 센 강과 크리스티아니아의 거리를 점묘주의적 터치로 그렸다.

다음 해의 미술전시회에서 그는 독일 베를린 예술가협회에 초청되어 '스캔들의 성공'이 될 기회를 제공하였다. 그러나 일반 관중들과 보수파 예술가들은 이 그림들을 무질서하고 파격적이라고 비평하여, 전시회는 항거 속에 문을 닫아야 했지만 뭉크는 이곳에서 계속 지내기로 결심, 독일이 제2의 조국이 되었다.

또 문학가·예술가·지식가 그룹에 참여하여 노르웨이 조각가 비겔란드, 덴마크 작가 드레크만, 폴란드 시인 프리비제브스키, 독일 미술학자 그라페와 각각 교류를 하였다. 가장 중요한 만남은 스웨덴 극작가 슈트린트베르그였다. 그들은 니체의 여동생을 방문하면서 페시미즘과 다윈의 진화론·심벌리즘·심리학·철학을 토론하여, 그의 작품분위기에 영혼의 근원적인 면이 더 가해지게 되었다.

뭉크는 그와의 우정이 깊을수록 싸움도 심해져, 한때는 그의 초상화에 이름을 잘못 써 그림을 다시 그려야만 했다. 슈트린트베르그 부인의 말로는 '뭉크는 조용하고 무뚝뚝하여 혼자 있기를 좋아했으며, 일을 하지 않을 때는 항상 불안해했다'고 기억한다. 주위의 사람들은, 뭉크가 그림을 그릴 때는 그의 성격이 180도로 달라지며 너무 빨리 그림을 완성시킨다고 비판하였다. 이에 대해 뭉크는 그것이 자기감정을 순간적으로 표현하는 유일한 방법이라고 반박하였다. 어떤 작품은 자신의 의사가 표현될 때까지 여섯 번 이상을 고쳤고, 어떤 것은 여러 개의 복사판을 만들었다.

1892년 겨울, 뭉크는 베를린의 운터 덴 린덴(Unter den Linden)에서 전시회를 개최하였다. 「생의 프리즈」를 시작으로, 「폭풍」과 「달빛」에는 아놀드 뵈클린의 영향을, 사랑하는 사람이 밤에 비치는 「흡혈귀」와 죽음을 상징하는 「병실에서의 죽음」에서는 상징주의를 희미하고 창백한 색깔로 묘사하였다. 1890년 뭉크는 파리에 거주하며, 그래픽 작품제작에 혼신을 다해 이름을 날렸는데, 이는 재료에 대한 능숙한 처리와 그의 예술성 때문이었다. 20세기 초 뭉크는 아르누보적 그림과 크리스티아니아 피오르의 기념비적인 풍경을 장식적이고 감각 있게 묘사하였다.

"뭉크와 입센은 유사점이 많죠. 서로 만난 적이 있습니다. 1896년 프랑스에서 입센의 두 작품의 포스터를, 그 후 독일 연극단의 무대

세팅을, 또 킥 본 편집의 일러스트레이션을 하면서 입센의 사상과 가까워졌습니다."

뭉크의 삶에는 세 명의 여인이 있다. 첫째는 오세 노러고드로 그들은 1888년 크리스티아니아에서 만났다. 화가였던 오세가 나중 뭉크의 친구 헤럴드 노러고드와 결혼하였을 때 뭉크는 참석하지 않았다. 그 자신은 교회기둥에 기대어 몰래 울었으며 왜 바보스럽게 그녀와 결혼을 하지 못했는가를 후회하였다고 나중에 회고하였다. 미국 영화배우 제임스 딘이 애인 피아 안젤리가 다른 남자와 결혼을 할 때, 바깥에서 그의 멋진 차로 기다리다 나중에 자동차 사고로 죽은 것과 흡사하다. 오세는 뭉크의 영원한 여자 친구로 순수한 우정 같은 사랑을 나눴고, 그의 이상적인 여인이었다. 그녀는 충성심과 강한 성격의 기혼여성으로 뭉크는 그녀를 안전하게 만날 수 있었다.

두 번째 여성은 뭉크의 첫사랑인 밀리 타울로이다. 그들은 1885년 오스고드스트란드에서 만났다. 비록 그녀의 초상화를 그리지 않았지만, 1890년의 작품 중에 그녀를 모티브로 한 많은 그림들을 볼 수 있다. 뭉크는 그녀에게 가명을 사용하여 '하이베르그 부인'이라고 불렀다. 연상인 그녀는 화가의 동생인 타울로 선장과 결혼, 질투심이 강하고 괴팍한 성격으로 그들의 관계는 처음부터 불가능하였다.

아름다운 밀리는 젊은 뭉크에게 사랑의 신비한 에로틱한 면을 가르처, 그녀가 다른 남자와 있을 때 뭉크는 질투심에 불탔다. 비록 짧은 관계였지만 젊은 뭉크에게 절대적인 영향을 끼친 여성이다.

마지막은 서른다섯 살의 성인 뭉크에게 가장 큰 불행을 안겨준 여성으로, 보헤미안그룹을 통해 만난 툴라 라센이다. 그들 사이에는 충격사건도 있었다. 그들은 1898년 여름 크리스티아니아에서 시작하여 4년간의 불규칙한 만남을 가졌다. 뭉크는 모든 여성들을 주로 여름에 만났는데, 노르웨이인들이 야외생활을 즐기는 점과 연관이 있다.

스물아홉 살인 툴라는 부유한 와인상인의 딸로 일할 필요가 없었다. 시대가 요구한 전형적인 여성타입으로 취미로 그림을 그렸고 피아노를 쳤다. 공격적이고 적극적이며 남자를 리드하는 타입이라, 뭉크는 그녀와 같이 지내는 것이 힘들었다. 두 사람의 성격이 다를 뿐 아니라 둘 다 약한 폐로 자주 아팠기 때문이다. 희망이 없으며 우울하고 의심스러웠던 사실은 그들이 교환한 편지 속에서 확인할 수 있다. 뭉크는 피렌체에서 4월 9일 툴라에게 편지를 썼다.

*여기 피렌체는 매우 변덕스러운 날씨입니다. 어제는 22도였으나 오늘은 춥습니다. 나는 당신의 가슴이 아프지 않고 무사히 파리에 도착했으리라 생각합니다. 나는 여러 번 침대에서 당신의 머리를 안았던 생각에 가득 차 있습니다. 늘 당신을 안을 것을 생각하며 여러 번 그리움에 빠집니다. 우리는 서로서로 반반씩 함께 살아왔지 않았*

*습니까? 그런 당신이 잠시 동안 나에게서 떨어져야 한다는 사실을 나는 너무도 잘 압니다. 당신도 그 이유를 잘 알지 않습니까?*

툴라도 4월 1일 파리에서 뭉크에게 편지를 썼다.

*어제 나는 당신이 잘 아는 세글레와 모빌클 부인과 함께 지냈습니다. 곧 그가 사는 호텔로 그녀와 함께 옮길 생각입니다. 당신이 여기에 며칠만 있으면 얼마나 좋을까 생각해 보지만 무엇이 당신에게 가장 좋은가를 당신이 너무 잘 알기 때문에 나는 당신에게 이야기할 수가 없습니다. 그러나 당신은 내가 당신과 여기서 함께 지내며 사랑할 수 있기를 얼마나 원하는지 알지 못할 것입니다.*

툴라를 그리워하면서도 뭉크는 그림을 그리고자 혼자 있기를 원했고, 자주 그녀로부터 떨어져 있었다. 툴라는 자살기도까지 하였으나 성공하지는 못했다. 그들은 1902년 늦은 여름의 일로 다시 화해한 후, 뭉크는 그녀를 오스고드스트란드로 데려간다. 그러나 불행은 계속되었다. 정신분열과 의심으로 고통받던 뭉크는 총으로 장난하다 그만 왼쪽 손가락에 관통상을 입는다. 그는 이 사고가 그녀의 탓이라 비난하며 많은 에피소드를 만들어 낸다. 이후 그녀는 스물다섯 살의 어린 화가와 결혼하여 비교적 순탄한 생활을 보낸다.

총격 미수사건으로 뭉크는 파라노이드적 신비에 싸여 그녀를 지지하던 보헤미안 친구들을 잃고 더욱 고립된다. 사랑의 결핍으로,

화장을 거의 하지 않는 그림으로 비극적이고 운명적이며 파괴적인 상징을, 나체 그림을 통해 여성의 잔인하고 슬픈 고통을 미지의 세상에 알리고, 크게 눈을 뜬 모습에서 진실하게 내부를 전체적으로 찾는 표현주의와 상징주의의 전환기를 맞는다. 이는 새 생명을 낳음으로써, 고통으로부터 자유화하는 그의 대표작 「마돈나」에 가장 잘 나타나 있다.

1902년은 뭉크의 유럽성공을 뜻한다. 후원자 막스 린데를 만났는데, 그는 뭉크의 예술성에 대해 열정적으로 기사를 썼고, 이로 인해 유명인사들의 잇따른 초상화 주문으로 뭉크는 초상화의 대가가 되었다. 그러나 신경불안과 혼란스러운 생활로 자신의 초상화에서 명청하게 바라보는 자기 뒷모습에 번져가는 붉은색이, 니체의 사상을 거칠고 엄격한 선과 잔인한 페인팅 스타일로 묘사하였다.

1909년 그는 마침내 노르웨이에 정착, 남부해안 크라게뢰(Kragerø)로 거처를 옮겨 클래식한 겨울풍경을 그렸다. 오랫동안 논쟁 중이던 오슬로대학 새 강당의 벽화디자인을 위하여, 그는 집 앞 바위 사이로 떠오르는 아침 해에서 영감을 받아 생의 영원한 기쁨의 근원인 「태양」을 제작하였고, 사회노동자들도 그렸다.

"그의 예술의 세 번째 전환기입니다. 첫 번째는 크리스티안 크로그 선생의 영향으로 사실주의, 두 번째는 인상주의, 마지막은 상징과 표현주의이죠."

허이페트 관장은 미술관 한편으로 나를 데리고 간다.

뭉크는 1916년 크리스티아니아 외곽의 에켈리(Ekeley)에 집을 사서, 많은 사람들이 그의 그림을 사려고 방문하여도 어느 정도 만족할 만큼의 돈만 있으면 그림을 팔지 않았다. 또 전시회를 위해 외국으로 그림을 보낼 때도 자식을 보내는 심정처럼 아파하였다. 가정부가 있어도 자기 방에 들어오지 못하게 하여 방 안은 늘 지저분했으며, 저녁식사, 심지어 정원의 과일 따는 일을 물을 때도 제발 자신을 괴롭히지 말고 혼자 있게 해 달라고 요청하였다. 또 오페라나 파티 도중에 돌아와 그만의 세계 속에서 혼자 지냈다.

말년에 그는 상징적인 영혼의 그림에서 벗어나 웅장하고 생생한 면에 강조를 두어, 자연과 그 속에서 하모니를 이루는 농부들을 강하고 뚜렷한 색깔과 신선하고 순간적인 터치로 그리며 자연을 찬양하였다. 독일 점령하의 노르웨이 키슬링 정부의 선전용 그림의 우매함에서 자신을 굳건히 지켜냈으며, 1944년 심장쇼크로 2층 침실에서 조용히 죽었다. 항상 원하던 외로움과 자식들이었던 많은 그림들에 싸여……

# 지금은 시대가 여성을 부르고 있습니다

## 그로 할렘 브룬틀란드(1987. 1)

브룬틀란드 여사는 노르웨이 역사상 첫 여수상에 오른 입지전적인 인물이다. 의사와 정치가의 길을 걸어온 그녀를 지도자, 아내, 어머니 그리고 여성으로서의 다각적인 생을, 한국 최초의 인터뷰를 통해 알아본다.

1981년 5월 9일 최초의 여수상으로 선출되어 센세이션을 일으켰던 그로 할렘 브룬틀란드(Gro Harlem Brundtland) 여사는 1939년 4월 20일 오슬로에서 태어났다. 정치에 관심 많은 의사 아버지와 헌신적인 어머니 사이에서 풍요롭고 애정 어린 시절을 보낸 그녀는 자연을 즐기고 노래 부르기를 좋아하였다. 어릴 때부터 아버지 친구들을 통한 대화에 관심을 가지며, 이미 열일곱 살 때 노동당 청소년에 참가, 정치·사회·사상에 관한 책을 읽었다.

오슬로대학에서 의학을 전공하면서 노동당에 입당, 1960년 학생 정치 서클에서 만난 보수당원인 브룬틀란드와 결혼하였다. 이들의 결혼은 하나의 사건이 되었지만, 후일 수상의 인기를 높이는 데 기여하였다. 1962년 첫아이를 가지면서 지금까지 그녀는 주부·아내·어머니·직업인의 1인 4역을 충실히 해내고 있다.

수상은 미국 하버드대학에서 공중보건학 석사학위를 받고 돌아와 노르웨이 보건청에서 가족계획·성교육·임신중절에 실무를 쌓았다. 1974년, 의회경력 4년 미만의 무명 소아과의사가 박사학위 준비 중에 일약 환경장관으로 발탁되었고, 1년 후에는 부당수가 되면서 그녀의 정치적 관심은 확고한 자리를 차지하였다.

1981년 수상으로 취임한 지 8개월 만에 총선거에서 패배하였으나 5년 만에 다시 수상직에 오른 그녀는 내각구성에 있어 전체 각료의 40%에 해당하는 7명의 여성장관을 입각시키는 결단을 보였다. 남성

위주 사회에서 집을 뛰쳐나왔던 『인형의 집』의 노라는 낡은 선입견에 불과하였다. 이제 노르웨이 국민들에게 여성들의 내각진출은 더 이상 토론조차 되지 않는 당연한 일이 되었다.

브룬틀란드 수상을 방문한 1986년 11월 28일 오후 1시 30분. 날씨는 쾌청하고 포근하였다. 토요일이라 근무가 없는 날인데도 수상은 인터뷰를 위해 일부러 출근하는 친절함을 보였다.

오슬로의 중심가인 아케스 街 55번지에 위치한 회색 빛 콘크리트 건물이 종합청사이고 수상집무실은 15층에 있다. 온 시내가 한눈에 보이는 것에 걸맞게 TV·응접세트·사무용품으로 퍽 검소한 분위기이다. 작은 키라 높은 구두를 신고, 간편한 블라우스에 블루진으로 필자를 맞이한 수상의 첫인상은, 수수하고 인자한 평범한 어머니 모습이었다. 사진을 찍는다고 하자 "화장을 더 해야지" 하며 립스틱을 발랐다. 시원스러운 말투에 유머가 풍부한, 그래서 활기와 온화함이 조화된 분위기에서 대화가 시작되었다.

**희숙:** 우리로서는 대단히 놀라운 일이었는데요. 수상직과 동시 일곱 명의 여성장관을 입각시켰는데, 이 숫자가 국가정책에 도움이 되는지요?
**그로:** 지금은 시대가 여성들을 부르고 있습니다. 과거의 남성 위주와 달리 여성들도 직접 참여하는 사회가 되기를 바라기 때문이죠.

**희숙:** 여정치가들이 맡은 특별분야가 있는지요?

**그로:** 아닙니다. 진정한 민주주의는 남녀동등의 똑같은 조건으로, 서로 다른 배경을 가진 각도에서 문제를 의논하는 것입니다.

실제로 수상을 포함한 여덟 명의 여성각료들은 법무·교육·농업·소비행정·환경·개발원조·후생복지 등으로 다방면에 걸쳐 있다. 후생복지를 제외하고는 모두가 자녀를 가진 주부라는 점에서도 가정을 가진 남성각료들과 다를 바가 없다. 이러한 태도가 그녀를 노동당에서 활동하는 여성위원으로 인식되기보다는 현대 직장여성이 가져야 하는 이상적인 표본으로 부각시킨 것일까?

**희숙:** 여성의 사회진출로 인한 이혼문제는 해결할 수 있을까요?

**그로:** 대답하기 어렵군요. 동양에서는 인내심으로, 아니면 가족 중심인 전통으로 이혼율이 적은지는 모르겠지만, 그렇다고 해서 이혼을 원하는 수가 적다고는 말할 수 없지요. 추세를 보면 세계의 문화교류가 TV·문학 등 다방면에 영향을 끼쳐 동양에서도 이혼문제가 심각할 수 있습니다. 현시점에서 동양이 서양보다, 혹은 그 반대가 낫다고 생각지 않아요. 부부간에 긴 안목으로 일을 처리하고, 당장의 개인주의적 이익을 버리면 이혼율이 줄어들 것입니다.

**희숙:** 젊었을 때 임신중절·가족계획·성교육 등에 관심을 가지셨는데?

**그로:** 10년 전 노르웨이에서 임신중절 문제는 심각했습니다. 유산을 해야 할 때 여성들 스스로 결정할 수 없어, 외국에서 수술하는 경우가 많았습니다. 제게는 그것이 인간권리상 잘못된 것으로 시정되어야 했기에 관심을 가졌습니다.

**희숙:** 왜 의사가 되셨는지요?

**그로:** 학교와 직업 선택은 쉬운 일은 아닙니다. 그러나 인간의 정신과 육체를 건강한 방향으로 이끌어 주는 것이 의학, 특히 기초의학이라 생각했습니다.

**희숙:** 그러면 정치에는?

**그로:** 의학을 택해 의사가 되었듯이 저의 참여로써 더 나은 사회가 되길 바라고 싶군요.

수상을 기억하는 한 의사에 의하면, 그녀는 자신의 전공에 철두철미한 완벽주의자였다. 사회건강에 관한 여러 편의 논문이 이를 증명하며, 소아과 의사에서 정부의 의료관리직으로, 다시 한 나라의 수상으로 이어지는 그녀의 삶에 맥을 이룬다. 박사학위 준비 중 환경장관으로 발탁된 그녀는 1974년 브라텔리 수상 내각 전에는 무명이었다. 브라텔리 수상이 장관 지명을 위해 집무실로 부르는 순간에도 그녀는 '임신중절 자유선택법'에 관한 문제를 논의하는 줄로 착각할 만큼 그 일에 몰두해 있었다.

**희숙:** 야당지지자인 남편과 결혼해서 물의를 일으키셨는데 어려운 점이 있으신지요?

**그로:** 가족은 민주주의의 가장 작은 단체입니다. 부부가 정치적으로 다른 의견을 가지나 서로의 의견을 교환하며 자기의 의사를 표현할 수 있어야 합니다. 그런 점에 어려움은 없습니다.

**희숙:** 남편을 어떻게 만났는지요?

**그로:** 대학 정치서클에서 친구를 통해 만났습니다. 당시 이성과의 만남은 친구를 통함이 가장 자연스러운 절차였지요.

**희숙:** 과거의 한국사회에서는 신랑후보감을 부모에게 선보이는

데, 그들의 심한 반대로 안 될 경우가 종종 있었습니다.

**그로:** 남편을 가족들께 인사시켰을 때 아버지가 탐탁해하지 않았습니다. 사고방식이나 습관이 저희들과 상이한 탓인데, 나중에 스스럼없게 되었습니다.

**희숙:** 그가 반대파인 보수당 지지자였기 때문인가요?

**그로:** 그것이 환대를 못 받았던 첫 이유였습니다.

**희숙:** 그러면 가정생활에서 무엇이 중요할까요?

**그로:** 직장인으로 가정을 유지하려면 부부가 같은 인생관과 취미를 가져야 합니다. 각자의 견해를 대화하면서 믿음과 격려와 칭찬을 아끼지 않는 동등관계! 가족이 주는 영향은 상당합니다.

**희숙:** 내일 당장 결혼해야겠네요. 동양에서는 자식들의 미래에 기대를 하는데…….

**그로:** 글쎄요. 자식들에게 큰 기대를 가지지 않습니다. 그들이 건강하게 사회조화를 이루고, 하는 일에 만족하면서 직업과 생에 충실하기를 원합니다. 저의 부모 역시 제게 수상이 되라고 한 적이 없었습니다. 제 삶은 제가 원하는 대로 이루어졌고, 부모들은 그것을 인정했습니다.

**희숙:** 수상님은 자주 아버지와 비교가 되던데요?

**그로:** 왜 저를 아버지와 비교하는지 모르지만, 일반적으로 아버지와 딸 사이는 유사점이 많지 않나요? (웃음)

수상의 아버지 역시 정열적인 노동당원으로서 사회, 국방, 노동장관을 지냈으며, 의사로서 또 정치참여로 박사학위 취득을 중도에 그만두었다는 점에서도 수상과 비슷한 점을 가지고 있다.

**희숙:** 어린 시절의 추억들이라면?

**그로:** 즐거웠어요. 하지만 그때 노르웨이가 지금처럼 부유하지 않았어요. 한 가난한 학생이 초등학교 원조금으로 코트를 사 입

었던 것을 보고는 매우 슬퍼했었습니다.

**희숙:** 괴롭거나 울적하실 때는 없나요?

**그로:** 괴롭고 뜻대로 일이 풀리지 않을 때는 당장 집에 가서 남편에게 투정을 부려요. 문제와 고민을 털어놓다 보면 마음이 가라앉지요.

**희숙:** 외롭고 울고 싶을 때는?

**그로:** 만사를 제쳐놓고 누워 잡니다. (웃음)

**희숙:** 잠 오는 약을 사용하지 않고요? (웃음)

**그로:** 물론이죠. 제 딸이 열두 살 때쯤인가, 일이 잘 안 되고 저에게 말하기도 지치니까 차라리 자고, 다음날 해가 뜨면 문제를 풀겠다고 하더군요.

**희숙:** 더 시간을 가질 수 있다면?

**그로:** 여행을, 또 산보·등산·항해를 하든지, 사회문제에 관한 책을 더 읽고 싶습니다.

**희숙:** 특별한 취미라도?

**그로:** 자연을 즐기는 것입니다. 여름이면 항해를 하고 겨울에는 함께 수십 킬로미터를 스키로 즐깁니다.

**희숙:** 그 속에서 무엇을 배우는지요?

**그로:** 두 가지입니다. 첫째는 움직임입니다. 자연 속을 거닐면서 움직임을 느끼는 것은 운동입니다. 둘째는 사무실에서 안고 있던 문제들을 잠시 제쳐 놓고, 자연 속에서 그들을 생각할 수 있는 여유를 가지며, 자연히 수평적 사고방식을 배웁니다.

**희숙:** 음악을 좋아하세요?

**그로:** 모차르트, 베토벤, 차이콥스키 등 클래식에서 모던음악입니다.

**희숙:** 좋아하시는 음식은?

**그로:** 무슨 음식이든지 즐겨 합니다. 너무 좋아해서 탈이지요. 제가 먹어야 할 양 이상으로……. (웃음)

**희숙:** 수상이라는 의식 때문에 옷을 선택할 때 부자연스러운지요?

**그로:** 파티 등 특별한 경우와 일상생활에 따라 옷을 자주 갈아입

어야 합니다. 수상이라는 체면이나 권위의식 없이, 떳떳하게 마음에 드는 옷이 입으면 삽니다. 세일도 자주 갑니다.

수상은 독특한 패션스타일을 가지고 있다. 머리와 구두 스타일에 그녀만의 언어와 유머가 어우러져, 젊은 층이 그녀를 좋아한다. 스스럼없는 태도와 부드러운 인간성, 해박한 지식과 함께 그녀는 3남 1녀의 어머니로서 가정, 직장생활을 겸비한 이상적인 여성이다.

**희숙:** 동양의 윤회설에 관심 있는지요?
**그로:** 그것에 관해 책을 읽었으나, 체계적이 아니었습니다.
**희숙:** 다시 세상에 태어나신다면?
**그로:** 현재의 제가 윤회인지도 모르죠. 하고 싶었던 일들, 더 많은 일들을 하고 싶습니다.

수상의 일에 대한 열정은 그녀의 심벌마크이다. 환경장관으로 처음 입각하였을 때 대기오염 퇴치를 위하여 직접 자전거를 몰고 다니면서 자전거타기 캠페인을 폈다. 1977년 북해유전 폭발사건 때는 사건현장에 나가 8일 동안 밤잠을 마다하고 사건을 진두지휘하였다. 일에 대한 열정이 그녀를 정치반석에 올려놓은 것이다.

**희숙:** 어떻게 그로데이(Gro Day)가 정해졌습니까?
**그로:** 1981년 노르웨이 첫 여수상 기념으로, 4주일의 공식휴가 중 하루를 제 이름을 붙여 그로데이로 정했습니다.
**희숙:** 수상이 소속된 노동당의 심벌은 장미입니다.

**그로:** 장미는 단결, 협동심을 뜻하며 사랑과 우애를 의미합니다. 당의 심벌을 아주 좋아합니다.

**희숙:** 대중매체를 사용한 이미지 관리에 능숙하시다는데, 케네디의 TV토론처럼……

**그로:** 어떻게 대답할까요. 저의 대중매체 이용은 시청자들이 판단할 문제지요. 같은 질문을 케네디에게 던져 보아도 역시 같을 것입니다.

수상은 대화 도중 상대방의 질문이 채 끝나기도 전에 답변을 시작하는 버릇이 있어 간혹 성격이 급하다는 비난을 받기도 하지만, 이것이 장점이기도 하다. 자신 있게 나오는 답변은 솔직하고 당당하여 늘 청중을 압도하고 설득시키며, 안심시키기 때문이다. 부드럽고 자연스러운 분위기가 그녀로 하여금 TV를 가장 잘 이용하는 수상으로 정평이 나게 했으리라.

**희숙:** 긴 시간 감사합니다. 노르웨이를 요약하신다면?

**그로:** 자유와 평화를 누리고, 사회복지시설과 민주주의 체제에서 풍부한 자원과 아름다운 자연과 전통 및 문화 배경을 가지고 행복하게 사는 축복받은 국민입니다. 감사합니다.

백야의 나라, 바이킹의 후예, 탐험가 아문센, 입센의 나라!

노르웨이 국민들은 축복받은 사람들이다. 수상이 자신 있게 그렇게 말할 수 있다면 말이다. 또한 수상이 남녀가 동등하게 자신의 능력을 발휘할 수 있는 사회를 민주주의의 조건으로 생각하고 그렇게 되도록 노력하고 있기 때문이기도 하다. 브룬틀란드 수상이 각료의 40%를 여성에게 할당한 것은 어떤 조직에서든 여성의 비율은 적어도 40%로 한다는 노동당의 방침에 따른 것이지만, 한 명을 제외하곤 모두 자녀를 가진 주부들이고 노르웨이 역사상 최연소 내각이라는 점에서 역시 대단한 일이다. '여성'임을 의식하지 않는 자연스러움이 진정 그녀를 유럽 여권운동의 실질적인 기수로 만들 수 있었다.

수상은 유엔 산하 자연환경위원회 책임자로도 일하고 있으며, 동서양을 가장 활발하게 움직이는 열성적인 정치인으로 손꼽히고 있다.

> 그로 할렘 브룬틀란드는 3번의 수상직 이후 1998년 세계보건기구의 사무총장으로 일했으며, 현재 유엔사무총장 지휘 아래 기후변화특사로 일하고 있다. 그녀는 여성정치가들의 질을 높이는 The Council of Women World Leaders와 넬슨 만델라를 위시한 세계 지도자들이 서로 경험을 나누는 The Elders의 회원으로도 활동 중이며, 특히 브룬틀란드커미션 조직을 통해 지구에서 일어나는 환경과 기후변화에 관한 정책을 세웠다.

저의 주위는 항상 낭만으로 가득 차 있습니다

## 한스 노르만 달(1989. 5)

한스 노르만 달(Hans Norman Dahl)의 전시회장에는 많은 여성들
이 몰려들며, 그의 수채화, 데생은 즉시 팔릴 만큼 인기가 있다. 풍
부한 색감에 낭만적인 꿈이 어려 있지만 풍자적이다. 오슬로 시외
아스케(Asker)에 있는 아름다운 목조집에서 그를 만났다.

**희숙:** 행복 이야기부터 할까요.

**한스:** 가장 행복했던 순간은 1940년부터 4년에 걸친 제2차 세계 대전의 종말소식이었고, 슬펐던 일은 여섯 살 때 아버지의 죽음입니다.

**희숙:** 무엇이 되고 싶었나요?

**한스:** 화가였습니다. 저는 영수증에도 그림을 그렸습니다.

**희숙:** 재주는 타고나셨나 봅니다.

**한스:** 그런 것 같아요. (웃음)

**희숙:** 일찍 학교에 입학하셨지요.

**한스:** 노르웨이국립미술대학 역사상 가장 어린 열네 살입니다.

**희숙:** 부모들은 무엇이 되길 원하셨죠?

**한스:** 아버지는 일찍 돌아가셔서, 대신 어머니는 지금까지도 제가 예술가가 된 점에 회의적입니다.

**희숙:** 자식들의 미래는?

**한스:** 기능공(Craftsman)이면 좋겠어요. 저는 행복한 기능공들을 많이 만났습니다.

**희숙:** 결혼을 두 번 하고 또 이혼했던데요. 사생활에 관해 여쭈어도 상관없으시다면……

**한스:** 가족이란 쉬우면서 어렵습니다. 결혼할 때는 서로 좋아하거나 그렇다고 믿고 하죠. 몇 년이 지나서 서로 상이함을 느끼는 사람들도 있고 며칠 안에 그런 사람들도 있습니다. 많은 사람들은 결혼이 생에 있어 행복의 절정이라 믿고서, 혼자 있기보다 더 행복하다고 느껴 그 길을 택합니다.

**희숙:** 이혼하신 이유는?

**한스:** 첫 결혼은 1958년, 스물한 살로 아내도 동갑이었죠. 몇 달 후 함께 살기는 너무 어리다고 생각하여 합의이혼 했습니다. 서로에게 더 발전이 있을 것을 발견했기 때문에 서로의 생을 구해 준 셈이죠. 얼마 후 우리들은 각각 재혼했습니다. 12년의 두 번째 결혼에서 두 아들을 얻었는데, 저에게 큰 의미를 줍니다. 결혼할 때 서른여덟 살로 저보다 열두 살이나 어렸던 아내 역시 자신의 미

래와 커리어가 필요하다고 생각, 합의이혼을 했지요. 그녀는 일
주일에 한 번씩 저의 집에서 저녁을 만들고 제가 집을 비우는 동
안, 이곳을 지킵니다.

**희숙:** 그녀는 재혼했나요? 재혼을 또 원하세요?

**한스:** 그녀는 애인이 있고, 저랑도 친합니다. 서로가 더 좋은 짝
을 만나 행복해짐을 바라는 것은 당연하죠.


**희숙:** 당신의 그림은 낭만, 사랑과 꿈으로 가득 찼는데 왜 몸이
비대한 여성모델을 쓰지요?

**한스:** 서양예술사를 보면, 여성 모티브가 대부분입니다. 물론 초
상화에는 유명한 남성들이 모델이지만……. 여성묘사는 예술입니
다. 그들의 몸에서 곡선을 발견하고, 그들의 표정에서 생의 경험
을 찾고……. 여성 자체가 인간의 기본감정을 표현하는 데 가장
중심적이고 절대적입니다.

**희숙:** 어린이 그림이나 정치풍자화도?

**한스:** 여러 소재를 다룹니다. 어린이 그림책이 발간되어 손에 쥐
어지는 순간 행복합니다. 정치풍자화도 그렸는데 제가 말하고 글
로 쓰고 싶은 것을 대신하는 도구가 되었습니다. 몬트리올에서
두 번이나 상을 받았는데, 적은 인구의 노르웨이 풍자화가 세계
적으로 인정을 받았습니다.

**희숙:** 자연은 무엇을 도와주죠?

**한스:** 저의 무의식에 침투하여 저의 손을 움직이게 합니다.

**희숙:** 운동도 합니까? 노르웨이인들은 태어날 때 스키를 달고 나
오지 않습니까?

**한스:** 1962년 저는 가난하고 허약했습니다. 의사는 하루 두 번씩
스키를 타라고 지시했어요. 지금은 건강해졌음은 물론이고, 돈도
많이 벌게 되었어요.

**희숙:** 음악을 좋아하시겠지요.

**한스:** 시대를 반영하는 현대음악입니다. 꼭 좋아한다고는 않지만
항상 매혹적으로 날아갈 듯한 기분을 주는 것은 바로크입니다.

음악은 여러 모습으로 제게 도움을 주는데, 특히 태양이 차츰 사라지는 계절에 빛을 되돌려 주고 영혼을 쓰다듬어 줍니다.

**희숙:** 춤도 추나요?

**한스:** 무척 좋아합니다. 아직까지 저의 춤추는 스타일을 알아맞힌 사람이 없어요. 저 자신도 어떻게 돌아가는지 모르고요. (웃음)

**희숙:** 감동을 주었던 사람이 있나요?

**한스:** 많습니다. 강인하고 자기 자신을 믿고, 또 남을 이해하고……. 그런데 제가 두려워하는 점은 존경 대신 시기인데, 창조력을 파괴시키고 상대방까지도 괴롭힙니다.

**희숙:** 1937년 10월 7일이 당신의 생일이군요. 어린 시절의 행복에 대해 다시 이야기할까요?

**한스:** 공장노동자였던 아버지는 약간의 땅을 소유하고 있었습니다만, 거기서 나오는 곡식으로 생활이 힘들어 딴 곳에서 땅을 경작했습니다. 아버지는 생에 몹시 시달린 사람이지만 어머니는 현재 여든네 살로 자신을 믿으며 능동적이고 독립적입니다. 두 남자 형제는 마음으로 만나죠.

**희숙:** 예술가로서 경제 문제가 많았어요?

**한스:** 항상 경제를 생각했습니다. 백만장자라도 그렇겠죠. 스물다섯 살 때였습니다. 갑자기 저는 제 작품이 받아온 가격보다 더 가치 있다고 느꼈는데, 저의 능력을 안 것이죠. 그 후 돈을 많이 벌기 시작했습니다. 가난에 대한 추억을 털어놓죠. 스무 살 학교 졸업 후 6년간은 정말 힘들었습니다. 일러스트레이터로서 1주일에 150크로나(1Kr는 100원 정도)를 받았는데 한 달에 갚을 빚은 750크로나였어요. 이 기간은 결코 길지 않지만, 더 이상 그럴 필요가 없어 다행입니다.

**희숙:** 이 아름다운 집을 어떻게 마련하셨나요?

**한스:** 당시 은행에서 돈을 빌리기가 힘들었습니다. 2차 대전 후 남편을 잃고 일을 하여 저금을 해두었던 어머니께서 제게 새 양복을 사라고 돈을 주셨어요. 새 양복을 입고 은행에 갔더니 제가

부자인 줄 알고 돈을 빌려 주더군요. 잊혀지지 않는 추억입니다.

**희숙:** 또 다른 추억은?

**한스:** 두 아들이 태어난 순간, 아내 곁에서 지켜보고 있었어요.

**희숙:** 신을 믿나요?

**한스:** 안 믿습니다. 인간들이 신을 창조했기 때문이죠.

**희숙:** 윤회설을 따른다면?

**한스:** 아무 곳이나 거리낌 없이 뛰어다니는 몽고족의 조랑말이 되고 싶어요.


**희숙:** 낭만적인 때도 있나요.

**한스:** 저의 주위는 항상 낭만으로 가득 차 있습니다. 유명한 작품을, 또 자연을 그림으로 옮길 때가 가장 낭만적이지요.

**희숙:** 우울할 때는 무엇을 하나요?

**한스:** 드뭅니다. 제가 우울할 때는 주위 사람이 우울할 때입니다. 다른 사람의 우울함이 저에게 침투하거든요. 혼자 있으면서 우울할 때는 저의 예술이 최고의 약입니다.

**희숙:** 외로운 적이 있었나요?

**한스:** 어느 여름날 저녁이었습니다. 말할 수 없는 외로움에 기차를 타고 오슬로로 갔습니다. 파티에서 열심히 춤을 추면서 만난 여자가 12년을 함께 살아온 아내, 유명한 시인의 딸입니다.

**희숙:** 시간이 나면 무얼 하시겠어요?

**한스:** 현재 작업에서 더 새로운 것을 찾아냄으로써 똑같은 반복을 피하는 것입니다.

**희숙:** 오슬로에서 아틀리에를 만들고 계시죠.

**한스:** 노르웨이, 프랑스에서 강의했는데, 이 아틀리에를 통해 저의 경험과 지식을 학생들에게 전하고 싶습니다. 생의 가장 아름다움은 남에게 자기가 아는 것을 전달하는 것이지요.

**희숙:** 동양이 서양인의 눈에는 어떻게 비치나요?

**한스:** 현재 서양에서는 뉴에이지(New Age)라고 동양의 신비사상에 서양적인 것을 침투시켜 서양의 물질적 삶의 모습을 더 흥미

있게 만들려 합니다. 저는 이 점을 회의적으로 봅니다. 동양의 근본사상에 존경심을 갖고 있기 때문입니다. 잘 모르는 서양인들이 이런 식으로 동양을 망치는 것이 아닌가 싶어 경고하고 싶습니다.

**희숙:** 한국에 대해서 아시나요?

**한스:** 한국은 개방사회라서 약간은 알지만 북한은 폐쇄되어 모르겠습니다.

**희숙:** 한국에 전시회 하러 오시겠어요?

**한스:** 우선 한국음식을 먹으러, 또 봄에 피는 벚꽃을 구경하러 가고 싶습니다.


**한스 노르만 달은 노르웨이 대표적인 화가로서, 모스백 드로잉스 쿨(Mosebekkskolen)을 설립하였다.**

# 일 때문에 가정의 틀을 깨뜨리지 않습니다

## 카시 쿨만 피베(1990. 10)

생에서 가장 귀한 것은 '가족'이며, 나라뿐 아니라 집안 살림 솜씨가 뛰어난 상무장관. 인간과 자연을 사랑함이 바탕으로 채워진 정치철학과 아름다운 외모로 한층 돋보인다. "소중한 것들에 똑같이 최선을 다한다"는 장관의 삶은 신선한 빛깔로 채색되어 있다.

상무장관 카시 쿨만 피베(39, Kaci Kullmann Five)는 집권당인 보수당의 당수후보로 물망에 오를 만큼 탁월한 감각을 가진 정치학 박사이다. 88서울올림픽 때 한국을 방문하여 94릴레함메르 동계올림픽 유치에 큰 역할을 하였다.

가을을 맞이하는 8월 말, 오슬로 빅토리아 테라세에 위치한 정부청사에서 만난 장관은 엄격하고 냉정하다는 평판과는 달리 온화해 보였다. 아마 업무만큼은 엄격하고 날카로운 모양이다. 10년 전에 5크로네를 주고 샀다는 초록색 원피스를 입고 색상대비에 신경을 쓰듯 빨간색 의자에 앉은 여사는 마치 발레리나와 같이 아름다워 보였다. 아내이자 두 아이의 어머니이기도 한 그녀의 하루 일과는 갈증이 날 만큼 바쁘다.

"새벽 일찍 일어나 식사 준비 후 자동차로 가까운 역에 내려 기차를 갈아타고 사무실에 옵니다. 그날의 계획에 따라 일을 진행하는데, 회의, 정부와 국회 보고 외에 틈틈이 인터뷰와 강의를 하고 나면 일곱 시에 일이 끝납니다. 저녁식사와 집안일, 밀린 서류들을 검토하고 나서야 잠자리에 듭니다."

매우 피곤하고 힘들겠다는 응수에 그녀는 정말 그렇다는 표정이다.

"모든 일에 완벽할 수는 없지만, 소중하게 생각하는 것들에 똑같이 최선을 다한다는 것은 나의 희생을 바탕으로 한다는 뜻입니다.

주말이면 열 시간씩 잠으로써 일주일의 피로를 풀지 않으면 견디기가 힘들죠."

장관은 취미생활을 할 시간이 없다. 틈만 나면 집안청소 및 가족들과 함께 보내야 한다.

"전에는 스키와 조깅도 하고 입센 작품들을 읽고 감상에 젖으며, 영화를 보며 훌쩍거리기도 했지만 지금은 그럴 겨를이 없네요. 청소 말인데, 한번은 밤 열두 시에 창문을 3일 내내 닦으니 남편은 제가 정신이 나간 줄 알았습니다. 장관이라고 예외는 없죠. 얼마 전부터 지역사회에서 일을 도와주는 제도가 생겨, 일주일에 네 시간 정도 일할 사람을 찾고 있습니다만, 주말에는 제가 직접 합니다."

커리어우먼으로서의 어려움이 생생하게 전해진다. 가족들의 이해와 협조 없이는 슈퍼우먼이 될 수 없으리라.

20년간 함께한 남편 카스턴 피베 씨는 아내와 함께 16년간 정치활동을 하다 저널리스트로 변신하였다. 경제잡지인 「디네 펭게」(영어로 Your Money)의 발행인 겸 편집장이며, 장관을 방어해 주고 비평해 준다.

"열여섯 살 때 남편은 열여덟 살로 친구들과의 파티에서 만났습니다. 12월 30일이었는데 그가 저의 첫 남자친구였습니다. 제가 큰딸이라 부모님께서 조바심을 내셨지만 그가 신뢰감을 주어, 스물한 살 때 결혼을 하였습니다. 그는 정치가, 저는 저널리스트가 꿈이었는데 지금은 반대가 되어 가끔 서로 농담을 합니다."

정치가가 된 딸을 그녀의 부모들은 어떻게 도와주었을까?

치과의사였던 아버지는 여덟 살 때부터 딸과 함께 등산을 했으며 일요일마다 스키를 탔다. 아버지와 자연 속에서 나눈 많은 대화들은 그녀에게 폭넓은 생각과 시각을 키워 주었다. 노르웨이의 북극탐험가 난센은 스키를 타며 검은 숲 사이를 달릴 때마다 많은 생각을 하였고, 그 자연 속에서 인생을 공부하였다. 그는 "장엄한 소나무 숲은 평생토록 내 마음에 아로새겨져 있다"라고 회고하였다.

"어머니는 간접적으로 저를 지원해 주고 있으며, 제가 살림을 잘못해도 야단치지 않는 편입니다. 친구들의 어머니는 딸이 커리어를 가지는 것을 자랑스러워하면서도 살림, 사위, 손자 걱정으로 스트레스를 주는데, 어머니는 오히려 저를 위로하였습니다. 대학진학을 준비하는 제게 아버지는 결혼을 독촉하였으나, 어머니는 화를 내시면서 여자도 교육을 많이 받아야 한다고 주장하셨습니다. 아버지는 보수적인데 어머니는 개방적이라고 할까요? 훌륭한 분입니다."

피베 장관은 1951년 4월 13일 태어났다. 그녀는 스무 살에 '젊은 보수당'에 가입하였는데, 남편은 당의 리더였고 그녀는 회계담당이었다. 문학을 좋아하였으나 사회문제와 여성권리에 더 관심을 가져당 창단 2년 만에 첫 여성으로 핵심간부에 뽑혔다. 여성의 낙태수술은 여자 스스로 결정해야 한다는 주장으로 보수당의 인기를 높였고, 환경문제와 인권회복에도 관심을 가져, 사하로프 박사에게 노벨상이 주어지기 전 소련을 방문하였다. 1972~1979년 당 회장으로 있으면서 정치학위를 받았고, 고용주협회에서 일하면서 유럽의 EF(시장권리권) 경제를 공부하였다.

국회의원이 된 후 재정위원회에 참여하여 1986년부터 상무장관으로 일하고 있다. 유럽경제무역과 선박산업에 큰 힘을 기울이며, 가트(GATT)와 실업문제, 나라의 부를 유지하는 일도 산적해 있다. 바쁜 와중에도 아이들에게 책을 읽어 주며 잠재우는, 일하는 어머니의 고뇌를 들어본다.

"저만의 일을 가진 점에 양심의 가책을 느끼나, 아이들과 남편에게 무관심한 것이 아니니 스스로 감수해야 한다고 봅니다. 저는 아이들에게 항상 정직하고 평화스러운 사람이 되라고 합니다. 부모 말을 잘 듣는 것도 필요하지만 그게 지나치면 아이들의 개성을 망칩니다. 독립심을 기르기 위하여 자율권을 많이 줘야 합니다. 그러나 일곱 살 된 아들에게 취침시간을 지키는 기본원칙은 세웁니다. 매일 밤 그의 침대 곁에서 책을 읽어 주는 제 목소리가 어렸을 적에 들었던 어머니의 책 읽던 목소리와 같다는 생각을 종종 합니다."

장관부부는 아이들이 교육을 철저히 받은 후, 자신의 능력을 발휘하며 사회에 봉사하기를 원한다. 일등을 하라거나 특별히 무엇을 강요하지 않는다.

"얼마 전 처음으로 딸이 남자친구를 데리고 왔는데 그는 귀엽고 딸처럼 농구를 좋아합니다. 우리 부부는 예전의 우리 생각이 나서 서로 눈짓을 주고받았는데, 갑자기 딸이 언젠가 우리 옆에서 사라질지 모른다고 생각하니 저 역시 조바심이 나더군요. 그들이 진정으로 행복하게 되기를 원합니다."

그래서 장관에게 행복이란 가족들과 함께 안정된 분위기이다. 외롭거나 침체될 여유마저 없는 바쁜 그녀는 법무장관 친구와 만나 서로를 격려한다. 가정 일에 충실치 못해 남편을 잃겠다는 농담으로 서로의 공감대가 커서 도움이 된다.

"가정이란 두 명의 독립인이 만든 작은 사회입니다. 경제적으로 서로 의존치 않고 자기 생활의 기본을 세워야만 인간으로서의 평등한 가치를 준다고 봅니다."

사회는 능력 있는 사람을 많이 가져야 더 발전한다고 믿는 피베 장관은 철저한 남녀 평등론자이다. 처음부터 엔지니어가 남성 직업이라는 고정관념을 버리고, 여성들도 시도해 보아야 한다. 문제는 남자들은 커리어를 위해 가족과 떨어질 수 있어도, 여자는 그럴 수 없음이 안타까운 현실이다.

"생에서 가장 중요한 것이 무엇이냐?"라는 질문에 서슴없이 "가족"이라 대답하는 장관의 요리솜씨는 수준급이다. 열여덟 살 때 프랑스에서 1년을 살면서 레스토랑에서 배운 솜씨라고 자랑한다. 가정주부로 살림을 매우 잘했을 것 같은 장관은, 자신이 살림만 하였더라면 불행했을 거라고 말할 만큼 일에 대한 정신이 투철하다. 육체적으로 힘들어도 만족한 생활을 하며, 남편과 함께 모차르트·베토벤 음악을 듣는다. 여유가 되면 친척, 친구 들을 만나거나, 미루어 놓았던 일을 하고 싶다.

　의미심장한 말 한마디로 장관은 인터뷰를 마쳤다.

　"전 세계 인구의 반이 여성이라는 사실을 잊지 말고 늘 자신의 개성을 발전시켜 사회전통을 깨뜨리기 바랍니다. 남녀평등 없이는 사회의 발전을 기대할 수 없습니다."

**카시 쿨만 피베는 1977년 국회를 떠난 후 노르웨이에서 제일 큰 석유회사 Statoil의 자문위원회, 그리고 노벨평화상을 결정하는 다섯 명의 위원으로 선정되었다.**

날 때부터 손가락 여러가 없고, 다리도 하나

## 안 마리트 세베르네스(1993. 10)

　오슬로 市의 여시장 세베르네스는 하나뿐인 다리로도 정상인 못
지않은 다채로운 경력을 보이고 있다. 태어날 때부터 여러 길이로
짧게 잘려진 손가락을 가졌던 그녀는 한 살 때부터 의수족을 사용
해야 했고 18개월이 되어서야 걸을 수 있었다.

1993년 오슬로의 8월은 푸른 하늘과 바다 그리고 신록으로 가득 찼다. 태양을 쬐러 빨리 일을 끝내고 귀가하는 시민들은 중심가에 위치한 큰 기둥의 붉은 벽돌탑의 종소리를 듣게 된다. 바로 모자이크로 주위를 장식한 시청건물이다. 오후 네 시가 넘어 한적한 시간을 택해 여시장 안 마리트 세베르네스(48, Ann Marit Sebernes)의 사무실로 들어서니 그녀가 반가워한다.

특별히 나를 환영한 것은 한국의 한 TV방송에서 그녀를 다룬 장애인프로그램을 방영한 때문인데, 한국의 한 주부로부터 얼마 전에 편지를 받았다고 한다.

"저의 얘기에 감동했다는 사연을 보냈더군요. 무척 기뻤어요. 한국인들은 감정과 인정이 풍부한 민족 같습니다."

세베르네스 여사는 1945년 12월 11일, 태어날 때부터 몸이 정상적이지 못하였다. 부모는 딸이 일생 장애인으로 살아야 한다는 사실에 어떻게든 사회에 적응시키기 위해 눈물겨운 노력을 하였다. 어머니는 지방위원회에서 일을 한 정열적인 여성정치가였다.

"이해심 깊은 부모 덕택에 부족함 없이 자랐습니다. 제가 원하는 대로 도와주시고 격려해 주시고 발전시켜 주셨지요. 주변에는 항상 많은 책이 있었고 여러 활동에 참여하여 장애를 의식하지 않았죠."

그러나 시장은 어린 시절 죽은 여동생으로 생의 인식이 달라졌다.

"생의 의미가 인간이 세상에 태어나서 죽을 때까지 서로 도와주고 격려해 주는 데 있다고 봅니다. 가진 능력으로 최선을 다해 그 속에서 행복을 찾는 것이지요. 저는 특정한 한 가지 신을 믿지 않고, 오히려 인간의 좋은 점을 믿습니다."

고등학교는 물론 과외활동에서도 우등생이었던 시장은 가족 중에서는 첫 대학교육을 받았지만 평범한 인간으로 살고자 하였다. 그러나 그녀의 생에 전환기를 준 건 물리치료사가 되었을 때이다. 자신도 장애인이면서 그 자격증을 들고 아프리카 케냐로 가서 그곳의 장애인들을 도와주며 사회문제에 관심을 가졌다. 수년간 봉사 후 조국으로 돌아와 오슬로대학에서 사회학을 공부, 석사학위를 받았다. 남편인 토레 에릭슨도 그곳에서 만났다.

두 사람은 13년 전에 결혼하였다. 결혼을 중요히 생각하지 않고 그녀 나이쯤이라면 반수 정도는 이혼경험을 가지고 있을 노르웨이에서, 이 점은 특별하다.


젊었을 때 여사는 미국의 흑인영가에 심취하였는데, 희생과 고통당하는 그들의 투쟁정신이 깔린 음악 분위기에 사로잡혔다. 그녀는 음악을 비롯하여, 많은 공통적 관심이 두 사람을 화목한 생활로 이끄는 비결일 것이라고 말하면서 활짝 웃는다.

"가정은 안전과 안락의 장소로서 저의 괴롭고 기쁜 감정을 표현할 수 있는 곳이죠. 또 휴식하고 힘을 얻으며 영감을 줍니다."

남편은 그녀의 사회활동에 적극 찬성하였다. 수상실의 정책자문 위원회에 근무하고 있어 부인의 정치활동을 지원할 수 있었다.

세베르네스 여사의 정치관심은 부모로부터 이어받은 듯하다. 젊은 시절 자신의 장애문제를 정신적·신체적으로 해결하였던 그녀는 장애인이기 때문에 정치를 못한다고 생각한 적이 없었다. 그래서 사교댄스를 배웠으며 체육경연대회에서 스키·자전거로 상을 받았다.

"장애인은 신체나 정신적인 면에 있어 정상인에 비해 완벽하게 기능을 하기 힘듭니다. 심각한 저능아나 맹인에서부터 더듬거리거나 걷기 불완전한 것까지 다양하지요. 대부분의 사람들이 장애인이라는 점에 슬퍼하는데 자기를 인정하려면 오랜 시간이 걸립니다."

여사에게 장애는 육체보다 마음이 더 문제인 듯하다. 오랫동안 걷지 못하고 층계 오르기도 힘든 장애에도 불구하고 정상인보다 더 건강한 삶을 살고 있지 않은가!

독서를 즐기는 그녀는 밤늦게까지 책을 읽는다. 주말이면 정원 가꾸기와 산책을 즐긴다. 일 년에 두 번 정도 외국을 방문하는데 올해는 세 번이나 하였다. 몬트리올에는 보건사회부 일로, 뉴욕에는 에너지와 경제 강연 차, 토론토에는 지방정치인 회의였다. 올가을 오슬로 市가 세계 자전거경기대회를 열기 때문에 시카고를 방문해야 하며, 뭉크 전시를 위해 일본에도 가야 한다. 비장애인 못지않은 왕성한 활동을 하는 여시장에게서 정치를 빼면 어떤 삶이 펼쳐질까?

대답은 의외로 단순했다.

"지금까지 제 일에 만족합니다. 정치 외에는 여행을 하고, 책을 더 읽고 정원을 가꾸는 일입니다. 바빠 못 만났던 친구와 친척도 ……. 지금까지 사회활동으로 희생해야 했던 부분들입니다."

시장은 지난 여름휴가 때 일부를 실행하였다. 2주일의 휴가 중 1주일은 로마여행을, 나머지는 늙은 부모가 살고 있는 서부해안의 고향 순머러에서 지냈다는 것이다. 적극적인 삶을 살고 있는 그녀에게서 북구여성의 강인함을 읽으며 나는 시청사를 빠져 나왔다.

## 바다는 나의 집, 장수함은 나의 침대

## 솔바이 크레이(1996. 2)

*일생 처음 잠수함을 보고 타 본다는 기쁨과 두려움은 나를 꿈속까지 괴롭혔다. 비틀스의 「노란 잠수함」일까? 잠수함을 통해 본 바다 속에는 어떤 물고기들이? 해초들은? 나는 메이스필드의 시를 찾았다. '나는 다시 바다로 가야해(I must go to the seas again).'*

입센의 『페르귄트』의 주인공은 방랑아 페르이고 그의 영원한 애인이 솔베이지임은 잘 모르지만, 「솔베이지송」은 어린이도 아는 대중적인 곡이다. 솔베이지는 노르웨이식 발음으로 '솔바이'다. 그녀가 옛 이미지를 바꾸고 세계에서 가장 터프한 첫 여 잠수함장이 되었다. 그러나 그녀가 지위에 어울리지 않게 직접 자동차를 몰고 1995년 12월 베르겐에 위치한 해군본부 정문에서 서성거리는 나를 데리러 왔을 때 깜짝 놀랐다. 물론 개인운전수를 고용하는 일이 노르웨이에서는 드물지만, 솔바이 크레이(Solveig Krey) 함장 직위라면······.

차는 달렸다.

부둣가에 외롭게 정착한 잠수함 KNM KOBBEN이 우리를 기다리고 있었다.

"어머나 잠수함이 회색이네요!"

오랫동안 감추었던 영상이 사라질 같은 기분으로, 나는 철 층계를 따라 간신히 잠수함 구멍 속으로 들어갔다. 비대한 사람은 아예 엄두도 내지 못할 좁은 입구였다. 점심시간이라 부하들은 햄버거를 먹고 있었고 메모판에는 전략지도 대신 옛 총각함장의 결혼엽서가 걸려 있었다. 계속 실망이다. 잠수함이 이런 곳인가?

"보통 3주일 이곳에 머뭅니다. 하루하루 일이 달라요. 재미있고 상당한 도전도 따르지만, 종종 일이 없어 지겹기도 해요."

영화배우 같은 젊은 금발머리를 가진 부하사관이 보였다. 함장은 금방 눈치를 채고 "부하들은 제 명령에 따라야 합니다. 제 판단이 잘못되었음이 발견되면 그것도 좋은 경험이지요"라고 말하며, 내가 초등학생인 양 잠수함 내부를 일일이 설명해 준다. 샤워장이 보였다.

"왜 사우나가 없죠?"

엉뚱한 질문에 주위에 처음으로 웃음이 터졌다. 인터뷰 분위기가 조성되고 있었다.

"우리는 물속에서 세상과 접촉을 잘 못합니다. 소나리움을 통해 배나 돌고래들의 소리를 듣는데, 이상하게 고래들은 속삭이는 것 같아요. 종종 해저전화기로 그들과 장난치면 갑자기 큰 잡음이 들립니다. 질투심에 찬 고래 떼들의 시위일 겁니다."

나는 그녀의 농담을 들으며 고래와 싸우는 소설 『모비딕』을 기억하였다. 매일 일기를 쓰는 솔바이에게 상상력만 있었다면 소설가로도 성공했을지 모른다.


KNM KOBBEN은 2차 대전 후 독일에서 완공된 길이 7m, 높이 12m의 잠수함이다. 길이에 따라 잠수함은 속력이 다르다. 외부탱크의 물이 적절해야 균형을 유지하며, 밑바닥에 적재된 배터리로 폭이 좁은 피오르, 긴 해안, 바다를 항해한다. 모터소리는 거의 들리지 않으며, 배터리를 규칙적으로 재충전해주고 공기를 순환시키는 일이 중요하다.

잠수함은 경험 많은 엔지니어와 전략항해를 담당하는 사관들로 구성된다. 함장은 항해와 전략을 맡는데, 아침 7시 30분에서 오후 4시까지 정해진 일과를 가지나, 잠수함은 24시간 쉬지 않는다. 여덟 시간 교대원칙에도 실제는 네 시간의 일과 네 시간의 휴식을 가진다. 특수훈련 시에는 모든 일이 동시에 일어나 빨리 쉬고 싶다는 생각이 저절로 들 만큼 고되다.

"해군은 현재 3%에서 7%로 여성을 증가시켜 남녀평등을 실행하는 목표를 갖고 있습니다. 여성들도 동등한 조건과 봉급을 받을 수 있으나 이 목표달성은 쉽지 않죠. 여성들은 다른 직업을 우선시하거든요. 사실 군인직업은 특권입니다. 기술과 인사관리에 경험이 많아 제대 후 바로 직장을 구할 수 있지요. 사실 함장이나 전투조종사는 노르웨이에서 드물어요. 저는 나중에, 조선소 인사관리나 유람선 마케팅을 하고 싶습니다."

솔바이는 여자로서 겪는 애로점은 크게 없다고 말한다. 남녀평등에 익숙한 남자들은 그녀를 깍듯이 대접한다.

"저의 목적은 함장이었습니다. 아주 힘든 일로, 중간평가, 과거의 실력에 반년의 최종훈련 중 하루라도 실수하면 삭제됩니다. 잠수함 기능도 통찰해야 하고 여자라서 잘 봐주는 일은 없어요."

그 결과 합격통고를 받은 다섯 명 졸업자 중 유일한 여성으로서, 졸업식 날 해군사령관은 그녀를 세계 첫 여함장으로 임명하였다.

"주위 사람들은 제가 함장이 되리라 믿고, 저를 칭찬했죠. 여동료들도 이 기회가 다른 여성들을 자극시킨다고 긍정적으로 봐줬어요. 군인, 노인과 친구들의 축하편지가 제일 기뻤습니다. 이 역사적인 일이 일어나기를 오랫동안 기다렸다는 내용이었습니다."

1963년 출생인 솔바이 함장은 평범한 가정에서 자랐다. 학교에서는 항상 우등생이었지만 미래에 대한 뚜렷한 목적이 없었다. 고등학교 졸업 후 해군입대도 우연한 기회였다. 과학·생물·기술을 배우고 싶어, 해군이 적합하다고 생각하였다. 아마 북노르웨이 한 항구에서 보낸 어린 시절이 무의식으로 그녀를 유도했는지 모른다. 군인출신이 없었던 집안전통을 깨고, 해군사관학교와 군인대학, 여러 코스를 통해 최고의 실력을 쌓았다.

"후회하지 않아요. 1989년 해군 입대 시 함장은 생각지도 못했고, 우선 이 직업이 저의 적성에 맞는가만 고민했죠. 시간이 지나며 이곳을 좋아한다는 걸 알았어요. 저를 발전시킬 수 있는 가능성을 찾기란 정말 중요하죠. 왜 그 기회를 놓치겠어요?"

그런 시작은 오랜 기다림과 함께 지금의 영광을 가져다주었다. 함장은 늘 혼자다. 결정을 해야 하는 위치라서 더욱 외롭다. 젊은 함장은 부하들에게 권위를 보여야 한다. 해박한 지식은 물론 인간미까지도…….

나는 그녀의 눈동자를 바라보았다. 촉촉하고 아름다운, 그러나 매서운 눈동자였다. 한평생 페르를 기다리며 실을 잣던 솔베이지의 눈동자를 연상케 했다. 시대와 장소만 다를 뿐 노르웨이 여성의 영원한 솔베이지이다.

"신의 뜻이 우리의 생을 정한다는데, 항해 중에 신을 찾지 않나요?"

"신이 존재하겠지만, 저는 믿음이 없어요."

"깊은 물속에서 위기를 느끼지 않나요?"

"두렵지 않아요. 저와 부하들은 위기를 감당할 충분한 능력을 갖고 있어요."

갑자기 저쪽에서 웃음소리가 들려왔다. 부하들을 치켜세워 준 함장의 말에 흘러나온 기쁨이었다. 서른두 살의 솔바이에게 큰 역경은 없었다. 시대가 영웅을 만든 것이 솔바이에게도 통한다.

"진정한 생은 마흔 살부터라던데……. 다른 재능을 발견할지도?"

"다른 외국문화와 언어 속에서 살고 싶어요. 세상을 항해하며 사람들을 만나는 것이 제 꿈이죠. 여행하고 싶어요. 남미·호주·아시아 등."

아이러니하게도 그녀는 세상 밑을 다닌다. 외롭게…….

"왜 실천을 못 하죠?"

솔바이는 잠시 생각 후 대답한다.

"직장 때문에. 아니, 뭐랄까?"

함장이 되는 과정이 그녀의 사생활을 빼앗았고, 이제부터는 일에만 미치지 않겠다는 다짐은 자신을 사로잡을 왕자가 나타나기 전에는 한 희망에 불과하다.

"가족은? 애인은?"

참고 있던 나의 질문이 터졌다.

"이런 식으로 이야기하죠. 생은 수많은 선택으로 가득 찼지만 모든 것을 동시에 얻을 수는 없어요. 무엇을 먼저 해야 할지 그 차례를 구분해야죠. 사람들에게는 각자의 길이 있습니다. 자유를 향유하려면 그 대가를 지불해야 합니다. 미혼은 모든 남자의 애인이 될 가능성이 있지 않나요?"

진지하고 농담 어린 대답에 우리의 대화는 웃음으로 계속되었다.


솔바이는 시간만 나면 산이나 들판을 방황한다. 산과 바다를 동시에 좋아하는 특이한 여성이다. 위로 올라가는 산은 그녀의 시야를 넓혀 주며 아래로 내려다보이는 바다는 그녀를 자신만의 세계로 이끌어 준다. 그녀가 해저망원경으로 보는 세상은 멀다. 그래서 더 외로움을 느낀다. 그것도 잠시뿐, 그녀는 본 상태로 돌아와야 한다. 틈틈이 외국어를 공부하고 범죄소설이나 전문서적을 즐긴다. 잠수함에서는 스테레오 음악도 들을 수 있다.

"시간만 나면 옛 친구들을 만나, 다른 분야의 지식을 배웁니다. 저에게 중립적인 의견도 제시해 주곤 하죠."

전화벨이 울렸다. 함장은 언제 그녀가 여자였던가, 엄격한 말투의 명령이 입에서 떨어진다.

"저는 한다고 마음먹고 그것이 가능하다고 결정하면 꼭 해냅니다. 한번 결정하면 변경치 않아요. 일어나는 문제들도 잘 수습해요. 완전주의자는 아니에요. 저는 남의 이야기를 잘 듣는 장점을 갖고 있습니다. 저의 부하들은 전국에서 선택된 다양한 배경을 가지고 있는데, 개인 문제로 고통받을 때 저와 이야기합니다. 서로 믿기 때문이죠. 그들에게서 많은 것을 배웁니다. 사실 남자와 더 좋은 친구가 되죠."

바다는 자연이고 솔바이이고, 솔바이는 바다이고 또한 자연이다. 자연은 그녀를 겸손하게 만든다. 파도치는 폭풍이나 소리 없는 빗방울 속의 자연에 경외감을 가진다. 그녀는 즐거움에 감싸인다. 바다는 그녀의 집이다. 잠수함은 그녀의 침대다. 그러나 조용한 자연도 어느 한계가 되면 그녀에게 방황감을 준다. 운명은 회색잠수함을 그녀에게 주기로 이미 결정되었다. 그녀는 얼마나 근사한 생의 특권을 가졌는가!

"임기는 2년입니다. 앞으로 얼마나 많은 함장이 배출되는가에 따라 연장도 가능합니다. 남성들과 잘 통하지 않을 때는 여함장이 한 명이라도 더 있으면 하는 아쉬움이 있습니다."

세계의 여함장으로 지명되었을 때, 오랫동안 모든 관심이 그녀에게 집중된 것이 싫었지만, 솔바이는 분명히 성공한 커리어우먼이다.

"생에는 여러 시점들이 있어요. 그때마다 자신을 잃은 여성에게 충고할 수 있어요. 자신 없다고 생각하면 아무것도 못합니다. 자신을 생각할 시간이 필요해요. 학교나 직업도 노력이죠. 불가능이라고 단정하기 전 시도해야 합니다. 자신을 믿으세요. 특히 해군을 지원한 여성들은."

여성의 지위가 세계에서 최고로 높은 노르웨이가 자신감을 잃은 여성들로 우글거리다니 아이러니하다. 어릴 때의 가정교육, 주위환경, 여성이라는 점과, "남보다 더 낫다고 생각지 말라"는 얀테(Jante)법이 이런 우려를 초래한 것일까? 그러나 솔바이는 그 어느 것에도 속하지 않는다.


잠수함이 조용해졌다.

조그만 창문이라도 있으면 지평선 너머 사라지는 황혼을 볼 수 있을 텐데…… 그리그가 저쪽 너머에서 나에게 손짓하고 있는데

……

아까 들어왔던 좁은 구멍에서 붉은 빛이 새어 들어와 실내에 번지고 있었다. 바깥에 어둠이 서서히 깔리려는 전조이다. 오후인데도 노르웨이의 겨울 해는 짧았다. 문득 이곳을 떠나고 싶어졌다. 나는 미로와 같은 통로를 떠나 '자유'란 이름의 새 공기가 반갑게 기다리는 공간으로 발길을 돌렸다. 지난밤 잠을 설치며 외웠던 메이스필드의 「그리운 바다」를 또 한 번 되새겼다.

핀란드

FINLAND

보드카와 사우나 그리고 멜랑콜리의 나라

## 핀란드(1988. 12)

스칸디나비아반도에 위치한 여러 나라들은 뛰어난 경치와 훌륭한 역사를 지니고 있으면서도 우리에게는 널리 알려져 있지 않다. 호수가 많은 땅에서 여유로운 삶을 누리는 이곳 사람들과 가까이해 본다. 보드카와 사우나, 시벨리우스의 핀란드

"미스 리, 오늘 밤 연주회에 좀체 마음이 안정되지 않아 불안하네요."

"무엇을 연주하시죠? 시벨리우스의 바이올린 협주곡이라고요? 그 첫 부분은 가장 난해하면서도 아름다운 멜로디죠. 저처럼 음악 없이 살 수 없는 관중들을 생각해 보세요. 오늘 저녁 당신 앞에 모일 그들은 밤 내내 당신의 마술로 행복에 싸여 있을 것 아네요?"

"노력해 보지요. 고맙습니다."

1985년 7월 어느 날, 나는 잔다르크의 고향인 프랑스 루앙에서 걸려온 한 노르웨이 음악가의 전화를 받았다. 그를 격려한 열성만큼 내 마음이 비워져 고독해진 나는 시벨리우스 LP판을 찾았다. 디자이너 부오코의 커튼을 내리고 알바 알토가 만든 의자에 앉아, 타피오 비르칼라의 유리잔에 얼마 전 면세점에서 산 핀란디아 보드카를 따랐다. 그리고 나에게 스칸디나비아 디자인을 배우게 한, 잊지 못할 호수의 나라 핀란드에서의 몇 차례 여행을 더듬기 시작하였다.

그곳에 첫발을 디딘 것은 1976년 대학 2학년 시절, 실내 가구디자인공부를 위해 부활절을 이용하여 수학여행을 떠났을 때였다. 열 명의 학생들이 두 대의 자동차로 오슬로를 떠나 스톡홀름에서 유람선 실라 라인을 타고 핀란드의 옛 도시 투르쿠(Turku)에 도착할 예정이었다. 이 배는 현대식 디자인에 바다의 신비를 지닌 그림들로 장식되어 있었는데, 모처럼의 휴일로 배 안은 일등석에서 삼등석까지 손님들로 붐볐다.

주요 산업인 임업, 제지업, 금속공업, 조선업과 디자인을 업으로 하는 사람들의 옷은 말끔하였지만, 스칸디나비아에서는 노동허가 없이도 서로 이동해서 일할 수 있다는 조건으로 딴 나라로 일하러 갔다가 고향으로 돌아오는 노동자들도 많았다. 그들의 차림에는 피곤하고 외로운 타국생활의 설움이 배어 있었다.

핀란드가 1인당 국민소득이 1만 달러가 넘어서면서 고소득의 나라로 된 것은 제2차 대전 이후 우로 케코넨(Urho Kekkonen) 대통령의 경제정책 결과였다. 1950년대까지는 중소기업과 농업, 임업이 위주가 되는 저소득의 나라였으나, 1974년 평균 매년 5%의 경제성장으로 급속도의 현대화를 이루었다. 전 국토의 65%가 소나무·자작나무 숲으로 제재, 합판, 펄프가 전 수출의 80%를 차지한다. 조선업은 자동화되었고 현재 디자인 산업으로 많은 외화를 벌어들이고 있다.

우리들은 저녁을 먹기엔 좀 시간이 있을 것 같아 사우나를 먼저 하기로 결정했다. 물론 남녀공용인지는 알아보지 않았으나, 핀란드에 성 개방의 물결이 침투한 탓인지, 전통이 그러한지 모르나, 이곳에서는 호의로 손님을 사우나에 초청할 때 거절하면 실례가 된다. 대체로 토요일이면 전 가족이 함께 자작나무 회초리를 가지고 전신을 마사지하며 사우나를 즐긴다. 시골에서는 겨울이면 바깥으로 뛰쳐나와 찬 눈에 몸을 뒹굴다 심장마비로 죽는 경우도 종종 있다.

마치 핀란드가 사우나를 처음 개발, 전 세계로 보급한 것으로 자부하고 사는 시민들은 공중사우나는 미리 예약을 해야 하고, 아파트에는 개인사우나가 마련되어 있다. 직장인들은 점심 사우나를 한 후 커피를 즐긴다. 세계에서 1인당 커피소비량이 가장 많은 핀란드인은 생일커피·명명일(Name Day)커피·결혼커피·장례식커피·졸업커피 외에 핀란드신화나 기독교에서 유래된 이름들이 종종 사용된다.

나는 사우나 속에서 아름다운 한 여성을 보았다. 아름다움의 상징은 비너스이지만, 그보다 더 깨끗한 아름다움은 17세 처녀가 막목욕을 끝내고 탕에서 나올 때 발견된다고 한다. 그런 의미에서 핀란드 처녀들은 순수미의 상징이 아닐까? 계속되는 나의 눈길에 그녀는 수줍음을 느끼고 있는 것 같았다. 핀란드인들의 특징이다.


빙하시대 아시아에서 동발틱 지역으로 이동한 핀란드민족은 에스토니아·헝가리와 같은 우랄계통의 언어를 쓰고 있는데, 눈은 푸른 회색이고 평범한 갈색머리를 가지고 있다. 조용하고 인내심이 강하며 강직하고 정직한 그들은 오래된 것, 보수적인 것에 집착하여 새로운 것을 쉽게 받아들이지 않는다. 또 의무를 충실히 하여 법을 존중하고 자유에 대한 희망을 가지며, 그들과 친해지기에는 많은 시간이 필요하지만, 한번 알게 되면 영원한 사이가 된다.

우리 일행은 상쾌한 기분으로 레스토랑에 갔다. 발트 해에서 갓 잡아 올린 갖가지 생선에 핀란드 특유의 비스킷 같은 갈색빵과 여러 가지 고기들이 뷔페로 차려져 있었다. 밖은 벌써 석양이 사라진 지 오래이고, 밤이 찾아오고 있다. 나는 난간에 서 있는 연인들의 모습을 보면서 멜랑콜리한 기분이 되어 바 안으로 들어섰다.

모든 사람들의 눈길이 동양여성인 나에게로 쏠린다. 벌써 사람들은 핀란드풍의 가장 특징적인 멜랑콜리 음악에 맞춰 탱고를 추고, 보드카에 취해 내게 과감히 춤을 청해 오는 남자들도 있다. 손짓으로 위를 가리키고 있었는데 나중에 알고 보니 나를 자기 방에 초대한다는 뜻이었다. 나는 스칸디나비아식 데이트법의 하나라 생각하며, 새벽 네 시 보금자리로 돌아올 때까지 친구들과 핀란드인들과 함께 원을 그리고, 축배를 들며 열심히 노래하고 춤추었다. 얼마 후 배는 얼음판을 깨고 육지에 다다랐다.

인구 490만(2011년 현재 약 540만)으로 아이슬란드·노르웨이 다음으로 인구밀도가 낮고 전 인구의 40%에 이르는 도시생활자 중 세 번째로 많은 인구를 갖고 있는 투르쿠에 도착하였다. 이 도시는 스웨덴 점령하에 영광을 누렸는데, 오래된 성을 보며 역사의 흐름을 실감하였다.

핀란드는 12세기까지 서쪽으로 스웨덴의 로마가톨릭교회를, 동쪽으로 러시아의 그리스정교를 국경으로 국가를 이루었다. 12세기의 스웨덴 점령으로 기독교화되었으며 서쪽에는 서구문명이, 동쪽에는 러시아 비잔틴 문명이 발달하였다. 17~18세기 스웨덴이 발트 지방 전체를 점령하자 경제궁핍에 질병까지 겹쳐, 핀란드는 전 인구의 3분의 2를 잃었다. 이때부터 스웨덴식 생활을 하여 많은 핀란드인들이 아직도 스웨덴어를 쓴다.

1640년 처음으로 헬싱키대학의 전신인 투르쿠 로열아카데미가 설립되었다. 1700년 이후 러시아의 침입, 1807년 나폴레옹과 러시아 황제 알렉산더 1세의 틸시트 평화협정에 따라 핀란드가 러시아의 속국이 되었지만, 1919년 독립공화국이 되었다. 1942년의 러시아 평화조약, 52년 헬싱키올림픽, 55년 유엔과 노딕카운슬의 회원이 되었고 1956년부터 25년간 케코넨 대통령이 집권, 국민들에게서 시벨리우스 다음가는 우상이 되었다.

우리들은 서둘러 헬싱키로 향했다. 도중에 잠깐 들른 현대식 교회에서 만난 예수님은 하늘을 치솟을 듯 웅장한 목조조각품으로 서 있었는데, 강직하면서도 우아한 국민기질이 그대로 나타난다. 핀란드에는 기독교인이 전 인구의 90%를 차지하지만 신앙심은 깊지 않다. 그러나 어린이들은 세례를 교회에서 받고, 결혼식도 교회에서 한다. 크리스마스와 부활절 행사는 토속적 풍습인 파간과 어울려 발전하였으며, 세 번째의 큰 행사로 70일 동안 계속되는 한여름밤의 축제(Midnight Summer Festival)를 빼놓을 수 없다. 그들은 전통의상을 입고 국기를 높이 단다.

어느새 낭만주의 유겐드(Jugend) 건축의 대표작인 헬싱키 역에 도착하였다. 이 역은 핀란드의 모든 곳으로 통하는 관문으로, 플랫폼 한편에는 소련 국경지대로 떠나는 한 군인이 보였다. 영화에서 보았던 것처럼 군복에 배낭을 멘 모습이 나에게 아름다운 낭만을 불러일으킨다. 독일작가 레마르크의 『사랑할 때와 죽을 때』를 읽고 나는 얼마나 마음 아파했던가!

헬싱키 역은 엘리엘 사리넨(Eliel Saarinen)이 지은 건축물이다. 그가 미국으로 건너가 핀란드의 낭만주의 건축을 알릴 때까지 헬싱키에서 얼마 떨어지지 않은 곳에 동료와 함께 아틀리에 겸 주거공간인 장식과 기능성이 가득한 비트라스크(Hvitträsk)를 설계하였다.

건축이라면 헬싱키 음악페스티벌, 동서양 군축회의가 자주 열리는 핀란디아홀을 지은 알바 알토(Alvar Aalto)를 빼놓을 수 없다. 그는 세계에서 처음으로 합판을 사용하여 곡선의자, 즉 라미네이팅 체어를 만들었고, 자연 속의 물의 흐름을 보고 만든 꽃병에 그의 독특한 조명 디자인을 하였다. 바우하우스의 영향을 받아 실용적이고 모던한 건축양식으로 후에 미국에서 크게 이름을 떨쳤다.

이곳에서 진행되는 음악리허설을 바라보면서 문득 시벨리우스박물관의 한 늙은 부부를 생각하였다. 그들은 의자에 앉아 스피커에서 흘러나오는 「핀란디아」를 들으면서 조국애에 잠겨 눈을 감고 있었다. 나는 그들의 자부심과 긍지에 찬 얼굴에 억눌려 숨을 죽이고 구석에서 가만히 귀를 기울였다. 시벨리우스는 핀란드인 그 자체, 핀란드인의 꿈이며 그러한 정신을 심포니, 오케스트라곡을 통해 표현하였다. 현재 오코 카무 및 여러 지휘자들이 헬싱키, 사볼리나 페스티벌 등을 통해 명성을 떨치고 있다.

다음 목적지는 시벨리우스기념공원이다. 엘라 힐투넨이 조각한 철로 만든 파이프관은 음악이 하늘에서 땅으로, 또는 육지에서 천상으로 퍼져, 온 우주가 조화되는 것을 느꼈다. 그 속을 들여다보니 문득 하나님의 축복이 직접 그 파이프를 통해 전해지는 것만 같았다. 그것은 하나의 기적을 이룰 듯한 착각을 안겨 준다.

우리들은 여러 날 동안 헬싱키에 머물면서 이곳 대학에도 가 보았다. 많은 학생들이 열심히 책을 읽고 있었는데, 핀란드는 도서관 이용률이 세계 1위로 한 사람당 열일곱 권의 책을 빌릴 수 있다. 이동식 도서관이 있으며 교육열이 대단히 높아 교육비가 월급에 비해 매우 큰 비중을 차지한다. 어른들도 기술교육·어학강좌에 참여하고 있으며 가장 인기 있는 직업이 법관·의사·선생이다. 그들은 호칭을 사용하지 않고 대신 성 앞에 직업을 붙여 부른다.

이 나라의 경제발전에서는 여성들의 사회참여를 무시할 수 없다. 대가족 중심의 세대가 핵가족으로 변하면서 많은 여성들이 직장에 나가게 되었고 자연히 어린이들은 초등학교에 들어가는 일곱 살 이전에는 탁아소에서 하루 8~9시간을 보낸다. 충분히 사회보장이 이루어져 아플 때의 보장, 65세(2011년 현재 68세) 이후의 연금, 직장을 잃었을 때의 보장, 미혼모 부양, 가족이 많을 경우의 도움이 있고 노인들에게도 따로 사는 아파트를 주며 집안일은 부부가 나눈다. 보통 자식은 둘을 낳는데 30세 이후 첫아이를 낳는 것이 보통이다. 상당수의 부부가 이혼하였으며, 동거만 하더라도 똑같이 법 적용을 받는 탓으로 형식상 결혼하는 경우가 적다.

그들은 있는 그대로 자연 속에서 인생을 살아온 탓에 여름 한 달, 겨울 일주일의 휴가(어린이들은 2·3월 스키시즌)를 별장에서 보낸다. 그러나 태양이 그리운 사람들은 남쪽의 지중해로 여행을 떠난다.

자연을 사랑하는 핀란드인에게는 무엇인가 창조해 내지 않으면 안 될 필연의 결과로 핀란드디자인이 유명하게 되었을까? 있는 그대로의 재료를 가지고 필요에 의해 현대적인 감각을 창조하는 핀란드의 디자인산업은 50년도의 수공업에서 60년의 대형 산업으로 변모하였다. 핀란드디자인의 특징은 자연에 대한 감각의 풍부성과 기능적이며 단순한 형태의 훌륭한 테크닉 구사에 있다. 그것은 알바 알

토의 작품에서, 색과 빛의 배합을 멋있는 텍스타일로 부각시킨 마리
메코(Marimekko)의 수석 디자이너 부오코(Vuokko)의 손길에서, 동식
물의 모티브로 만들어진 타피오 비르칼라(Tapio Wirkkala)의 유리컵
디자인에서, 또 그들 특유의 실로 짠 러그디자인에서 이루어졌다.

생활도자기를 만드는 아라비아(Arabia)의 세라믹 예술은 비잔틴
문화가 영향을 준 대표적 사례이다. 그들은 19세기 전문디자인 교육
을 통하여 그들의 개성을 찾아 1900년 파리 세계박람회에서 세상을
놀라게 했다. 플라스틱 식기의 카이 프랑크(Kaj Franck), 가구의 안
티 누르메스니에미(Antti Nurmesiniemi), 보석의 본 벡스트롬(Björn
Weckstrom), 유리의 티모 사르파네바(Timo Sarpaneva) 등이다.

그 후 나는 핀란드에 머물 기회가 많았다. 가구디자인 실습을 위
하여, 또 인터뷰 차. 그러나 항상 내 머리에 남는 것은 그들의 멜랑
콜리이다. 석양이 깃들면 헬싱키 중심가의 한 레스토랑에 둘러앉아
와인으로 시작하여 반드시 보드카로 끝내는 모습. 특히 주말이면 더
많은 사람들이 온 시내를 분주하게 만든다. 그들은 음악에 맞추어
춤을 추고, 민속적인 곡조의 애달픈 노래들을 부르고 농담도 한다.
심하게 마신 이들은 길거리에 쓰러지기도 하고…….

핀란드인들은 자연 속에서 살아가는 평범한 민족이다. 겉치레도
과장도 없는 가장 진실한 삶을 나는 그들에게서 느꼈다. 호수의 나

라, 숲의 나라, 자연으로 마음이 깨끗해지며 사우나로 몸이 정결해
지는 이 나라에 독자들을 초대하고 싶다. 인생은 여행이 아닐까?

# 흰 눈과 파란 하늘, 초록의 핀란드 정신

## 잔 시벨리우스(1990. 8)

　시벨리우스는 자연과 신화에 심취했고 자기가 좋아하는 색깔 하
나하나에 음악적 의미를 부여하였다. 그가 일생을 두고 추구한 것은
민족정신이었다.

"세계적으로 가장 많이 연주되는 「핀란디아」를 들려 드릴게요."

투르쿠(Turku)에 소재한 시벨리우스박물관의 아펠크비스트는 이렇게 말하고 총총히 음악실로 사라졌다. 1978년 6월, 해가 지지 않는 하늘에 뭉게구름이 유난히 아름답다. 1968년 벡크만이 르코르뷔지에의 영향을 받아 지은 현대식 콘크리트 건물의 창 너머로 자작나무 잎사귀가 교향시 「핀란디아」의 선율에 맞추어 흔들리고 있었다.

2년 전의 부활절, 오슬로미술대학에 다니던 시절에도 이곳을 찾은 적이 있다. 그때도 「핀란디아」가 울려 펴지자 좀처럼 표정을 짓지 않던 한 농촌부부의 얼굴이 자부심으로 물들었고, 금관의 행진곡풍에 이어 목관의 애조 띤 음색은 방문객을 따뜻하게 감싸 주었다.

잔 시벨리우스(Jean Sibelius)가 1899년 작곡을 시작하여 1903년에 완성하였으나 당시 러시아 지배하의 핀란드에서 연주금지를 당했던 「핀란디아」를 여기 와서 다시 듣는 마음은 그간 세월의 흐름을 기뻐해야 할지, 슬퍼해야 할지…… 시벨리우스는 현실에 절망하지 않는 핀란드인의 민족혼을 고취시키기 위하여 이 곡을 썼다.


"시벨리우스는 투르쿠에 살던 사업가인 아저씨를 만나려 이곳에 들르곤 했지요. 그의 많은 작품이 이곳에서 연주되었고, 이 박물관이 그에 관한 가장 많은 자료를 수집한 관계로 1949년 안델손 교수가 그의 승낙을 받고 시벨리우스박물관이라 칭하였습니다. 16세기에서 현재까지의 음악자료를 수집한 세계 최대의 음악박물관입니다. 모든 자료는 전산화되어 있고, 일반에게 공개하지 않는 자료실이 별도로 설치되었습니다."

아펠크비스트는 자랑스럽게 시벨리우스 기념품이 펼쳐진 전시대를 가리켰다.

"저 그림을 보세요. 얼굴을 스케치한 일곱 개의 그림을 자세히 살펴보면 주름살이 계속 늘어 감을 발견합니다. 사람들은 다섯 명의 딸들 때문이라 하지만, 사실은 그가 교향곡 하나를 작곡할 때마다 하나씩 늘어난 것이지요. 시벨리우스는 작품량도 방대하지만 양 속에서 질을 찾았어요. 바이올린 협주곡을 썼을 때는 연주하기 어려울 것 같다며 여러 부분을 삭제했습니다."

그러고 보니, 불에 그을린 악보도 눈길을 끌었다. 시벨리우스는 교향곡 2번을 작곡한 다음, 친한 친구에게 악보를 잘 간수해 달라며 보냈는데 염려 말라던 그 친구의 집에 불이 났다. 다행히 악보재질이 두꺼웠고, 부피가 컸던 때문에 불길에서 건져낼 수 있었다. 아직 발표되지 않은 채 출판을 기다리는 작품도 남아 있는 이 자료실은 그에 관한 서류와 악보로 가득 차 있었다.

"너무 유명해도 문제군요. 후손들이 러브레터까지 다 읽게 되니까요. 그래서 익명은 '완전자유'를 뜻하는가 보죠."

"시벨리우스가 우리 이야기를 듣고 있을지 모르겠어요. 당신의 의견에 찬성하려고 들까요?"

자료실 직원들과 한바탕 웃어가며 최근 일본인들이 이곳을 다녀가서 제작한 시벨리우스 TV프로그램을 보았다. 그것은 민족에 따라 얼마나 음악을 상이하게 해석하는지 문화의 차이를 보여 주었다. 또 위대한 예술가에 대한 예의와 사상에 대한 존경심이 필요함을 재인식시켜 주었다. 시벨리우스의 생가, 아이노라(Ainola)가 생각났다.


"제가 책에서 본 집보다 더 큰 창문을 가지고 있는데요."

"참, 그렇군요. 우리는 유명한 핀란드 화가 집을 대신 찾았군요."

1990년 8월, 헬싱키 공항에서 나를 마중한 여행청 직원 크리스틴은 한국인이 시벨리우스를 찾아 멀리 이곳까지 왔다는 사실에 흥분한 탓인지 핀란드인의 민족감정을 처음으로 음악을 통해 세계에 표현한 시벨리우스를 자랑하다가 길을 잘못 들어선 것이다.

헬싱키에서 38km, 에르벤파에서 21km 떨어진 아이노라를 또다시 찾았더니, 정원의 아름다운 꽃들과 함께 직원도 일행을 반기며 시벨리우스의 무덤으로 우리를 안내하였다. 키 큰 소나무 아래의 네모난 무덤이었다. 그 옆에는 부인 아이노가 농업전시회에서 두 번이나 일등상을 받았던 사과나무도 있었다. 1957년 시벨리우스는 91세로 생을 마감하고 여기에 잠들었다.

"아이노라는 부인의 이름 아이노에서 딴 것입니다. 이 집에 1910년 시벨리우스가 부인과 딸 세 명을 데리고 이사를 왔습니다. 심포니 3번부터 여기서 작곡했죠."

아이노(Aino)는 헬싱키 음악학교 시절의 친구였던 아르마스의 여동생이었다. 부모 형제들은 핀란드의 군사와 예술에 상당한 기여를 한 가문으로서, 아버지는 장군, 어머니는 톨스토이 문학에 심취한 페미니스트였다. 큰오빠 아르비트는 문학, 아르마스는 작곡가와 지휘가, 아이노도 피아노를 쳤다. 그들은 1890년에 약혼, 2년 후에 결혼했는데 시벨리우스가 일생 사랑한 유일한 여성이었다고 한다. 유명한 예술가들의 과거를 보면 많은 여성들과 사랑에 빠졌는데 그는 예외였다.

"시벨리우스는 여성보다 자연과 신화에 더 심취했었죠. 아이노는 7개국 언어를 구사했고, 딸들에게는 철저한 교육가 어머니였어요. 항상 '나는 너희들의 어머니가 아니고 선생이다'라며 공부를 시켰답니다. 저기 보이는 피아노는 주로 부인이 사용했어요."

아이노는 시벨리우스가 집안문제에 신경 쓰지 않고 작곡에 몰두할 수 있도록 재정에 이르기까지 모든 것을 직접 챙겼다. 온실을 직접 만들어 토마토를 재배하고, 그녀의 아이디어로 사우나를 짓고, 시벨리우스가 가장 필요로 하는 조용한 창작환경을 만드는 등 최선을 다했다. 그는 주로 밤에 작곡을 하였는데, 아침에 만난 딸들은 아버지가 먼저 '굿모닝' 하기 전에는 입을 떼지 않았다. 가족들은 자신들의 불편함은 아랑곳하지 않고, 다만 아버지가 집을 떠나지 않고 함께 머물기만을 원했다.

시벨리우스가 남긴 일곱 개의 심포니가 서로 다른 분위기를 가진 것은 아버지를 일찍 여의고 편모슬하에서 자라난 그의 어린 시절과 무관하지 않다. 두 살 때 마을의사였던 아버지가 세상을 떠나, 유일하게 남은 기억은 그의 무릎 위에 앉아 옛날이야기를 듣던 일과 시가를 피우는 그의 모습이었다. 그래서 시벨리우스도 시가를 무척 많이 피웠다. 심포니 4번을 작곡할 때는 술병까지 겹쳐 수술을 해야 했으며, 하루에 두 대 이상 담배를 피우지 말라고 의사가 충고하자 그는 일곱 시간 이상 피우는 시가를 발견하고 무척 기뻐하였다.

"부인은 지난밤 남편이 어떤 시가, 어떤 재떨이를 사용했는가에 따라 그의 마음을 알아차렸어요."

안내원은 구석 한쪽 책상 위에 놓여 있는 담배와 재떨이를 보여주었다. 시벨리우스가 즐겨 애용한 하바나 시가가 보관되어 있었다. 예순 살 생일 때는 처칠이 그에게 시가를 선물하였고, 또 심포니 4번을 비난했던 토스카니니마저 축하전보를 보냈다는 대목이 생각났다.

"저 벽을 보세요. 시벨리우스의 친한 친구이며 당시 핀란드미술

을 대표하는 악셀 갈렌 카렐라와 낚시를 가서 캔버스 대신 시가박
스 위에 그린 그림입니다."

이미 책을 통해 널리 알려진 사실보다는 시벨리우스의 음악에 얽
힌 에피소드를 듣고 싶다는 주문에 안내원은 초록색 벽난로로 이끌
었다.

"시벨리우스는 자기가 좋아하는 색깔 하나하나에 음악적 의미를
부여했지요? 핀란드 국기가 상징하는 흰 눈과 파란 하늘, 자연을 나
타내는 초록에서 핀란드 정신을 찾은 것이 아닐까요?"

이 질문에 열렬한 시벨리우스 숭배자인 안내원은 "초록색이 담
긴 그림은 F장조, 노란색 그림은 D장조"라고 또렷한 음성으로 대답
했다.

"시벨리우스가 좋아하는 그림을 보고 있으니 문득, 입센의 『혼령』
이나 뭉크의 그림에서 느껴지는 귀신이 나올 것 같은 멜랑콜리한 기
분인데요. 저런 침침한 그림을 좋아하는 그가 어떻게 이태리를 좋아
해서 라파엘 해안을 찾아가 심포니 2번을, 또 교향시 「타피올리」를
작곡했는지 도무지 이해가 되지 않네요. 그리그와 닐센의 스승이었
던 가데는 스칸디나비아에서 첫 심포니를 추구했지만, 시벨리우스
심포니 1번이 사실상 첫 스칸디나비아 심포니가 된 셈이죠. 차이콥
스키 심포니 1번에 영향을 받았죠. 그의 3번은 말러의 전성기 심포
니에서, 또 4번은 드뷔시의 인상주의에 감명받았고, 지금까지와는

전혀 다른 기분으로 시벨리우스의 새 면목을 보여 준 훌륭한 심포니가 되었지요. 5번은 1차 대전과 러시아와의 투쟁으로 혼란하던 시절에, 6번과 7번은 전쟁 후에 작곡한 것이죠. 세계적으로 가장 많이 연주되는 것은 7번이라 들었습니다."

나는 아이노라에 관한 이야기만 늘어놓은 안내원에게 조바심을 내다가 그동안 공부해 온 시벨리우스를 토로해 버렸다. 그녀는 깜짝 놀라 당황하더니 다시 이전 화제로 되돌아갔다.

"그는 아홉 살에 피아노를 배웠습니다. 숙모가 옆에서 양말을 짜고 있으면서 음이 틀리면 바늘로 어린 시벨리우스를 찌르기도 했어요."

1865년 12월 8일, 스웨덴어를 사용하던 타바스테우스 지방에서 태어난 시벨리우스는 집안 내력상 스웨덴 피가 많이 섞여 있다. 안데르센과 토펠리우스 동화를 좋아했고, 감정의 기복이 심했다. 열한 살부터 정식으로 핀란드 문법을 배우면서 그에게 영향을 끼친 핀란드신화 『칼레발라』를 읽기 시작했다. 선과 악의 싸움이 그려진 서사시를 시벨리우스는 루네베르크의 시만큼 좋아하였다. 열다섯 살에는 마을군악대의 마스터로부터 바이올린을 배웠으며 여름에는 호숫가에서 하루 종일 바이올린을 연습하였다. 자연은 이때부터 그의 훌륭한 벗이 되어 주었다.

가족들은 그가 법률가가 되기를 원하여, 1885년 헬싱키 법대에 입학하였으나 얼마 후 중퇴하고 말았다. 89년 가을 베를린의 알베르트 벡커 밑에서 음악공부를 하면서도 작곡에 치중하지 않았다. 핀란드의 엄격한 분위기에서 벗어난 그가 갑자기 화려하고 우아한 유럽의 분위기에 적응하지 못했던 탓도 있고, 당시 현대음악의 거장이었던 리하르트 슈트라우스의 「돈 후안」에 깊은 인상을 받은 탓도 있으며, 아이노와의 갑작스러운 결혼 때문이기도 하였다.

그는 다시 빈으로 떠났다. 칼 골드마르, 로버트 푹스 아래 공부하면서 그의 재능을 칭찬한 브람스를 만났다. 이때부터 작곡가로 그를 세상에 알린 첫 번째 심포니의 스케치를 할 수 있었고, 다른 핀란드인과 달리 민족적이며 국제배경을 갖춘 작곡가로 탄생되었다.

어린 시절 나의 어머니는 항상 "인복이 많은 사람이 가장 행복한 사람"이라고 가르쳤다. "인복을 가지려면 자비를 많이 베풀어야 한다." 그런 면에서 시벨리우스는 복 받은 사람이다. 학창 시절 아버지 같은 존재였던 베게리우스 선생을 만났는데 그 선생은 엄격하면서도 혼자 자유롭게 작곡할 수 있는 창작력을 동시에 가르쳐 주었다. 그 선생은 바그너를 존경했기 때문에 시벨리우스는 스승을 위해 「마을의 하녀」에서 바그너적 기분을 살렸다. 그는 바흐를 좋아했고 모차르트에 심취했으며, 베토벤을 정신적 영웅으로 평생 존경하였다.

두 명의 훌륭한 친구도 만났다. 페르치오 부조니와 로베르트 카야누스. 그를 세상에 이름나게 해준 친구들이다. 부조니는 헬싱키음악대학 교수로 독일에서 시벨리우스곡을 지휘하여 유럽에 그의 존재를 인식시켜 주었다. 카야누스 또한 시벨리우스와 함께 유럽, 미국 등을 여행하며 핀란드음악을 연주하였다. 그런 시벨리우스도 나이가 들면서 여행보다는 아이노라에 머물며 작곡에 몰두하였다.

새 요리를 좋아하며, 시골길을 다녀도 항상 정장차림이었던 그를 마을사람들은 이상히 여겼다는 안내원의 마지막 말을 들으며 아이노라를 떠났다. 시벨리우스는 물론 만나지 못한 채…….

돌아오는 길에 그 이유를 알았다. 우리의 바쁜 대화에 정적을 원하는 시벨리우스가 우리를 어떻게 생각했을까? 핀란드에서도 침묵은 금인 것이다.

우리의 생은 하나의 우지개랍니다

## 토베 얀손(1988. 12)

동화작가 토베 얀손은 바다가 보이는 집에서 자신의 작품만큼이
나 환상적인 삶을 살아간다. 1년에 3천 통의 편지를 받고 답장을 일
일이 쓰며 여자 친구와 함께 즐겁게 생활하는 『무미 트롤(*Muumi
Troll*)』의 창조자.

**희숙:** 안녕하세요. 전화와 서신으로는 영어로 대화했는데, 스웨덴어를 하시죠. 정말 반갑습니다(핀란드는 스웨덴 점령하에 있어 지식인들은 스웨덴어를 한다).

**토베:** 어서 오세요. 미스 리께서 노르웨이어를 할 수 있어 기쁩니다.

토베 얀손(Tove Jansson)은 나와 그리고 함께 동행한 노르웨이 화가 한스 노르만 달(Hans Norman Dahl)을 즐겁게 맞아 주었다. 일흔네 살의 여윈 몸매, 조용한 모습, 그러나 정열이 불타는 눈으로 힘을 주어 악수를 하면서 아름다운 그녀의 아틀리에로 안내한다.

헬싱키 시가에서 택시로 5분 정도 떨어진 지역, 온 바닷가가 보이는 이곳 옥상의 아름다운 방에는 북구의 아침햇살이 많은 창으로 덮인 천장을 통하여 따뜻하게 새어 들고 있었다. 2차 대전의 폭격으로 다시 건축한 이 방에는 조각가 아버지가 만든 딸의 조각상이 세워져 있었고 얀손 씨의 작품 『무미 트롤』과 많은 책들로 장식되어 있었다. 미리 차갑게 해둔 오래된 백포도주를 정성껏 대접하면서 옆방에 있는 그녀의 안락한 소파에 자리를 권한다.

**희숙:** 얀손 씨께서는 어린이 동화작가이자 화가로서 스칸디나비아, 유럽, 미국뿐 아니라 일본에까지 알려져 있는데, 어린 시절 이야기를 들려 주세요.

**토베:** 1914년 8월 19일이 저의 생일입니다. 저의 어린 시절은 행복과 꿈으로 가득 차 있었어요. 그러나 학교시절은 지극히 싫어했습니다. 부모들은 예술가로서 특이하고 신비하고 이상한 분위

기를 가진, 한편으로는 보헤미안이고 또 한편으로는 지극히 평범한 사람들이었습니다. 우리들은 외딴 작은 섬에 여름별장을 가졌는데 피싱룸(fishing room)이라 불린 거실에서 즐거운 시간을 보냈습니다. 세 여자 형제와 두 남자 형제와 함께 바닷가의 갈매기를, 파도를 보면서 살았습니다. 어린 시절은 인생에 있어 자기 자신을 성립하는 데 아주 중요합니다. 저는 글을 쓰고 그림을 그리고 싶었어요. 아마 가족이 예술가라서뿐 아니라 그 바다풍경에서 온 것인지도 모르죠. 많은 사람들이 저의 어린 시절을 물을 때마다 저는 이렇게 대답합니다. 어린 시절은 제 인생의 하나의 휴식처이며, 필요에 의해서는 다시 돌아갈 수 있는 영원한 도피처라고 말입니다.

**희숙:** 작품에 낭만적이고 창조적이며 자연에 관한 주제가 많지요? 아마 환경에서 오는가요?

**토베:** 글쎄요. 꼭 낭만적이라고는 하지 않습니다만 이 책을 보십시오. 자료가 될지 모르겠네요(그녀는 자기가 쓴 책 한 권을 보여 준다). 독자들이 책을 읽는 것은 청중들이 강당에서 강의를 듣는 것과 완전히 다릅니다. 저는 저의 이기적인 마음으로 낭만적인 글을 썼지만, 독자들을 생각해서 늘 마지막을 해피엔딩으로 끝냈습니다. 문장 하나하나, 줄거리가 명예스러워야 하며 쉽게 이해할 수 있는 글이어야 합니다. 물론 독자들을 놀랍게도 두렵게도 할 수 있지만 그들을 위로해주는 일도 중요합니다. 특히 제가 『무미 트롤』을 쓰면서 느낀 점은 어린이들에게, 독자들에게 꿈을 심어 주는 것입니다. 그들도 어른이 되면 자연히 현실을 알기 때문이죠. 생은 하나의 무지개랍니다.

**희숙:** 핀란드의 자연 속에서 무엇을 얻는지요?

**토베:** 너무나 많은 것을 얻습니다(그러면서 그녀는 나의 눈을 흥분된 얼굴로 응시한다). 아름다운 육지에 있으면서도 눈을 감고 바다풍경을 그리며 바다와 함께 사는 것이 저에게는 생의 보람입니다. 바다와 함께 사는 선원이 아니더라도 폭풍을 지켜보는 관람자로서……. 미스 리는 바다풍경에서 무엇을 얻지요?

**희숙:** 바다를 보면서 생은 하나의 수평선이고 생은 큰 덩어리이며, 생은 전체, 동양에서 말하는 음양의 밸런스와 전체를 보게 됩니다. 그러나 저는 산에서는 그것을 느끼지 못합니다. 아마 어린 시절의 잠재의식에서 온 것이지요.

**토베:** 그게 제가 동의하는 점입니다. 저는 바다를 보면서 인생의 수평과 전체를 느끼고 저를 감동시켜 주는 파도를 보면서 항상 움직이는 저를 발견합니다.

**희숙:** 이렇게 서로 의견이 일치한다면 오래전부터 만났어야 했을 텐데요. 음악을 아주 좋아하십니까?

**토베:** 무척(얀손 씨는 큰 웃음을 지으며, 우리들의 비워진 잔에 포도주를 채운다. 담배를 권하면서 자기 담배에 불을 붙인다).

**희숙:** 어떤 음악이죠?

**토베:** 클래식, 심포니에서 하이재즈, 뉴올리언스풍의 음악. 네, 아주 좋아합니다.

**희숙:** 왜 좋아하죠? 리듬이나 분위기 때문인가요?

**토베:** 음악을 듣는 것은 생활에 있어서 필수입니다. 일을 하기 때문에 음악이 필요한 것이 아니고, 음악이 생활의 일부로서, 바흐 음악은 저에게 큰 의미를 부여합니다. 저에게 음악의 필요성을 느끼게 해 준 것은 함께 사는 여자친구 투티입니다(얀손 씨는 여자친구인 화가 투티와 젊은 시절부터 함께 살고 있으며 그들의 관계는 이상적인 것으로 알려져 왔다). 참, 미스 리는 저에게 무엇을 물으셨죠? 우리들은 바다풍경·어린이책·자연 등 이것저것 이야기해서 정신이 없군요. 잠깐 쉴까요?(그녀는 격렬한 질문과 대답에 상기된 얼굴을 식히러 잠시 옆방으로 갔다)

**희숙:** 외로울 때, 두려울 때가 있었습니까?

**토베:** 그때가 전쟁 시의 40~50년 사이의 어느 10월, 몹시 외로웠습니다. 바깥 날씨는 항상 어둡고 우중충했으며 제가 살던 이곳의 모든 창문이 까맣게만 보였습니다. 제일 꼭대기에 달린 저 마지막 창문을 보면서 뛰쳐나가고 싶었고 그래서 걸려 있던 거울

을 전부 뒤로 돌려 저의 모습을 보지 않으려 했습니다. 저의 그 외로운 모습을……

**희숙:** 아름답고 절박한 외로움이네요.

**토베:** 또 바닷가의 오두막집에 살곤 했는데, 큰 파도가 밀려 왔습니다. 아마 꿈을 꾸었든지, 무언가를 본 것 같았습니다. 집에 걸려 있던 큰 벽시계인지, 소리가 났습니다. 저는 무서워서 시계 종소리일까, 바람일까, 아니면 귀신이 아닐까 숨을 죽이고 두려움에 떨었습니다(그녀의 무서운 표정에 우리들은 큰 웃음을 지었다). 저는 이 밤을 잊지 못합니다. 무서움에 바깥으로 뛰어나갔습니다. 큰 바람이 일고 있었고 캄캄한 밤이었는데 불빛이 보였습니다. 온 섬을 비치는 등대불로서 30마일이나 떨어진 그 불빛이 저의 오두막집에 비쳤던 것입니다. 그 불빛은 저의 외로움의, 두려움의 경고였습니다. 저는 그 당시 서른여섯 가지의 행복한 순간들을 가졌다고 생각했는데 그 후로는 100개의 행복함을 발견했습니다.

**희숙:** 어머니에 대해 들려 주세요.

**토베:** 어머니는 화가이며 작가입니다. 초상화를 그렸는데 그녀가 바라본 것, 느낀 것, 경험한 것들, 즉 인간의 참모습을 그렸습니다. 저는 왜 초상화를 그리는가 물었더니 그녀는 자기 자신의 모습을 그리는 것이 생에 큰 의미를 가져다준다고 대답했습니다. 주로 조그만 초상화였죠. 오직 큰 풍경화를 한 번 그린 적이 생각납니다.

**희숙:** 신을 믿으시나요? 동양의 윤회설을 어떻게 생각하나요?

**토베:** 윤회설을 믿을 수 있다면 정말 훌륭합니다. 인간이 다시 다른 형태로 태어난다면, 무언가 계속된다는 사실은 즐겁지 않겠어요? 친구 투티의 부모들은 그것을 믿습니다. 종교에 관해 생각난 일이 있는데 제가 어렸을 때 가장 즐거웠던 이야기는 성경의 모세에 관한 이야기입니다. 정말로 멋있죠. 어머니가 무슨 책인지 말씀하지 않았는데, 나중에서야 성경인 줄 알고 여러 번 읽었습니다. 야곱 이야기는 더욱더 자주 읽었습니다. 중요한 것은 신

을 믿는가 믿지 않는가가 아니라, 인간 자신들이 무엇인가 바란다는 사실입니다.

**희숙:** 저는 다시 태어나면 자유롭게 감정을 춤으로 표현하는 이사도라 던컨 같은 사람이 되고 싶은데요.

**토베:** 어떻게 태어날지 모르지 않습니까. 여자? 혹은 남자?

**희숙:** 물론 모르지만 발레리나가 되기를 깊이 원한다면 될 것이라고 믿습니다. 저는 혼은 죽지 않고 세상을 돌아다닌다고 생각하며 또 윤회설을 믿습니다. 저의 어머니께서는 돌아가셨지만 항상 저의 마음속에 그녀의 혼은 살아서 움직이고 있습니다.

**토베:** 정말 아름다운 이야기이네요. 인간으로 계속 태어나서 부모와 친구를 다시 만나고……. 믿는 사람은 그렇게 생각하지만, 안 믿는 사람은 안 믿고, 정말 이해하기 어렵습니다. (웃음)

**희숙:** 동양은 가족에 의미를 둡니다. 결혼은 하지 않으셨지요.

**토베:** 결혼한 적도, 자식을 가져 본 적도 없습니다. 투티와 함께 사는 것이 즐겁습니다. 미스 리께서 동양에서는 결혼하지 않으면 이상하게 여기는데 오히려 그 생각이 저에게는 이상합니다.

**한스:** 미스 리는 특수한 자유 때문에 결혼치 않는다는 건가요?

**토베:** 확실합니다. 우리들은 더욱더 자유를 원하고 부모들에게 응석을 부려 잘못된 에고이스트이므로 결혼하지 않는지도 모르죠. (모두 웃음)

**희숙:** 저하고 의견이 같네요. 그래서 저는 서양에 있으면서 결혼에 관한 문화적 갈등을 느낍니다. 그런데 생의 행복은 무엇이고 인생관은 무엇이죠?

**토베:** 저는 저의 책에서 항상 묻고 있지만 저의 지식, 즐거웠던 경험들, 철학 등을 누군가에게 전달하고 그 방법으로 책을 씁니다. 그리고 해피엔딩으로 끝내면서 행복을 느낍니다.

**희숙:** 릴케, 워즈워스, 하이네의 시를 읽고 모차르트 음악을 듣고, 비록 안 만나도 못 만나도 누군가에 사랑을 느끼며 바닷가를 거닐 때 저는 행복합니다. 희망을 가지고 계속 아이디어를 창조

함도 저의 행복입니다. 그래서 외롭고 괴로울 때 수영을 합니다. 그 속에서 움직임을 보고 영감을 찾습니다.

**토베:** 저도 수영을 무척 좋아하고 그 속에서 꿈을 꿉니다. 육지에서 밸런스를 느끼듯 파도에서 움직이는 기쁨을 찾습니다.

**희숙:** 만일 시간이 있으면 무엇을 하시겠습니까?

**토베:** 계속 행복함을 가지고 대부분의 시간을 제 작품 쓰는 일에 몰두할 것입니다. 어떤 것은 여러 해의 방황 속에서……. 그러다 어느 날 갑자기 무엇인가 될 것 같아 "이제야 된다"고 마음먹고 정신 차려 일을 시작하는 것입니다.

**희숙:** 꼭 예술가가 되어야만 했습니까?

**토베:** 물론이죠. 저의 부모가 구두수선장이면 저도 그렇게 되듯이, 저의 가족환경으로 인해 자연히 예술가가 되려고 결심했습니다. 현재 젊은이들의 큰 문제이죠.

**희숙:** 어떤 연유로 인기 있는 『무미 트롤』을 쓰게 되었으며 왜 무미(Muumi)라고 부르게 되었는지요.

**토베:** 핀란드의 두 번째 큰 도시 탐페레에는 『무미 트롤』 어린이 전시관이 있습니다. 무미 대신 미세스 빌리 존스나 불룸크비스트(스웨덴에 흔히 있는 이름)로 부를 수 있었는데 '어머니'를 짧게 하다 보니 '무미'가 된 것 같군요. 독일, 스칸디나비아에는 트롤에 관한 전설이 있습니다. 트롤은 숲 속에 살면서 인간을 해친다고 사람들이 위험한 동물로 생각해 왔지만, 저는 그 편견을 버리고 그들을 즐겁고 안전한, 사람들에게 해를 주지 않는 동물로 인간과 똑같은 모습의 현재 생활을 묘사하고 싶었습니다.

**희숙:** 자기가 만든 작품에 만족하는지요?

**토베:** 완전히 만족할 수 없죠. 더욱더 잘 쓸 것을 생각하면서, 그러나 쓴 것에 감사하며 추억으로 저장합니다. 저를 이해하겠어요?(그녀는 또 담배를 피우면서 반쯤 남은 포도주를 마신다)

**희숙:** 인터뷰 신청했을 때 놀라셨죠?

**토베:** 한국에서 편지를 받아 본 적이 없습니다.

**희숙:** 한국에 대해서 아십니까?

**토베:** 책에서 읽은 지식 외에는 거의 모릅니다. 죄송합니다.

**희숙:** 이 기사는 잘 읽히는 여성지에 실릴 텐데요. 한국여성들에게 한 말씀을 해 주시겠어요. 그리고 한국에 오십시오.

**토베:** 먼저 저의 어머니 이야기를 하겠습니다. 그녀는 인내심이 많고 정신적으로 용감한 여자였기 때문에 형제들이 의사나 교수가 되었습니다. 한국여성들에게 말하고 싶은 점은 독립심과 자유를 가지는 것입니다. 하고 싶은 것을 고를 수 있는 개인권리, 자기 자신을 굳게 믿고 또 희망을 가지고 저항할 수 있고 인내심을 가져야 합니다.

**희숙:** 즉, 우리 자신이 누군가를 알아야 한다는 것이죠.

**토베:** 네. 우리들의 아이덴티티를 찾는 것이죠. 저의 책에서 항상 추구하듯이 'Be Yourself!' 그렇다고 저는 페미니스트가 아닙니다. 잠깐 좀 쉴까요?

**희숙:** 핀란드에 대해 말해주세요.

**토베:** '핀란드' 하면 보드카·사우나·시벨리우스, 그리고 유명한 스키점프선수를 언급합니다. 저는 여러 곳을 여행하면서 마음만 먹으면 그곳에도 머무를 수 있는데도, 고국 핀란드가 기다리고 있음을 느낍니다.

**희숙:** 보드카를 좋아하는 핀란드인에게는 멜랑콜리가 있습니다. 특히 음악에는 언어학적으로 한국어와 같은 기원인지 감성적으로도 비슷한 것 같습니다. 왜 디자인과 건축이 유명합니까?

**토베:** 핀란드인들은 자연 속에 살면서 거기서 영감을 얻고 순수하며, 한편 코스모폴리탄 속에서 민족적인 태도로 살아갑니다. 제한된 자원에 창조적 아디이어를 계속 발굴시키죠.

**희숙:** 스칸디나비아의 유명한 여성 인터뷰기사로 노르웨이 여수상, 아이슬란드 여대통령을 취재했습니다. 핀란드에서는 얀손 씨를 노르웨이에 있는 핀란드 대사관에서 소개받았습니다. 제가 그 후 얀손 씨가 인터뷰에 응하겠다는 답장을 받았다고 대사관에

연락하니까 깜짝 놀라시던데요.

**토베:** 일 년에 3천 통의 편지를 받고 일일이 손으로 답장을 씁니다. 저는 인터뷰를 거의 사양합니다. 갑자기 생각난 말인데 계속 글을 쓰면서도 저는 모든 것을 가지고 있는 동시에 아무것도 가지고 있지 않음을 느낍니다. 저는 남을 가르치는 재간이 없습니다. 그리고 이 많은 시간 동안에 충분히 저의 전공인 그림을 잘 그릴 수 있었는데 왜 그만두고 글을 쓰는지 모르겠습니다.

인터뷰가 끝나자 얀손 씨는 기쁜 마음으로 나와 동반한 한스 노르만 달을 식사에 초대하였다. 한겨울의 토요일 저녁, 헬싱키 시가 공원에 위치한 에스페라나드. 그곳의 거리 이름을 딴 독특한 핀란드 목재건축의 카펠리 레스토랑에서 많은 유명인사들의 필적을 볼 수가 있었다. 그리고 특별히 구석에 마련된 낭만적인 촛불 아래 우리들은 서로를 잠시 잊고 각자의 상념에 잠겨 있었다.

바깥은 시베리아에서 불어오는 매서운 대륙성 밤바람으로 무척 추웠지만, 아름다운 석양이 있었고 거리에는 영화 속의 주인공처럼 연미복 차림의 젊은이들이 넘쳐나고 있었다.

일흔네 살의 토베 얀손!

꿈꾸는 어린 시절을 그대로 그녀의 책에 옮겨 놓으면서 어린이에서 늙은이에 이르기까지 많은 사람들을 기쁘게 만드는 작가이다. 그녀는 한스 노르만 달보다 같은 여성인 내게 춤을 권한다. 자기가 가장 즐겨 하는 것은 댄싱이라고 거듭 말하면서, 보드카 몇 잔에도 말 짱한 정신으로 자신에게 도취되어 춤추는 모습을 보았을 때(그리고 그 유명한 화가임을 전부 알아챈 젊은이들이 손뼉을 치면서 반주를 함에도 아랑곳하지 않고), 나는 'Be Yourself!'를 강렬하게 체험하였 다. 조각가의 딸로서, 핀란드가 낳은 아름다운 인간으로서 얀손 씨 는 고아하게 꿈을 가지고 살아왔으며 살아갈 것이다.

**토베 얀손은 2001년 6월 27일 사망. 2004년 그녀를 추억하기 위 해 핀란드 기념동전(10유로)에 그녀의 초상화와 여러 소재들(하 늘, 작가의 팔렛, 초승달, 달리는 배)을 담았으며, 동전 뒤편에는 세 개의 '무미 트롤'이 새겨져 있다. 생존 시 그녀는 무수한 상을 받았으며, 핀란드를 글과 디자인을 통해 세계에 알렸다.**

# 자연의 부드러운 질감을 그대로 간직한 목공예품

## 카이야 아리카(1990. 9)

나무를 자기 몸처럼 사랑하는 핀란드인들이 만들어 낸 명품! 투박하지만 정겨운 나무 그릇 위에 새겨진 소박함을 보고 있으면 루소의 "자연으로 돌아가라"는 말이 절로 떠오른다.

싱그러운 녹음과 짙푸른 호수가 풍부한 핀란드는 국토의 70%가 산림으로, 핀란드인들의 생명줄이자, 가장 친밀한 자연의 한 부분이다. 목공예 디자이너 카이야 아리카(Kaija Aarikka)가 창조해 내는 아리카(Aarikka)는 장난감·액세서리·주방용품·실내장식품까지 나무의 활용영역을 한층 높여 세계 각지에서 찬사와 감탄을 받고 있다.

그 비결을 캐고자 카이야를 찾았을 때는 핀란드인들의 공동휴가가 끝난 1990년 8월 초였다. 헬싱키에서 한 시간 남짓 떨어져 있는 조그만 마을 소메로(Somero)의 여름별장에 머물고 있던 카이야는 자기를 흔쾌히 방문해 달라는 전갈을 보내왔다. 영국에서 디자인공부를 마치고 어머니의 일을 돕고 있는 딸 파올린과 함께 숲 속 호숫가에 지어진 통나무집을 찾았다.

"오늘은 아주 특별한 날이군요. 저의 별장에 한국인이 처음으로 방문했으니 말이에요."

매혹적인 금발머리를 찰랑이는 카이야는 평범한 모습으로 어느 구석에도 명장의 거드름이나 화려함이 없었다. 태어난 지 11일 만에 첫 외출을 했다는 손자를 보여주며 함박웃음을 짓는 그녀를 보자 늘 마주쳐온 이웃의 인정 많은 할머니를 만난 기분마저 들었다. 1929년 2월 3일 출생인 그녀가 헬싱키 바릴라에 3,500평 건물의 큰 회사를 운영하는 여사장임이 믿기지 않았다.

"왜 목공예 디자이너가 되었는가?"는 상투적인 나의 첫 질문이었다.

30년을 나무공예에 열중한 카이야에게 대단한 내력이 있을 것 같은 기대는 여지없이 깨져 버렸다. 그녀가 들려준 내력은 지극히 평범한 다섯 개의 나무단추 이야기가 전부였다.

　　"헬싱키대학에서 텍스타일디자인을 공부하던 저는 졸업 작품으로 드레스 제작에 여념이 없었습니다. 그럭저럭 드레스는 만들었는데 문제는 단추였어요. 플라스틱이나 금속이 아닌 뭔가 색다른 단추가 없을까 고민했어요. 순간적으로 티크나무로 단추를 만들면 어떨까 하는 생각이 떠올랐어요."

　　서투른 솜씨로 나무단추를 만들어 드레스에 다섯 개를 줄줄이 달았는데, 드레스보다는 다섯 개의 단추가 대히트를 쳤다.

　　카이야는 1953년에 있었던 일은 정말 우연이었음을 회고한다. 당시 아무도 시도할 생각을 못했던 나무단추가 그녀의 운명을 바꾸었다. 텍스타일 디자이너를 꿈꿔 온 그녀는 쇄도하는 동료들의 주문에 나무단추 제작자로 전업할 수밖에 없었다. 친구들의 주문은 둘째 이유이고, 실은 나무를 깎고 다듬는 재미가 섬유 못지않게 그녀의 마음을 사로잡았던 것이다.

　　그녀는 손길이 닿을 때마다 어린아이만큼이나 뽀얀 살결을 드러내는 나무의 순수함과 정직성에 흠뻑 빠져들었다. 그때 만난 남편 에르코 루오코넨도 그녀의 일에 협조하여, 부부는 차고에 작은 작업장을 만들어 단추 대량생산을 시작하였다. 얼마 후 헬싱키 시내에 최초의 아리카 상점을 열었고, 대중의 호응에 따라 핀란드 전체에 열여섯 개 직영점과 650개의 판매소를 열어 급성장하였다.

현재 아리카 브랜드는 단추에서 액세서리·쟁반받침·장난감·그릇 등으로 다양해졌다.

"나무단추가 인기를 끌면서 나무를 다른 제품에 접목시킬 방법이 없을까를 고심했어요. 갑자기 액세서리에 마음이 쏠리더군요. 차디찬 속성의 액세서리에 나무를 조화시키는 아이디어가 떠올랐죠."

은제품에 부드러운 질감의 나무를 결합시킨 새로운 형태의 주얼리는 또다시 선풍을 일으켰다. 나무를 소재로 한 제품들이 예상 밖의 반응을 일으켰고, 이는 잠시 스쳐 지나가는 유행이 아니었다. 카이야는 어린이 장난감에 자작나무를 시도하여 새·닭·나비 등 다양한 동물모형을 만들어 어린이들이 친근감을 갖도록 하였다. 이때 만든 양 모양의 장남감은 트레이드마크가 되었다. 또한 재료도 티크에서 자작나무·소나무·가문비나무 등으로 다양해져 나무에 대한 핀란드인들의 고정관념을 깼다.

"통나무집이나 땔감 외에 나무를 일상생활에 활용할 줄 몰랐던 핀란드인에게 제 작품은 충격이었나 봐요. 새롭게 시도한 상품들이 연속적으로 히트했거든요."

나무를 생활로 끌어들인 점 외에도, 그녀가 만든 제품의 인기에

는 또 다른 이유가 있다. 플라스틱이나 금속제품의 차가운 감촉에
싫증난 현대인들에 나무소재는 자연을 가장 가깝게 느낄 수 있는
여유와 친근감을 주기 때문이다. 아리카 제품에는 자연을 향한 뜨거
운 애정이라고 표현될 수 있는 그녀만의 '고집'이 담겨 있다. 이것은
그녀의 특이한 디자인과 직결되는데 거의 모두가 동그라미·세모·막
대형 장식들이다. 생활품 역시 꽃이나 나비·새 등 자연을 표현한 것
들이 대부분이다. 기하학적 또는 추상적인 디자인을 배격한 채 나무
소재에 자연 속의 생명체를 그려 넣은 아리카 제품은 그래서 더 가
까움을 느낀다.

"자연은 제게 끊임없는 영감을 주고 있어요. 하늘을 나는 작은 새
의 날갯짓이나 꽃·나비·호수 위의 잔잔한 파문 등에서…… 특히 아
프리카의 토속적인 원시미를 적극 활용하지요. 가장 단순한 듯한 원
시미 속에서 가장 강렬하면서도 인간의 마음을 크게 움직이는 강한
에너지를 발견하거든요."

카이야의 말대로 자연만큼 위대한 힘을 지닌 것은 없다. 화려한
장식이나 인공적인 소재에서는 느낄 수 없는 진한 감동을 주변의
소박한 자연물에서 느끼는 경우가 의외로 많기 때문이다. 가장 자연
적인 것을 추구해온 그녀는 그런 까닭에 단순한 디자인을 좋아한다.

"저의 디자인철학은 모든 것을 심플하게 만드는 것입니다. 나이
스 터치(Nice Touch), 나이스 룩(Nice Look), 콰이어트 심플(Quiet

Simple), 굿 펑션(Good Function), 나이스 필링(Nice Feeling), 이 다섯 가지가 제 작품의 뿌리입니다. 인종·나이·계층을 초월하여 모든 사람들이 제 작품을 이해할 수 있도록 하려면 단순해야 합니다. 물론 단순하다는 것은 진부하다거나 유치한 것과는 엄격히 구별되어야 하지요. 그것을 구별해 내는 것이 가장 어렵습니다."

이런 작품철학에 따라 초기의 아리카 제품은 대부분 나무의 원색을 그대로 살린 무채색이었다. 지금은 아프리카의 토속적인 원색을 과감히 끌어들이는 화려한 채색기법으로 발전했는데, 초기의 염주나 묵주 형태의 목걸이가 화려한 색상의 액세서리로 변모한 것이다. 그녀의 열정 어린 어린이 장난감에는 따뜻한 인간애가 가득하다. 자연과의 접촉을 통하여 아이들에게 꿈·낭만·상상력을 심어 준다는 순수한 생각으로 시작한 제작은 유약을 전혀 사용하지 않는 섬세한 배려로 국제적인 상을 수상하였다.

"어린이들을 위해 안전하고 창조적인 장난감을 만들겠다는 생각은 변함없어요. 아이들이 제 이름이 붙은 장난감으로 놀이를 할 때 가장 큰 기쁨을 느껴요. 특히 태어난 지 얼마 안 된 아기들이 제가 디자인한 장난감을 갖고 흔들며 웃는 모양을 보노라면 일종의 사명감을 느끼게 되지요."

허름한 작은 차고에서 시작한 아리카의 단추공장은 75명의 디자

이너를 거느린 거대한 목공예품 제조기업으로 성장하였다. 4백여
종의 색다른 상품들이 스칸디나비아를 비롯하여 유럽·미국·일본 등
에까지 수출되고 있다. 그 속에는 가족이 함께 놀 수 있는 게임기구
와 자동차 안에서도 즐길 수 있는 상품을 개발하여 가족 간의 놀이
문화를 한층 다양화시켰다.

가장 평범한 여자가 가장 위대한 일을 합니다

## 엘리자베스 렌(1990. 10)

부드럽고 강인한 성품으로 군대와 국방을 이끌어 가는 엘리자베스 렌. 틈만 나면 책을 읽으며 음악·미술 분야에도 아마추어 경지를 넘어선 핀란드 최초 여국방장관의 남다른 일을 알아본다.

1990년 8월, 공동휴가에서 돌아오는 시민들로 조금씩 활기를 띠는 헬싱키였다. 시내 중심가에 위치한 고풍의 국방부 건물을 찾았다. 자작나무로 지어진 엘리베이터를 타고 올라간 복도에는 역대 장관들의 사진이 즐비하다. 한결같이 근엄한 얼굴을 한 남자들에게 위압감을 느끼며 장관실 문을 열자 금발머리의 한 여성이 컴퓨터 키보드를 두드리고 있었고, 멜랑콜리한 그림이 한눈에 들어왔다.

　　곧게 뻗은 다리에 상냥한 웃음, 단정한 슈트 차림에 블라우스가 지극히 여성적인 엘리자베스 렌(Elisabeth Rehn) 장관! 그녀는 55세라는 게 믿기 어려울 만큼 생기가 넘쳐흐르는 핀란드 최초의 여국방장관이다. 장관으로 임명되던 날, 스칸디나비아는 온통 그녀에 대한 화제로 들끓었다. 국방이란 남자들 권한으로 여겨져 온 때문이다.

　　"제가 소속된 스웨덴 국민당에서조차 저를 반대했지요. 열두 명의 남자의원들 모두가 이 자리를 탐냈으니까요. 그뿐인가요? 페미니스트를 자처하는 남자들은 물론 대다수의 여성들도 반대했지요. 하지만 저는 국방장관이 됐고, 이처럼 일을 즐기고 있습니다."

　　파리평화조문에 의해 핀란드는 잠수함·비행기·원자폭탄을 보유할 수 없다. 그러나 핀란드 역시 방위산업에는 관심을 가져야 하며 렌 장관의 첫 임무도 자주국방에 있음은 물론이다.

"군대가 꼭 총 쏘기를 가르치는 곳은 아닙니다. 저는 군대가 물질에 찌든 현대인을 구원할 수 있는 요소를 갖고 있다고 봅니다. 한 예로 스칸디나비아는 자살률이 높은데 군대에서는 전혀 그렇지 않아요. 군대생활이 자아성찰의 시간을 갖게 해주기 때문이죠. 저는 더 많은 민간인들이 군대생활을 경험하도록 여러 방법을 생각하고 있습니다."

실제로 그녀가 걸어온 길은 군대와는 아무런 상관이 없었다. 아버지는 시골마을의 의사였고, 1935년 4월 6일 렌 장관이 태어났을 때 딸도 의사가 되기를 바랐다. 그러나 활동적인 그녀는 헬싱키에 있는 스웨덴상업대학을 졸업한 후, 스물다섯 살에 레나타무역회사를 세워 17년간 사업에 몰두하였다. 사업의 치열함에 흥미를 잃어 그란쿨라 삼스콜라학교에서 직업선택을 도와주는 상담교사로 일하였다.

"직업선택을 고민하는 아이들 대부분이 부모와 상의해 본 적이 없다는 사실은 충격적이었어요. 우리 사회가 가정에서부터 어긋난다면 어느 땐가는 허무하게 무너지고 말 겁니다. 여성의 사회진출이 일반화되는 요즈음 모두가 자각해야 할 커다란 위기입니다."

이 상담경험은 학교위원회 일 외에도 정계로 발돋움하는 데 결정적인 계기가 되어 주었다. 7년간의 교사직을 경험한 그녀는 키르크슬레트 안델스은행에서 경영자문위원을 역임하였고, 4년 만에 위원장직에 올랐다. 본격적으로 정치에 뛰어든 것은 1972년, 스웨덴당 소속의 국회의원이 되면서부터이다. 저개발국가와의 경제협력 분야에서 일하였으며 핀란드 유니세프 조직위원장을 맡았다. 렌 장관의 주력분야는 아프리카 원조나, 개인적으로 아프리카를 좋아하여 토양과 문화 전문가가 되었다.

"국방과는 전혀 관계가 없는 이 모든 경력이 제가 국방장관직을 수행하는 데 도움을 주었습니다. 이상하게 들릴지 모르지만 큰일에 부닥쳤을 때, 저는 그 일에서 몇 발자국 물러나 그 일을 생각합니다. 그래야만 객관적인 눈이 뜨여 결론을 유추해 낼 수 있지요. 제가 국방 전문가였더라면 국방문제를 사회문제와 연결시켜 볼 수 없었을 거예요."

수십 년간 쌓아 온 경험을 통해 확고해진 가치관이 이 직책을 감당해 내는 밑거름이다. 여자라는 핸디캡을 매력으로 이용할 줄 아는 엘리자베스 렌도 가정에서는 자상한 어머니이다. 그녀의 책상 위에 올망졸망 놓인 가족사진들이 그것을 숨김없이 말해준다. 특별히 눈을 끈 사냥개 사진, 무척이나 아꼈던 개는 이미 죽었지만 그녀는 애잔한 마음으로 애견의 추억을 책상 위에 놓아두고 있다. 가족사진으로는 천진난만한 네 아이들과 마음씨 좋은 미소를 짓고 있는 남편 우베 하랄드 렌 씨의 모습이 보인다. 흑백사진 속의 렌 장관은 훨씬 젊고 매력적이다. 예나 지금이나 변함없는 것은 그녀의 타는 듯한 눈빛인 듯하다.

"열다섯 살 때 남편을 만났어요. 그는 열일곱 살의 장난꾸러기 학생이었지요. 대학까지 같이 다녀, 다른 남학생과 변변히 데이트를 해볼 기회조차 없었어요. 남들처럼 감동적인 프러포즈도 받지 못한 채 결혼하여 35년이 흘렀습니다."

렌 장관은 대수롭지 않게 웃어넘기며 결혼생활을 털어놓았으나, 이혼이 번번한 스칸디나비아에서 열다섯 살에 만난 남자만을 알고 평생을 살았음은 무척 이례적인 사실이다.

렌 장관의 남편은 사업가로서 한때 축구선수로도 활약한 보수적이고 평범한 사람이다. 렌 장관이 능동적이고 적극적이며 쾌활한 반면, 남편은 조용하고 사색적이어서 상호보완이 잘 이루어진다.

"우리 부부가 서로 닮은 건 여행입니다. 또 열렬한 축구팬이죠."

월드컵 축구대회가 열리던 무렵, 부부는 TV중계를 보고 우승팀을 점치느라 밤잠을 설쳤다. 같은 취미를 갖고 여가를 보내며 표현방법이 서로 달라 절대로 부딪칠 수 없다는 점이 이혼을 새 옷 갈아입듯 하는 풍토 속에서도 결혼을 지켜 나가는 비결인 듯하다. 그녀가 국회의원에 출마하였을 때, 사업동반자였던 남편은 강경하게 반대하였다. 그녀의 생활이 바빠지는 것을 원치 않았으나, 결국 아내를 존중하여 이후로는 충실한 협력자가 돼주었다.

"막상 장관이 되어 우리 부부의 공식명칭이 '렌 장관과 그의 남편'이 되자 제 기분이 사뭇 어색했어요. 행여 남편이 그런 호칭에 상처받지 않을까 조심스럽고요. 남편은 처음의 당혹감을 곧바로 극복해 냈고, 지금은 장관 남편 노릇에 열심입니다."

그녀는 남편이 그러한 위기감을 극복해 낸 점은 아내의 커리어를 인정해 주는 것이라고 생각한다. 지금도 아내의 커리어를 수용하지 못해 깨어지는 가정이 드물지 않은 것을 보면, 동서양을 막론하고 이것은 어려운 문제인 것 같다.

렌 장관은 2남 2녀를 두었다. 장녀 베로니카(34)는 건축가 겸 예술가, 장남 요아킴(32)은 경제학자, 차녀 사롤타(31)는 여행청의 언어담당 공무원이며 막내아들 요한(28)은 사업가다. 서로 다른 자녀들의 직업은 부모의 간섭 없이 자유롭게 자랐기 때문이다. 부모라는 이름으로 무엇을 강제하기보다는 스스로 인생을 살 수 있도록 곁에서 지켜봐 주는 파수꾼 역할을 해 왔다는 것. 다만 자녀들이 곤란에 처했을 때는 언제든 자상한 대화상대가 돼주어 네 남매와 친구가 되었다. 손주는 아홉 명으로 그들의 이름을 낱낱이 말해 주는 그녀는 장관이라기보다는 평범한 할머니로 보였다. 남들의 시선에도 불구하고 평범한 여성·아내·어머니·할머니로서의 입장과 자세를 흐트러뜨리지 않는다. 그녀는 사업가·교육자·카운슬러·정치가 등 다양한 이력과 체험을 가지고, 독서로 얻은 지식으로 무장된 외유내강

형이다.

"틈이 나면 책을 읽습니다. 역사책을 주로 읽어 그들의 문화와 풍습을 느껴 보지요. 여행 또한 인간성숙에 좋은 방법이라 호화롭지 않는 여행을 남편과 함께 자주 즐기는 편입니다."

몇 년 전 싱가포르·홍콩·일본·인도네시아를 여행하며 느낀 것은 동양권의 남녀관계가 아직도 남자가 여자 위에 군림하며, 더욱 이상한 것은 여자들 스스로가 그런 삶을 즐기고 당연하게 받아들이는 점이었다.

"아들 둘, 딸 둘을 키웠지만 늘 아이 넷을 키운다고 생각했죠. 여자가 남자한테 예속되던 시대는 지났습니다. 사회마다 가치기준이 다르지만 여성도 능력을 가진 이상 인간다운 삶을 살아야지요."

국방장관이라는 경직된 직함과는 달리 분위기에 따라 콘서트·오페라·발레·민속음악을 즐기는 렌 장관은 미술 분야에도 상당한 식견을 가지고 있다. 대화가 통하는 상대를 만나면 시간 가는 줄 모르고 얘기 속에 빠져들기 일쑤이며, 너 나 할 것 없이 고흐나 피카소를 선호하지만 그녀는 스페인화가 호안 미로를 가장 좋아한다. 이 문화적 소양 때문에 국방부의 운영 또한 부드러우면서도 치밀하게 이루어진다.

"저는 군대생활을 해 보지 못한 아웃사이더지만 오히려 깊이 이해하지 못하는 게 장점이라고 생각합니다. 매사에 의욕과 자신이 뒤

따를 수 있으니까요. 여성들을 군대에 보내는 문제도 군대 전체의 부드러운 분위기를 북돋워 주고, 남녀 동등하게 국방임무를 함으로써 여성들에게 자신감을 심어 준다고 봅니다. 국방부 내에 4~5명의 여성 심리학자들이 근무하는 이유가 있습니다."

렌 장관은 축구, 아름다운 자연, 원색의 나라 아프리카를 무조건 좋아한다. 꾸밈없는 자연 속에 혼자 있음을 이따금 즐기는 것은 혼자 있는 순간 자신이 선택한 자유를 만끽하고 싶기 때문이다.

"세계의 모든 여성들은 자기 자신이 어떤 존재인가를 파악해야 합니다. 커리어가 중요하면 그것을 행복으로 여겨 몰두하고, 반면에 가정생활은 어느 정도 타협과 포기할 줄 아는 지혜가 동반되어야지요. 주부 역시 얼마나 중요한 직업입니까? 일반 커리어 여성 못지않게 늘 자기를 돌아보고 미래를 설계하는 자세가 필요합니다."

엘리자베스 렌은 1994년 근소한 차이로 핀란드 대통령에 당선되지 못했으나, 보스니아와 헤르체고비나의 인권을 위한 특수 리포터로 일했다. 유엔 사무총장의 일을 도우며, 현재는 정부정책을 촉진시키는 글로벌 리더십 재단 회원으로서, 여전히 핀란드를 세계무대에 올려놓고 있다.

# 보라색의 크레이지 마돈나

## 비르피 키누넨(1996. 3)

탐페라 市에 '보라색의 마돈나'가 살고 있다는 이야기를 들었다. 정열적이고 창조적이며 신비스러운 예술가를 만나러 1995년 8월 빌라 코스모스로 떠났다.

탐페라는 헬싱키에서 기차로 두 시간 떨어진, 토베 얀손의 『무미 트롤』과 스파사우나로 이름난 도시이다. 나는 핀란드 여행청에 근무하는 안야의 마음을 다치지 않으려고 그녀를 따라, 한 번도 듣지 못한 비르피 키누넨(Virpi Kinunen)의 집을 향하였다. 20분간 달리자 안야는 외떨어진 곳에 차를 세우고 "이 길이 더 빨라요" 하며 가파른 언덕을 올라갔다.

'예술가들은 외길을 좋아하는구나'라고 중얼거리며, 영국의 문호 토마스 하디의 집을 기억하였다. 입구에 빌라 코스모스(Villa Comos) 간판이 있는 전형적인 목조건물이 보였다. 주위는 한적했다. 벨을 누르자 온통 보라색으로 차려 입은 여성이 나타났다.

머리끈도, 아이섀도도 보라색!

생의 의미를 찾는다면서 법석을 떠는 나의 영혼의 색! 그 보라색을 그녀도 좋아한다는 점에 약간의 분노를 느끼며 어떻게 그녀를 골탕 먹일까 생각하며 거만스럽게 방 안으로 들어섰다.

그러나 나는 환성을 지르고 말았다. 오랜 외국생활에서도 이렇게 이상하고 특별한 분위기에 혼자 즐겁고 행복하게 웃음 지으며 사는 크레이지(Crazy)한 여성을 만나 본 적이 없었기 때문이다. 우울한 북구에서 좀처럼 볼 수 없는 특이한 그녀의 웃음 때문이 아니라, 그녀가 존재하는 구석마다 이상한 보라색이 나를 행복으로 환영하고 있기 때문이었다.

"비르피, 혹시 이 집은 박물관이 아닌가요?"

나는 심통 난 목소리로 대뜸 물었다.

"아니에요. 지극히 정상적인 집이에요. 1층은 전시장, 2층은 아틀리에와 휴식처로 사용해요."

육중한 그녀의 체중은 작은 체구의 나를 벌써부터 내리눌렀다. 한쪽 벽에는 집시를 그린 태피스트리가 걸려 있었다. 그녀에 대해 전혀 몰라 나는 어리석은 질문을 해야 했다.

"집시 출신이에요?"

"천만에요. 저의 전생이 집시죠."

더 이상 그녀를 내 마음대로 할 수가 없었다. 나와 다른 차원에서 이야기하는 그녀에게 차라리 수그러든 태도를 보이기로 했다.

"저는 환생(Reincarnation)을 믿어요. 어떻게 설명할 수 없지만 마음속에서 느끼고 있어요."


비르피는 보라색을 좋아한다. 아니, 사랑한다. 그녀는 주로 보라색을 통해 우주의 알파와 오메가, 아침과 저녁, 젊음과 늙음, 무와 유를 창조한다. 그래서 이 집의 이름도 빌라 코스모스다. 불교사상을 가진 기독교인으로 "기독교는 환생을 믿지 않는다"는 나의 말에 그녀는 성경에 있었던 그 부분이 삭제되었다고 주장한다. 비르피가 만든 작품에는 이상한 사치감이 깃들어 미지의 세계에서 온 분위기를 느끼게 한다.

"저는 핀란드인이지만, 동시에 핀란드인이 아니에요."

갑자기 그녀는 음악을 틀었다. 중얼거리는 동양풍의 음악이 나를 아라비안나이트 동화 속으로 데려가고 있었다.

"저쪽 방으로 갈까요? 다른 작품들을 보여 드릴게요. 서커스가 주제입니다."

"어머나! 서커스에서도 일했었나요?"

나는 부르짖었다. 방 전체가 서커스를 담은 태피스트리로 가득 차 있었다.

"저의 생은 여러 단계로 나누어집니다. 저는 동물들과 아주 친해요. 내 전생이었는지……. 지금은 서커스단원들을 만나 공부해요."

그녀를 진작 만나지 못한 것이 마음에 걸렸다. 이 행복하고 크레이지한 비르피를 진작 알았더라면 나의 만성적인 멜랑콜리는 금방 나았을 텐데……. 나는 이런 기회를 만들어 준 안야에게 감사하니 안야는 오래전부터 나에게 비르피를 소개시킬까 생각하고 있었다고 한다.

'안야, 나도 어떤 면에서는 크레이지해요'라고 나는 되뇌었다.

"베를린 장벽이 무너졌을 때 독일을 방문했습니다. 많은 비평가들이 제 작품을 좋아했죠. 또 1983년 아프리카에 갔는데 그곳의 마사이족이 내는 소음이 제 귀에 매우 익숙했어요. 마치 집에 온 기분이었죠. 제 머리 스타일도 마사이식입니다."

또 '전생'이란 단어가 언급될까 그녀의 입을 열심히 쳐다보며, 무엇에 홀린 듯 나는 이 방 저 방을 돌아다녔다. 아프리카를 소재로 한 작품들이 많았다.

"전생이 집시였다면 사람들은 당신을 이해하지 못할 것 아니에요? 당신이 이상해서. 심지어는 당신을 크레이지한 마녀라고 할 텐데."

"물론이죠. 그러나 남이 뭐라든지 상관없어요. 자신을 믿어요. 저의 내적인 목소리를 듣습니다. 자기를 속이는 것은 아주 힘들어요."

그녀는 당연하다는 듯 고개를 끄덕였다. 우리 모두는 지붕이 날아갈 정도로 크게 웃었다.

"당신의 주장이 너무 이상해서 질문을 더 못 하겠어요. 당신을 만나니 갑자기 일이 하고 싶어져요. 어디서 영감을 얻죠?"

비르피, 안야 그리고 나는 집시와 서커스방 사이로 자리를 옮겼다. 음악은 우리의 흥에 따라 커져 갔다. 정신집중이 필요했다.

"저는 항상 수많은 아이디어와 환상을 가지고 있어요. 문제는(갑자기 핀란드말로 속삭이자 안야가 즉시 번역했다) 크고 많은 아이디어를 실천시키는 데 시간이 많이 소비된다는 점입니다. 하루가 모자랄 정도로 열심히 일하지만 어떤 때는 하루가 24시간이라 안타까워요. 잠자는 시간도 필요하거든요."

'인생을 성공한 사람들은 열심히 일을 했다. 어떤 일이든지 일을 가진 자는 행운아다. 나도 일을 더 찾아야 한다'고 중얼거리며, 집을 둘러보았다. '외로움은 자유'라고 주장하는 나도 혼자 있기 힘든 큰 공간이었다. 호수의 정적과 숲과 바람의 속삭임 소리!

"이 큰 집에서 마치 여왕처럼 살면서 외롭지 않아요? 그 대가로 무한한 창조를 즐기지만⋯⋯."

마침내 나의 궁금증이 터졌다. 나는 그녀를 통하여 외로움 잊기를 배우려는 이기주의자가 되었다.

"외롭다고요? 할 일이 많아 혼자 있지만 외롭다고 느끼진 않아요. 많은 사람들이 제 주위에 하루 이상 서성거리면 미칠 것 같아요. 항상 사람들이 있으면 저는 힘들어요."

전갈좌인 비르피는 다양한 성격임에도 복잡하지는 않다. 이 세상에 혼자인 그녀는 오직 작품과 자연을 통해 공조하며, 일할 때 행복하다. 자연의 존경자이며, 보호자로 현재를 위해 산다.

"저의 작품은 순간을 말해요. 늙으면 인생을 밝게 해주는 태양색을 사용할 거예요."

갑자기 밝은 빛이 그녀의 얼굴에 감돌면서 음악도, 주위도 환해졌다.

"꿈속의 여인이네요. 노래를 부르세요?"

한쪽에 놓인 피아노를 바라보며 그녀를 통해 나를 찾는 기분에 엉뚱한 질문을 했다.

"뮤지컬을 할 정도는 아니지만 얼마 전 저의 쉰 살 파티에서 노래를 불렀어요."

자신을 뚜렷하게, 심지어 자랑과 풍자까지 겸한 점이 나랑 닮아서 웃음이 나왔다.

"창조적이고 모든 것을 잘하고 긍정적이며 노력하고 훈련된 것이 저의 장점이에요. 울기도 잘하는데 이것도 장점일까요?"

'울 수 있는 성인은 훌륭하다'며 나는 그녀를 칭찬하였다. 조용히 있던 안야가 인터뷰가 성공적인 분위기로 흐르자, 기뻐하며 불쑥 참견하였다.

"훈련은 성공의 길입니다."


비르피는 화가 샤갈과 동화를 무척 좋아한다. 취미로 배운 6년간의 동종요법(Homopathy)으로 병원에서 많은 의사를 만났다.

"많은 남성들이 당신을 존경하고 사귀고 싶어 하겠지만, 그들과 같이 있기를 싫어하지는 않나요?"

단도직입적인 질문에 그녀는 처음으로 당황하였다.

"저는 항상 일을 해야 합니다. 이제는 생의 목표를 어느 정도 이루어서 왕자가 있다면 마음의 준비가 되었어요."

부끄러운 웃음은 그녀도 사랑을 찾는 여성임에 틀림없었다.

"병원에서 사귄 의사친구들은 잘 통하는 면이 있었어요. 그들도 어느 면에서는 크레이지하죠."

나는 크레이지란 단어를 긍정적으로 해석하였다.

"20년간의 외국생활에서 당신같이 크레이지한 분은 처음이에요. 저도 사실은 크레이지해요."

나의 본바탕을 드러내고 말았다. 비르피는 동지를 만난 듯 더 신이 났다. 그때 고양이가 살금살금 다가왔다.

"이 고양이의 이름은 '모든 우주의 가위'로 저의 태양이죠. 위층에서 자고 있었나 봐요."

동지를 한 명 더 만난 기쁨에도 불구하고 그녀가 보여준 작품은 '외로움'이었다.

"최근에는 자신을 찾는 것에 관해 강의를 해요. 학생들에게 우선 나무를 그리게 합니다. 다음은 무지개를 그리게 하죠. 우리 몸에는 일곱 개의 에너지 구멍이 있어요. 차크라라고 부르죠. 저는 그들이 표현한 컬러를 통해 자기 자신을 발견하게 도와주지요."

비르피는 시범으로 자기 몸을 지적한다. 머리(정신)에 해당하는 보라색은 교회에서도 사용된다. 배가 아프면 싱싱한 오렌지를 상상하라. 배는 주홍색이므로.

"신화도 들려 주면서 그들의 정신상태에 조화를 잡아줍니다. 정말 재미있어요. 이틀간의 코스로 스무 명의 학생에 저와 보조자, 하루 일곱 시간, 쉬는 시간에는 저의 '신비한 차'를 마십니다."

마녀가 아니냐고 계속 농담했더니 그녀는 극구 부인하였다. 왜냐 하면 금전관계로 우울증에 빠지기도 했던 것을 보면, 요술쟁이는 아닌 것 같다. 비르피는 앞으로 동화책을 쓰고 싶다고 했지만 불행히도 핀란드인들은 동화를 사랑하는 민족이 아니다. 전시회도 준비해야 한다. 그녀의 철학은 '짧은 생에 건강하고 창조적인 삶을 살자'는 것이다.

"요샌 더 비대해지는 것 같아요."

그녀의 말에 나는 열렬한 연애를 권하며 일과 자신만은 잃지 말라는 조건을 덧붙였다.

"저도 사랑하고 싶어요. 하지만 제 자신을 잃을 수는 없어요. 전 강하거든요."

그녀의 말을 되받았다.

"강한 사람은 쉽게 사랑에 빠져요. 당신은 의사들보다는 칭기즈칸, 아라비아의 추장 같은 남자가 필요하지 않을까요?"

시간이 꽤 흘렀다.

내가 가장 좋아하는 생의 의미에 관한 질문만 남았다.

"비르피, 하나님께서 주신 재능으로 자신과 예술을 더 발전시키세요. 또 남에게 베풀수록 더욱 많은 것을 얻어요."

그녀가 생각하는 사이 나의 입에서 불쑥 튀어나온 말이었다. 그녀가 행운아임을 새삼 강조하였다.

"네, 저는 모든 것을 갖고 있어요. 무엇을 하고 싶은가도 알고 있어요. 보통 사람들은 그렇지 않죠. 나이가 들어서도 자기 발견을 못하는 경우도 있으니까요."

비르피는 우리에게 차와 케이크를 보라색 식탁보 위에 차려놓았다. 보라색 포장지에는 그 '신비한 차'도 선물로 준비되어 있었다.

음악은 끝났다. 주위가 소란해졌다.

그녀는 아쉬운 듯 우리를 배웅하면서 "저는 작은 동물을 좋아해요. 개로 다시 태어날 것 같아요"라며 마지막까지 전생 이야기를 하였다. 이때 갑자기 그녀의 유일한 사랑인 고양이가 밖으로 훌쩍 뛰쳐나갔다. 아마 개로 태어나고 싶다는 주인이 원망스러운 까닭일까? 그녀는 허겁지겁 고양이를 찾아 나선다. 멀리서 보라색 자전거가 눈에 띄었다.

"맙소사! 그녀는 정말 크레이지하군."

우리는 빌라 코스모스를 떠났다. 돌아오는 길에 안야가 속삭였다.

"만일 그녀가 영어와 마케팅에 관심을 가졌다면 세계적으로 유명해졌을 거예요. 미국작가들도 그녀의 특이한 작품에 갈채를 보내고 있으니까요."

비르피를 칭찬하느라 여념이 없는 안야와 달리 나의 마음은 벌써 다른 곳에 가 있었다.

　'일을 하자. 진정한 워킹우먼이 되자. 일에 미쳐 행복한, 국제적인 크레이지한 여성이 되어 보자. 비르피 키누넨처럼…….'

# 신념 강한 여자가 인생을 바꿀 수 있다

## 엘라 힐투넨(1996. 12)

조각으로 빚어낸 장엄교향곡 「시벨리우스 모뉴멘트」의 작가 힐
투넨의 키는 보통의 핀란드 여성에 비해 훨씬 작다. 그녀가 이 모뉴
멘트를 만들 것이라는 소식에 전 헬싱키 시민들은 조그맣고 연약한
여성이 어떻게 무거운 철로 거대한 작품을 만들까 의아했다.

"이 조각품은 로마, 저것은 사우디아라비아와 계약된 13m 대형조형물입니다. 1983년 제다 공항에 전시된 적도 있었죠. 중동인들은 대형의 추상미술을 좋아해요. 거기서 자신의 아이덴티티를 찾는 것 같아요."

1996년 10월 헬싱키의 아름다운 뭉케니에미에 위치한 그녀의 아틀리에. 엘라 힐투넨(Eila Hiltunen)이 자신의 조각품들을 자랑스럽게 설명한다. 큰 해바라기가 인상적이었다.

"태양을 좋아해 이태리에 집을 가지고 있어요. 태양은 전 세계를 지배하며, 저는 태양 앞에서 겸손해집니다. 태양이 사라지면 저는……."

갑자기 슬픈 표정을 지었다. 일흔 살이 무색할 정도로 매사에 에너지가 넘쳐흐르는 힐투넨은 감정의 기복에 따라 표정도 수시로 바뀌었다. 그 모습이 배우처럼 자연스럽고 매혹적이다. 즐겨 삼는 모티브는 꽃과 식물인데 힐투넨은 1960년도에 모든 작품을 화려하고 비유적으로 만들었다. 그 열정은 30년이 지난 지금 그녀가 주장하는, 자기만이 표현하고 싶은 퍼스낼리티를 원숙하게 하였다. 20세기 러시아 아방가르드 선구자 아치펜코와 이태리·프랑스 작가에 강한 인상을 받았다.

"19년 전「시벨리우스 모뉴멘트」작업을 시작했어요. 혼자 일하기를 좋아해 이 대작을 하는 동안 오직 한 명의 조수만 두었어요.

그래서 3년이라는 기간이 소요되었지요."

그녀는 한쪽에 놓여 있는 사진을 가리켰다. 이란 파라 왕비와, 영국 엘리자베스 여왕과, 핀란드 케고넨 대통령과 찍은 사진들이다. 자신의 작품으로 핀란드 문화대사의 역할을 톡톡히 한 셈이다.

"엘리자베스 여왕께서는 저를 힘세고 강한 여자로 보았는지 '과연 누가 저와 결혼하겠는가?'라고 농담했어요."

1922년 11월 22일 출생인 힐투넨은 조각을 하지 않았다면 작곡가가 되고 싶었다. 아마 그 점이 그녀로 하여금 위대한 작곡가, 「시벨리우스의 모뉴멘트」를 만들게 한 동기가 되었을까?

"공원 주변에 음악적인 체험공간을 만들고 싶었어요. 여덟 살 때 이상한 꿈을 꿨는데, 하늘에서 신비로운 물체가 내려와 세상을 온통 바이올렛 빛깔로 가득 채우는 거예요. 그때부터 「모뉴멘트」에 대한 영감을 갖기 시작했나봐요. 그 바이올렛 꿈은 작업이 시작될 때까지 지속됐으니까요."

그래서인지 미스터리를 좋아한다. 이태리에 머무는 것도 많은 환상을 가질 수 있기 때문이다.

"종종 너무 많은 환상과 꿈으로, 그것을 멈출 훈련이 필요해요."

그녀는 대형 나ant조각 앞에서 잠시 포즈를 취한 후 나를 위층으로 권유하였다. 동서양이 겸비된 거실에는 「모뉴멘트」 축소판이 자리 잡고 있었다. 어디를 가도 힐투넨을 따라다니는 시벨리우스!

"헬싱키 가이드들은 작가인 저를 남자로 오인하는 관광객들이 있어도 정정해 주지 않아요. 그들을 통제할 수도 없고……. 많은 광고회사들은 묻지도 않고 제 작품을 복사하죠."

힐투넨은 핀란드 여성의 전형적인 강한 성격에 완전주의까지 겸비하였다. 자신이 늙어 감을 허락하지 않아 그린의 강렬한 컬러에 머리도 검게 염색하고 화장한 특수한 노인이다.

"제 마음은 어린애 같아요. 저의 창조력과 환상은 끝이 없고, 이제야말로 모든 것을 시작할 때인 것 같아요. 인간은 창조하는 날까지 결코 나이를 먹지 않거든요."


핀란드인은 스포티하고 인기 있는 어떤 존재를 열광적으로 원한다. 그래서 스포츠맨이 우상이 되고 국회의원이 되기도 한다. 놀랍게도 힐투넨은 외국에서의 그녀의 인기가 핀란드 언론에 보도되는 것을 별로 탐탁해하지 않는다. 알려질수록 많은 사람들의 질문에 일일이 대답하고 설명해야 한다. 차라리 이태리에서 지식인들과 만나 그녀가 직접 만든 와인을 대접하는 것을 더 즐긴다. 파티의 화려한 여주인공답게 멋들어진 대사로 우리의 만남을 끝내었다.

"위대한 여성 없이 위대한 남성은 있을 수 없지만, 남성 없이도 위대한 여성은 존재합니다."

그녀 스스로 강해야만 했기에 여성에 대한 강한 신념을 지니고 있는 힐투넨! 유명한 조각가가 되려면 타고난 재능과 개성도 중요하지만, 끝까지 자기 자신을 믿는 신념 없이는 불가능하다. 그녀는 자신이 성공한 사람임을 자부한다. 가장 강한 여성은 가장 여성적이고, 가장 훌륭한 커리어우먼은 가장 훌륭한 어머니임을 엘라 힐투넨이 또 한번 증명해 보였다.

**엘라 힐투넨은 2003년 10월 10일 사망하였음.**

# 춤으로 젊음을 유지하는 70세 소녀

## 아이라 사물린(1997. 9)

사물린의 존재는 절대적이다. 디스코 춤의 개척자에 또 패션쇼에 춤을 첨가한 세계 최초 여성이다. 일흔 살의 나이에도 여전히 개인 스튜디오, 신문, 잡지, TV를 통해 노인들에게 춤을 가르치는 정력과 언제나 웃는 마음을 지니며, 나이와 젊음의 상관관계를 깨 버린 새 로운 인간상이다.

눈부신 신록으로 가득 찬 후실란 무트카까지는 헬싱키에서 자동차로 한 시간이 소요된다. 나는 차창 너머 번져가는 1997년 5월의 풍경을 즐기며 이제 곧 만날 핀란드 사교와 디스코 춤의 여왕 아이라 사물린(Aira Samulin)을 그려 보았다. 잠시 후 시야에 나타난 웅장한 통나무집이 더위를 피하려 잠시 그늘 속으로 숨긴 정적에 발을 내밀었다.

"이곳은 1941년 핀란드와 소련 간의 전쟁 후 소련 영토가 된 카렐리아(Karelia) 지방에 위치합니다. 핀란드 영혼이 담긴 곳으로 시벨리우스는 「카렐리아 조곡」을 작곡했죠. 여름 동안 제가 머무는 이곳은 16세기부터 존재한 마을로 옛 추억을 기념하려 박물관과 여름별장을 세웠습니다. 카렐리아 민속품들은 제가 고향을 떠나 50년간 꾸준히 고물시장이나 경매에서 모은 것이며, 저기 벽에 걸린 그리스정교의 마돈나 이콘은 저의 행복을 지켜보고 있습니다. 여기 수집된 5백 점의 인형과 기차, 대포는 잃어버린 저의 과거를 상기시켜 줍니다. 스웨덴인 할머니는 전쟁에서 핀란드인 남편을 잃었어요. 그 후 재혼, 열 살 이하의 새 할아버지는 비보르크 市 기차역장으로 일했고, 이 대포도 실제 전쟁에서 사용된 것이에요. 이 집을 짓기 위해 2백 년이나 묵은 목재가 핀란드 카렐리아에서 운송되었습니다. 이것들은 저에게 힘과 생의 의미를 준답니다."

아이라 사물린은 1927년 2월 27일 후실란에서 태어났다. 어릴 적부터 지금은 러시아 땅이 된 비보르크 市의 친척들을 방문하며 새로운 세상에 대한 동경심을 싹 틔웠다. 열두 살이 되자 발발된 5년간의 전쟁은 아이라의 운명에 비극과 성공을 동시에 안겨 주었다. 전쟁이 계속되던 1941년 어느 날, 전쟁터에 나간 아버지의 소식이 끊어졌다. 그를 찾으러 나간 아이라와 그녀 어머니에 의해 집 근처에서 시신이 된 아버지를 발견하였다. 가족사진을 유일한 소지품으로 가진 아이라 가족은 핀란드 쪽으로 즉시 피난 가야 했다.

핀란드에서 가장 인기 있는 여성인 그녀의 춤에 대한 감성은 이런 배경의 어린 시절 핏속에서 솟아, 전쟁과 고통을 통하여 다듬어졌으며 직업과 취미로 완성되었다. 가족 중에는 스포츠맨이나 댄서들이 많았는데 아버지는 스키와 사격을, 1936년 베를린 올림픽에서 금메달을 딴 삼촌은 복싱, 숙모는 댄서, 어머니와 여동생은 연극무대에서 춤을 추었다.

어린 나이로 스텝댄스를 배우러 이웃마을에 갔던 아이라에게 춤은 첫 이혼 후 두 명의 자식을 부양하는 해결책이 되어 주었다. 그러나 그녀의 커리어는 텍스타일 비즈니스에서 시작되었고 1950년 마네킹 콘테스트에서의 일등 당선은 모델 겸 패션쇼 매니저의 기회도 부여하였다.

'핀란드의 디올'이라 불린 유태계 사장이 그녀의 재능을 도와주어, 스물여섯 살 모델 아이라는 3백 명의 종업원을 가진 텍스타일 회사의 디렉터로 임명되었다. 자유로운 분위기에서 일한 이 경험은 훗날 자신의 사업에 중요한 바탕이 되었다.

"남자 아래서 일하면 성공 못해요."
아이라는 슬쩍 남편을 보며 웃는다.
"취미인 춤과 텍스타일 직업을 조화시켰어요. 저의 성공은 제가 좋아했기 때문이었고 그래서 잘 할 수 있었죠"라며 스스럼없이 자신을 소개하는 그녀 옆에서 잠잠하던 남편 엑쿠가 "그녀는 아티스트"라고 거든다.
"남성 위주의 비즈니스와 연예계에서 성공을 발견했어요. 아무도 가르쳐 주지 않았지만 스스로 발견한 재능을 믿고 비즈니스를 시작했죠. 성공은 남들이 이미 해 둔 곳에서 일어나지 않아요. 여성들에게 충고합니다. 자기 재능에 자기 방식을 사용하고, 그러려면 여성은 남성의 종속물이 되면 안 됩니다. 저의 어머니는 정신적으로 문제가 있던 분이었는데, 언제나 강한 아버지에게만 의존했어요. 전쟁과 아버지의 죽음은 저를 가장으로 만들었고, 어린 시절은 책임감 외에는 기억할 수 없어요. 저에게 모든 가능성을 주었을 아버지, 자신감을 준 텍스타일회사 사장과 사업하는 친구는 많은 영향을 준 분들입니다. 그들에게서 배운 것은 성실만이 성공의 길이라는 것입니다. 성실성은 저의 큰 장점이 되었습니다."

남편 엑쿠도 동조한다.

"아이라는 단점이 없어요. 그녀의 긍정적인 생의 태도는 본받을 만하며, 취미이자 직업이기도 한 춤과 체조가 그녀에게 건강을 준다고 믿습니다. 많은 댄서들은 좋은 건강과 열정으로 장수하여 일흔 살이 넘어도 춤을 가르치는 선생들이 많습니다."


춤은 아이라의 슬픔을 해소시킨다. 아버지의 죽음은 대학진학의 꿈을 포기시켰고 많은 어려움을 가져다주었지만, 운명을 개척한 독자적인 직업인이 되었다. 현재 아이라는 개인스쿨을 경영하며 사교와 디스코 춤을 지도하는 동시에 전문 댄싱팀을 키워 공연한다.

핀란드에서도 일흔 살은 노인이지만 아이라는 큰 키에 늘씬한 몸매를 자랑한다. 쉰 살 때 당시 논쟁이었던 미니스커트에 굽 높은 구두를 신어 주위를 놀라게 하였다. 그녀는 '일흔 살은 노인'이라는 편견을 없애 버린 건강한 신체와 정신을 가진 여성이다. 항상 기쁜 마음과 직관적이고 강한 성격에 남을 적극적으로 돕는 성격만큼이나 자기 일도 항상 혼자 처리했다. 그러나 남편의 도움마저 거절하던 그녀를 세월이 바꾸어 놓았다. 베풀기만 하던 그녀도 이제는 받는 법도 배우게 되었다.

"아이라의 존재는 한 남자로는 감당하기 어려울 만큼 큽니다."

엑쿠는 부인을 적극 칭찬한다. 동양에서 보기 힘든 남편의 부인 찬사는 자신감을 가진 자의 특권이다. 강한 자만이 강한 자를 이해하듯 그도 핀란드의 첫 조명 아티스트로 이름을 떨친다.

아이라는 마돈나상으로 시선을 돌렸다.

"카렐리아 지방은 그리스정교였어요. 루터교는 저희 가족뿐이었는데 저는 하나님이 항상 저를 보호하고 천사가 도와준다는 믿음을 가졌어요. 일요일에 태어났는데 일요일 아기는 항상 행복하다는 핀란드 말이 있습니다."

갑자기 한 무리의 여행객들이 그녀를 만나러 집 안으로 들어왔다. 엑쿠는 즉시 일어나 부엌에서 커피를 마련한다.

"제 자신은 쉬운 생을 가졌지만 고통은 항상 주위에서 일어났어요. 정신병인 딸을 통해 어머니를 기억하며 최선을 다했어요. 그것은 저에게 살아갈 힘을 주었고 정신병으로 고통당하는 젊은이들과 많은 대화를 만들어 주었어요. 저는 사람들 속에서 힘을 얻습니다. 하루를 무사히 보내고 제가 소유한 것, 특히 건강함에 대해 하나님께 감사드립니다. 이것이 바로 행복이죠. 살아오며 생각지 못한 많은 것들을 배웠는데 바로 생의 다이아몬드는 고통 속에서 이루어진다는 것이죠. 저는 건강관리를 철저히 합니다. 건강한 자식들을 만들고 부양하려면 필수적이죠. 담배와 알코올 절제는 물론, 음식조절을 하며 건강한 생활방식과 습관을 지킵니다."

나는 문득 엑쿠가 열아홉 살 연하임을 기억해 내고 그의 젊음이 아이라의 젊음에 영향을 끼쳤을 것이라 말하자 모두 웃음을 터뜨렸다.

"일을 하다 엑쿠를 만났는데 우리는 무엇인가 공통점이 있었어요. 사실 이혼으로 큰 상처를 입은 저는 재혼할 생각이 없었어요. 저를 사랑하던 핸섬한 엑쿠와 즐기자는 마음으로 데이트를 시작했죠. 그는 정식결혼을 원했고 벌써 25년이나 되었어요. 연하남편과의 결혼생활은 어려운 점이 많지만 그는 저를 존경하고 저의 일에 감탄합니다. 그도 저와의 생활이 쉽지만은 않을 거예요. 저의 딸보다 한 살 위이고 아들과는 열 살 차이죠. 모든 어려운 점을 존경과 사랑으로 이겨냅니다."

아이라는 미래에 대한 생각을 멈춘 지 오래다. 20년 전, 오늘을 생각한 적도 있었지만 배운 것은 인생을 그대로 지속하라는 것이다. 그녀가 지도하는 댄싱팀의 소녀들은 자신들이 일흔 살이 되면 아이라처럼 되기를, 소년들은 그들의 어머니나 부인이 그녀처럼 되기를 원한다.

그녀의 여성론은 뚜렷하다. 이상적인 여성상은 여성으로서 자기 자신을 간직하는 자이다. 다른 인간인 척함은 남성 중심의 비즈니스에서 금물이다. 영구적인 성공은 바로 여성이 되는 것으로, 남녀평등을 잘못 인식한 여성의 남성화는 오산이다. 인간은 자기만의 내적 가치와 능력을 가져야 하며 결코 외적으로 남을 모방해서는 안 된다.

이것은 춤에 있어서도 마찬가지이다. 모든 여성은 춤출 때 가장 아름답다. 키가 크든 비대하든 장애자이든 춤 자체는 아름답다. 남의 시선에 관여치 않고 자신의 감정에 충실한 춤을 통한 자신의 표현은 정신을 맑게 해 주고 건강을 부여한다. 이것이 젊음의 비법이다.

갑자기 아이라가 시계를 보았다.

잠시 후면 서른 명의 노인들이 그녀를 찾아오므로 그들을 위해 휠체어 계단과 노인용 의자를 준비해야 했다. 바쁜 마음이 된 그녀는 내 질문에 미처 대답을 못한 것을 기억했는지 덧붙인다. 완벽주의자 아이라!

"포기하지 않고 최선을 다함은 저의 단점일 수도 있어요. 저의 민첩한 사고와 행동에는 보통 사람들은 따를 수 없는 점도 있을 겁니다."

배우 오드리 헵번은 발레를 통해 배우가 되었고 노년에는 어린이를 돌봐주는 유니세프(UNICEF) 친선대사가 되었다. 아이라의 모습은 헵번을 연상시킨다. 춤은 그녀의 운명이자 사회에 대한 책임이다. 열등감을 자신감으로 전환시키는 그녀의 카리스마!

"아이라, 춤추는 대사직이 당신의 꿈을 채워 줄 것이에요."

비즈니스 여행 중에 외국정착의 유혹도 받았지만 조국 핀란드만이 자신에게 행복을 준다는 신념으로 살아온 아이라는 내 말에 놀라면서도 기뻐한다. 엑쿠는 멍하게, 나의 일행은 어리둥절하며 자리에서 일어섰다. 그때 아이라보다 젊은 나이임에도 훨씬 늙어 보이는 일행들이 들어섰다. 아이라를 포옹하고 사진을 찍는다.

한 노인이 농담하였다.

"제 부인은 스무 살 연하입니다."

나는 상당한 연령차가 있는 결혼이 젊음을 지켜 준다는 사실을 다시 목격하였다.

'영원한 건강을 위해 춤과 연하의 남편을……'

나는 후실란 뮤트카를 떠났다.

**아이라 사물린은 노령에도 불구하고 여전히 사회에 활동 중이며, 특히 정치에 관심을 가지고 있다.**

스웨덴

SWEDEN

사랑스러운 이기주의자의 나라

## 스웨덴(1989. 12)

아름다운 자연과 더불어 '요람에서 무덤까지'라는 탄탄한 사회보
장제도를 누리며 살아가는 자유인들. 정열적이면서도 지극히 이기
적인 스웨덴인들은 그 양면성 때문에 오히려 인간적이고 친근하게
느껴진다. 자유연애와 평화가 연상된다.

"노르웨이 오슬로로 돌아가는 밤기차는 열한 시에 있습니다. 지금부터 네 시간이 남아 있어요. 1976년 부활절, 스웨덴을 들른 첫 기념으로 제가 미스 리에게 깜짝 놀랄 만한 선물을 할 테니 저를 따라오세요."

예술을 한다는 그 한국 중년신사는 저물어 가는 스톡홀름의 옛 중심지 감라스톤의 좁은 길목에서 의아해하고 있는 나를 행해 손짓하였다. 그를 믿고 있는 만큼의 큰 기대로 나는 그를 따랐다. 잠시 후 건너편 도로의 극장 간판 앞에서 갑자기 그는 발을 멈추고 표를 두 장 샀다. 나는 어릴 적부터 한국에서 스웨덴의 유명한 감독 잉그리히 베르히만이 만든 영상자막에서, 그레타 가르보의 신비스러운 얼굴에서, 「카사블랑카」의 여주인공 잉그리드 버그만의 백색 무표정에서, 그리고 모차르트 음악을 배경으로 한 영화 「엘비라 마디간」 등 순애보적인 스웨덴 영화에 무척이나 도취되어 있었기 때문에 이 중년신사의 선물에 한없이 감사해하였다.

자리를 잡았다.

갑자기 펼쳐진 하얀 화면에 나타난 두 남녀! 주위를 돌아보았다. 젊고 늙은 사람들이 숨을 죽이고 더러는 흥분하여 열심히 화면에 집중하고 있었다. 간간이 나처럼 여행가방을 들고 온 사람들도 보였다. 그러나 여자들은 별로 눈에 띄지 않았다. 그 순간 얼굴을 들 수가 없었지만, 한편으로 이렇게 힘들게 주어진 값진 선물을 왜 거부하느냐는 목소리가 계속해서 들리는 듯하였다.

이것은 내가 스칸디나비아 대륙에 발을 디딘 1975년 이듬해 스톡홀름 여행 때의 일이었다. 그 중년신사는 내게 성인용 영화를 선물했던 것이다. 스웨덴이 프리섹스의 선구자라고 들어왔지만, 이런 식의 경험에 몹시 마음이 언짢았다.

밤기차 주위에는 가랑비가 내리고 부활절이 지났는데도 여전히 차가운 공기가 감돌았다. 아직껏 겨울이 서성이며 머무는 북구 특유의 날씨 탓이다. 내 마음이 쓸쓸함과 같이……. 나는 삼등석에 몸을 기대고 아바(ABBA)의 음악을 들었다. 그리고 이 나라를 더 알기 위해 찾아두었던 자료들을 하나씩 더듬기 시작하였다.

스웨덴은 850만(2011년 현재 약 940만) 인구를 가진 바이킹족의 후예로 85%가 남부지방에 살며 게르만어를 사용하고, 신을 믿든 믿지 않든 95%가 루터교파에 속한다. 2차 세계대전 후 유고슬라비아, 폴란드, 인접국가인 핀란드, 심지어 남아메리카의 정치 피난민 등 7십만 명의 이민자들이 건너와, 현재 스웨덴을 지키자는 과격한 젊은이들과 문화, 인종차별 문제로 종종 충돌을 빚기도 한다.

손으로 음식을 먹다가 하루아침에 포크를 사용해야 하는 파키스탄 이민노동자와 생활의 갈등이 심한 젓가락 운명의 베트남 피난민들로 노르웨이의 경우와 같이 많은 사회문제를 안고 있다.

나는 오슬로에서 알게 된 한 폴란드 기타리스트가 여기 스톡홀름에 살고 있음을 기억해 내었다. 그는 나에게 잠시 연정을 품고 있었으므로 이런 씁쓸한 마음일 때는 그로부터 어떤 식의 위로를 받더라도 상관이 없을 것 같았다.

　창밖으로 얼굴을 돌렸다. 지금까지 차창 밖을 스쳐가던 가랑비 대신 나의 우상인 야샤 하이페츠가 켜는 바이올린 현과 같은 예리한 밤바람이 가슴으로 파고들었다.


　'북구의 베니스'라고 불리는 스톡홀름은 그린란드와 같은 위도선상에 있음에도 불구하고, 7월에는 평균 섭씨 18도, 겨울에는 비교적 눈이 많은 내리는 따뜻한 기후를 가지고 있는 이유는 대서양에서 오는 난류 때문이다. 전 영토가 45만km²로 유럽에서 네 번째 큰 나라이며, 면적의 반이 숲으로 오직 10% 정도만이 농작이 가능하다. 백 년 동안 농업국가였으나 지금은 대부분이 공장노동자이고 극소수가 농사에 종사한다. 정부의 보호정책과 농작생산에 의해 80%를 자급자족하는데 이 보호정책으로 스웨덴은 식량가격이 세계에서 가장 높은 나라이다.

　수천 개의 섬과 해협을 가진 탓에 아름다운 경치는 말할 것도 없고 임업, 수력, 철광, 우라늄 등 광산물을 다량 보유하고 있다. 석유와 석탄은 부족하나, 양질의 철은 스웨덴을 세계 철강국으로 만들었으며 기계·전기·통신 등 첨단 산업기술을 수출하는 국가로 이끌었다. 또 울창한 숲에서 나오는 자작나무는 가구디자인의 첨단을 자랑하며 이케아(IKEA) 등의 브랜드로 세계 각국 사람들에게 안락을 제공한다. 풍부한 수력의 일부는 전력에 사용하며 나머지는 외국에서 수입된 석유, 석탄이나 앞으로는 핵에너지 사용이 가능하다.

스웨덴의 저명인사로는 노벨을 빼놓을 수 없다. 알프레드 노벨(Alfred Nobel)은 1833년 스톡홀름에서 발명가의 아들로 태어났다. 아버지는 일하러 러시아로 가고 노벨의 삼형제는 어머니와 살았다. 어느 날 아버지로부터 지뢰라는 새 폭탄을 만드는 데 성공했다는 편지가 왔다. 그 후 노벨은 니트로글리세린을 화약으로 개발하고자 연구를 거듭하던 중에 실수로 이 물질을 흙 위에 엎질렀는데, 바로 굳어 버린 것이다.

"바로 이거다. 이거라면 어디든지 안전하게 운반할 수 있다."

노벨은 니트로글리세린을 흙에 스며들게 하는 새 방법을 발견하여 다이너마이트를 만들어 특허를 얻고 전 세계에 이름을 떨쳤다. 그러나 그것이 전쟁에 사용되어 집이 파괴되고, 사람이 죽게 되자 평화적으로 사용되기를 바랐던 노벨은 그 역작용에 눈물을 흘렸다. 1896년 노벨은 자신의 재산을 매년 인류평화를 위해 힘쓴 사람에게 주도록 유언하고 숨을 거두었다.

노벨평화상은 노르웨이가 스웨덴에서 독립할 때 받은 선물로서, 수도 오슬로의 노벨인스티튜트에서 심사위원들의 엄중한 심사를 거쳐, 일 년 중 세계평화를 위해 가장 힘쓴 사람에게 주어진다.

　기차는 어느새 국경지대로 향한다. 스칸디나비아 국적을 가지면 스칸디나비아반도 내에서 자유롭게 직장을 구할 수 있는 탓에 많은 노동자들의 유랑생활이 기차 안에서 벌어진다. 또 설탕, 밀가루를 노르웨이에서 사는 대신 값싼 쇠고기를 팔기 위해 떠나는 노부부의 코고는 소리 등은 그다지 부유하지 않는 사회복지국의 모습이다.

　스웨덴은 외교정책에서 NATO(북대서양조약기구)에 참여하지 않은 중립국이며, 강력한 군사방어체제를 요구하여 젊은 청년들은 7~10개월간 군복무를 의무적으로 해야 한다. 이를 바탕으로 비무장 체제의 동서양 냉전에 중개역할을 담당한 바 있으며, 자유무역을 하고자 북구 내에서도 강력한 연합활동을 벌이고 있고, 아프리카 등 저개발 국가를 지원하고 있다. 2차 대전 때 스웨덴이 중립을 지켜 노르웨이를 침공한 독일에게 길을 열어준 일로 노르웨이인들은 스웨덴을 좋아하지 않는다.

　1997년 겨울, 나는 스웨덴 제2의 도시 고텐부르크로 루시아의 날을 기념하기 위해 떠났다. 이 도시는 중세 한자동맹의 영향으로 문화·상업·무역도시로 발전해 왔는데, 여름이면 회전마차를 타기 위해 덴마크인들이 정기여객선을 타고 들어오며, 재즈로 명성이 높은 남부지방의 중심도시이다.

12월 13일은 일 년 중 가장 낮이 짧은 루시아의 날로서 어린이들은 이른 아침에 일어난다. 여자아이들은 하얀색의 긴 리넨드레스에 빨간 벨트를 매고 머리에 촛불왕관을 쓴다. 요즈음은 화재위험으로 양초 대신 전기로 바뀌었으며, 이 중 하나만 진짜 촛불로 이런 광경은 옛날 우리 어머니들이 파마기 안에 숯을 넣어 머리카락을 지진 기억을 일깨워 준다. 남자아이들은 하얀 긴 셔츠를 입는다. 이날 그들은 밀가루로 과자를 만들어 커피와 함께 침대에 있는 부모를 대접한다. 학교에서는 학부형을 초청하여 펩페 과자를 선물하고, 루시아 기념음악회를 연다. 이태리의 나폴리 항구에 서 있던 바다의 수호여신인 산타 루시아상을 보고 감격했던 옛 추억을 떠올리며, 문화는 결코 한 곳에 머무르지 않는 생각을 했다.

많은 유럽 사람들이 스웨덴 구스타프(Gustaf) 왕을 플레이보이라고 한다. 또 대부분 스웨덴의 금발남성들은 자신이 플레이보이라는 자기도취에 빠져 있다. 그러나 진정한 플레이보이가 되려면 다섯 가지 조건을 갖추어야 한다. 미남, 좋은 가문에 훌륭한 교육, 부자, 많은 여자 친구를 가져야 한다. 가장 어려운 마지막 조건은 사귀었던 애인을 헤어질 때마다 쉽게 잊어버리고 새 여자에 몰두해야 한다는 것이다. 그러나 한때 몸과 마음으로 진정하게 사랑했던 여자를 잊는다는 것은 인간으로서 여간 어려운 일이 아니다.

아이러니하게도 멋있는 남성들의 대부분은 동성연애를 한다. 그 예로 음악가 말러의 인생을 그린 토마스 만의 「베니스의 죽음」에서 말러가 사랑했던 동성연애자에 스웨덴배우가 출연하였다. 에이즈 (AIDS)의 근원이 되는 동성연애에 스칸디나비아 남성들이 많다.

어쨌든 자칭 플레이보이파는 나이가 들어 북쪽에서 불어오는 센 바람으로 머리가 빠지고, 매일 먹는 감자로 아랫배가 나오는 볼품없는 모습이 되면, 옛날 배웠던 영어를 재복습해서 태국, 필리핀 펜클럽에 가입한다. 강인한 스웨덴 여성들의 관심을 받지 못하는 대신 차터 비행기로 마사지와 사랑을 받으러 동양으로 줄달음친다.

믿을 수 없는 남자들! 오, 남자들이여! 왜 베르디는 리골레토에서 '여자의 마음을 갈대'라고 했을까?

반면, 여성해방으로 사회진출에 맨발로 뛰는 여성들은 여러 번 이혼을 경험한 후, 스페인의 태양을 찾아 투우에서 미친 황소를 죽일 만큼 다혈질 남성의 품에 안기고 싶어 열심히 저금을 한다. 그래서 그들을 처음 만났을 때, 나는 "이혼을 몇 번 했는가?"라고 단도직입적으로 묻는다. 그게 대화를 빨리 이끌 수 있다.

그런가 하면, 나 같은 외국인조차도 몇 년 지나면 눈빛이 흐려지고 생의 의미를 찾아 방황하는 곳도 이 나라이다. 동양사상에 관심이 많은 사람들은 인도로 가서 마치 성자처럼 긴 흰옷을 입고 거리를 활보하고, 그러한 적극성이 없는 사람들은 자살을 시도한다. 또 알코올 중독자가 되어 거리에 쓰러져 있고 사회에 반항하기 위해 나치 숭배자·과격분자·펑크족 등이 되기도 한다. 국민들의 세금으로 최소한의 경제활동을 보장받고 최대한의 위기를 도와준다는 '요람에서 무덤까지'의 사회복지를 역이용하기 때문이다.

아무튼 국민들은 보건보험 혜택으로 병원도 무료이고 자기가 아프거나 자식이 아파 돌보아야 할 경우 그에 대한 수당을 받는다. 어린이가 출생하면 임산부는 1년간의 유급휴가를 받고 세금이 면제된 어린이 수당을 열여섯 살 때까지 받는다. 공부하고 싶은 사람은 정부로부터 돈을 빌릴 수 있고 저소득 가족과 늙은 연금자들은 주택을 지원받는다. 비싼 세금을 피하고자 테니스 황제였던 본 보르그나 음악그룹 아바 등 고소득자들은 외국에 나가 살고 있다.

중세기의 찬란했던 역사로 스웨덴에 문화가 발달됨은 당연한 일이다. 여름 페스티벌 못지않은 가을밤 오페라하우스 앞에 켜진 등불의 행렬, 긴 검은 망토를 입고 어둠 속으로 사라져가는 연극 애호가들, 좁은 골목 사이사이에 퍼져 나온 아름다운 대화들, 문학에서 스키에 이르기까지 그들은 스웨덴 문화를 세계에 펼쳤다.

나는 몇 차례의 스웨덴 방문에도 이곳 남성들을 만나서 함께 성 개방에 관해 충분히 토론할 기회를 가지지 못했다. 그러나 듣건대, 스웨덴 역시 덴마크처럼 성이 자유스러운 나라로 나체쇼를 볼 수 있지만, 실제 그들 사이의 성 개방은 보수적이다. 단지 사회개방으로 더 드러날 뿐이다. 생은 자기 도덕을 위배되지 않는 한 자유스러워야 하지 않을까?

스웨덴을 한마디로 표현한다면 그들은 가장 이기적인 '멋쟁이와 깍쟁이'라고 말하고 싶다. 아마 그곳에는 부활절 무렵, 자기도취의 수선화가 더 많이 필지 모른다. 어떻든 일단은 사랑하고픈 민족이다.

# 북구의 파스텔 꿈에 젖은 예술과 혼을 루사

## 에우겐 왕자(1992. 여름)

에우겐 왕자의 그림들에는 왕자로서 개인적으로 경험하는 고통과 깊은 실의가 담겨 있다. 왕자로서의 의무와 그림을 그리는 예술가로서의 욕구를 함께 충족시켜야만 하는 내면적 번민의 표현이었다.

1990년 10월, 나는 번호조차 기억할 수 없는 노란색 버스를 타고 스톡홀름 교외 율고덴에 있는 발데마르스우데(Waldemarsudde)박물관을 찾아가고 있었다. 낭만파 화가로 유명한 에우겐(Eugen) 왕자가 살았던 곳이다.

여행을 꽤 많이 다녔어도 낯선 곳에 들어서면 항상 이방인인 나는 이번에도 어김없이 지도를 펼쳐 들고 두리번거렸다. 옆자리에 앉은 한 중년신사가 늘 당하는 질문을 던졌다. 그를 놀라게 하고 싶어 "노르웨이에서 왔어요"라고 천연스럽게 말했더니, 예측하지 못한 대답에 당황한 그는 아마도 내가 북쪽 사미족일까 상상하는 것 같았다. 재빨리 한국인이라고 사실대로 말하니, 부드러운 표정으로 차창 밖에 스쳐 지나가는 풍경들을 자세히 설명해 준다.

"율고덴은 옛날에 왕가의 사냥휴양지여서 사람들이 많이 살지 않았어요. 동물이 있는 곳이란 뜻이죠. 지금은 부자들과 대사관들이 있는 호화주택지가 되었지만……."

알겠다는 나의 끄덕거림에 신이 난 그는 이야기를 계속하였다.

"박물관 건물의 주인이었던 에우겐 왕자는 그곳에서 미혼으로 일생을 보내면서 빛이 담긴 풍경화, 특히 황혼의 분위기를 그리기 좋아했어요. 제가 박물관까지 동행해 드리죠."

버스가 종점에 도착하였다. 내리고 있던 가랑비는 어느새 그쳐 있었고, 숲 한가운데 자리 잡은 석양이 깃든 호수 위로 두 마리의 백조가 날개를 펼치고 있었다. 예술을 위해 왕위도 마다하고 일생을 살아간 왕자는 감정이 메마른 사람이라도 저절로 감상적이 되는 이 풍경을 얼마나 가슴 떨리며 바라보았을까? 문득 그의 영혼이 부러워졌다. 신사와 헤어지고 오솔길을 따라 박물관 입구에 들어서니 안내원이 책자를 건네준다.

"나중에 읽을게요. 우선 혼자서 돌아보겠어요."

나는 수리 중이라 오래된 그림들이 벽에서 떨어질 것 같은 좁은 복도를 지나 어떤 집 안으로 들어섰다. 방마다 여러 가구들이 가득 차 있었지만 어두침침한 분위기가 왠지 황량해 보였다. 언제 여기서 왕자의 예술이 자랐으며 화려한 파티와 나치를 반대하는 불꽃 튀는 토론이 있었던가, 좀처럼 믿어지지가 않았다.

에우겐 왕자는 드로팅홀름궁에서 1865년 오스카 2세(1829~1907)의 네 아들 중 막내로 태어났다. 할아버지는 나폴레옹 황제를 추종하는 장군으로 후에 스웨덴왕이 되었다. 독일 나소의 빌헬름 공작의 딸이었던 어머니 소피아 왕비는 병약한 체질로 1913년 세상을 떠났다. 미술에 대한 왕자의 관심은 어릴 때부터 왕성하여 소년 시절부터 그림 교육을 받는데, 그의 첫 번째 미술선생은 조각가이자 화가였던 숙모 에우게니 공주였다. 사춘기에도 그림을 계속하기는 하였으나 그는 자신의 예술적 재능을 믿지 않았다. 1885년, 당시 파리에서 활동하던 스웨덴 화가들의 작품전시회를 본 후 왕자는 화가가 될 수 있다는 희망을 갖게 되었다.

그해 가을, 왕자는 웁살라대학에서 정규적인 공부를 시작하였고 동시에 니블롬 교수에게서 미술사를 배웠다. 그에게 큰 영향을 준 사람은 니블롬 교수의 부인이었던 에우겐 왕자보다 스물두 살이 많은 헬레나였다. 화가의 딸이기도 했던 그녀는 화가로서의 왕자에게 좋은 친구가 되어 주었다.

스물한 살이 되던 1886년 4월 왕자는 어머니에게 화가가 되기로 결심했다는 편지를 띄웠다. 이것은 왕권을 계승할 왕자로서는 의미심장하고 파격적이었으나 소피아 왕비는 즉시 아들을 지원하였고 걱정하는 왕을 위로하였다.

1889년 5월 에펠탑 완공을 기념하여 세계미술전시회가 열렸다. 북구의 미술가들도 참여한 전시회에서 그의 그림이 심사위원에게 인정받음으로써 화가로 데뷔하였다. 이 전시회에서 그는 오랜 화가 친구들이 황혼과 자연에 몰두하는 것을 주시하며 아무에게도 영향받지 않고 프랑스에 스웨덴적인 요소가 혼합된 그만의 독특한 그림을 그리기 시작하였다.

웅장한 노르웨이 풍경과의 만남은 그에게 강한 영감을 주었을 뿐 아니라 결정적인 영향을 미쳤다. 그는 편지에 이렇게 적었다.

*여기는 문명과 떨어진 너무나도 평화스러운 곳이다. 매일 밤 나는 바깥에서 그림을 그리거나 산책을 즐긴다. 모든 것이 황혼 속에서 단순하고 거대하다.*

그의 작품에는 부드러운 곡선을 지닌 넓은 계곡이 나타났으며, 그전까지 보이던 사람들의 모습이 그의 노르웨이 풍경 속에서 사라졌다. 「발드레스의 월출」 작품에서 시작된 북구 여름밤 모티브가 이듬해까지 계속되었다.

나는 안내원의 이야기를 들으며 거실로 들어섰다. 「고성」이라는 그림이 보였다.

"1893년에 그린 왕자의 갈등과 외로움이 가장 잘 나타납니다."

그 이듬해 왕자는 친구인 니볼름스를 통해 스톡홀름 남쪽의 티레소 지방을 알게 되고 그곳에서 열여섯 번의 여름을 보내면서 밝은 작품들을 그렸다. 그의 작품에 가장 큰 영향을 끼친 자연의 발견에 대해 왕자는 다음과 같은 편지를 썼다.

*내가 이 자연을 보여줄 수만 있다면……. 이곳은 아름답고 풍부하고 변화가 많은 장소이다. 스웨덴의 미소 짓는 나뭇잎과 숲 그리고 노르웨이의 힘과 조용함이 있으며, 커다란 숲 사이에 반짝이는 작은 호수와 잣나무, 단풍나무의 초록빛이 함께 있는 곳이다.*

20세기에 들어서면서 왕자는 발데마스우데의 주변경관에 관심을 기울였다. 이곳은 스톡홀름을 향한 호숫가로, 그가 어린 시절 근처 로젠달의 여름별장에 머물면서 자주 들르던 곳이었다. 발데마스우데는 그의 작품의 새 모티브가 되었지만, 여름밤들을 우울한 분위기로 만들었다. 개인적으로 경험하는 고통과 깊은 실의가 담겨 있는데, 왕자로서의 의무와 예술가로서의 욕망을 함께 충족시켜야만 하는 고통을 겪던 때였다. 그는 벽장식 화가로도 활동하여 오페라 하우스, 시청과 노라라틴학교의 벽면을 장식하였다.

발데마스우데는 1905년 건축가 페르디난도 보베가 완성하였다. 예술과 생활의 근거지였던 이곳은 왕자의 뜻에 따라 현대와 고전이 함께 어우러진 자유롭고 안락한 분위기로 꾸며졌다. 지금도 건물의 구석구석은 항상 생화로 장식하고 있으며, 특히 소피아 왕비의 초상화 밑에는 그가 만든 화분이 놓여 있고 여러 종류의 꽃들이 풍성하게 꽂힌다.


마침내 안내원은 멀리 스톡홀름이 보이는 방으로 안내하였다. 겨울인데도 강렬한 색의 생화들이 나를 현혹시킨다.

"왕자가 '꽃의 방'이라 불렀어요. 그가 즐기던 꽃은 아니지만 우리는 그를 기념하여 항상 벽의 한쪽 전체를 생화로 장식하지요."

손님 접대를 유난히 즐겼던 왕자는 공식 초청장 대신 전화를 걸어 예술가·작가·음악가들을 저녁식사에 초대하였다. 또 2차 대전시 나치 침공에 저항한 지식인들을 불러 모아 토론을 벌였다.

미혼인 채 오직 예술로써 일생을 보낸 왕자는 작품수집가였다. 수집을 처음 시작한 것은 1897년 서른두 살의 나이로 파리에 있을 때이다. 소장품에는 코로나 피카소 외에 북구의 현대 젊은 작가들 것도 많은데, 1913년에는 갤러리를 지어 1880~1890년대의 작품들을 전시하였다. 또 신예작가들을 경제적으로 도왔다. 1939년 가을 그는 '누드함 발데마스우데'에 고독한 분위기를 묘사하며 마지막까지 깨끗한 겨울풍경을 그렸다. 아마도 그는 자신의 죽음이 다가오고 있음을 예감했으리라. 그는 1947년 8월 17일 여든두 살의 나이로 스톡홀름이 보이는 호숫가에 묻혔다.

왕자는 스웨덴 문화의 중요한 인물이다. 그가 죽은 지 40년이 지난 지금도 국민들은 여전히 그를 잊지 못한다. 그의 작품들은 미국, 런던, 파리, 독일 등에 전시되어 그를 '북구의 빛'을 그린 유명한 작가로 만들었다. 왕자는 발데마스우데 별장과 예술작품 그리고 7만여 평의 공원을 스웨덴 정부에 기증하였고, 1948년 6월 29일 구스타브 아돌프 왕자는 이곳을 공식적인 박물관으로 선포하였다.

# 서로 존경하는 분위기 속에 왜 일이 안 될까요?

## 크리스티나 유테르스트럼(1989. 12)

　스웨덴의 최대 일간지인 『다겐스 니허터(Dagens Nyheter)』에 최초의 여정치부 기자였던 크리스티나가 편집장으로 일하고 있다. 취미를 가질 시간도 없다는 그녀는 생의 기쁨을 가족에서 찾는다.

1989년 10월, 바깥에는 비가 내리고 있었다. 스톡홀름의 한 거리에 우뚝 서 있는 신문사 새 건물 정문에서 편집장인 크리스티나 유테르스트럼(Christina Jutterström)을 찾았다. 일요일인데도 특별히 인터뷰를 위해 나와 주었을 뿐 아니라, 수위실에게 나의 도착을 미리 알려 둔 그녀의 배려가 친근한 마음을 갖게 만들었다.

**크리스티나:** 이렇게 내리는 비에도 노르웨이에서 저를 찾아 밤새 차를 몰고 왔단 말인가요?

**희숙:** 행복을 찾아 방황하는 파랑새가 된 지 13년입니다. 당신같이 행복을 가진 사람을 찾아 그 행복의 일부를 필요한 사람에게 전하는 것이 저의 임무이죠. 노르웨이 외신기자클럽에서 이 회사 특파원이 당신을 추천하여, 마음이 끌렸습니다.

**크리스티나:** 감사합니다. (웃음) 자, 앉으세요.

**희숙:** 부모님 질문부터 하겠습니다.

**크리스티나:** 아버지가 평범한 분이어서 대부분 시간을 집에서 조용하게 지냈어요. 경찰수사 일을 하여 정치·뉴스·사회문제에 관한 대화 속에서 행복감을 느끼곤 했어요.

**희숙:** 그들의 기대도 컸겠군요.

**크리스티나:** 1940년 3월 27일 출생인데, 제 인생은 제가 책임져야 하죠. 과연 무엇이 되기를 원했을까요? 다른 부모들처럼 결혼을 원했을 것이고. 참, 고등학교 시절 아버지는 제가 특별한 사람이 되기를 원했으나, 저는 보통아이들처럼 한때는 간호사, 한때는 선생님, 또 의사가 되고자 했죠. 열여섯 살 때 우연히 여름방학에 가정잡지 기자로 일하게 되었어요.

**희숙:** 기자란 직업이 마음에 들었나 보죠.

**크리스티나:** 대학 입학 시에는 선생이 될 의도였어요. 국제경제·외교·사회과학·역사 등을 공부했습니다. 그 후에야 라디오 리포

터에 관심 두었지만…….

**희숙:** 저는 신문학 전공이었는데 현재 디자이너로 일하고 있습니다. 그런 점에서 당신과 저의 운명은 비슷하네요. 졸업 후 이 신문사에서 일했나요?

**크리스티나:** 1962년 대학학기에 잠시 실습을 했습니다. 졸업 후 시골 주간잡지에서, 그 후 라디오, TV에서 15년간 일했는데, 10년은 스웨덴의 첫 정치부 여기자로, 2년간은 아프리카에서 이 신문사의 라이벌 회사에서 몸을 담았습니다.

**희숙:** 아프리카를 이야기하니까 카렌 블릭센이 쓴 『아웃 오브 아프리카』가 연상되네요. 저는 사자좌에 속해서인지 아프리카 대륙이 친근하게 들려요. 저의 희망이 아프리카의 어린이들에게 꿈을 심어 주는 것이기도 해요.

**크리스티나:** 그 영화가 촬영된 케냐의 수도 나이로비에서 일을 했습니다. 남아프리카공화국에서 사하라까지, 그곳에서 일어나는 뉴스를 커버했지만, 아프리카 일대를 여행하지 못했습니다. 많은 것을 배웠습니다.

**희숙:** 당신은 네 명의 자녀를 둔 어머니인데…….

**크리스티나:** 지금 남편은 두 번째로, 그에게는 아이 둘이 있어요. 그와 결혼 후 딸 둘을 더 두었어요. 첫 남편과는 1972년에 결혼했지만, 5년 후 저는 그에게 자유를 주어야 한다고 생각하여 이혼했습니다. 자식이 없어 이혼이 쉽게 된 것 같아요. 7년의 독신 끝에 현 남편을 만났는데 그이처럼 저도 늙어 버렸답니다. 같이 살면서 양녀를, 그 후 딸 하나를 더 가졌어요.

**희숙:** 전남편에게 자유를 주고자 이혼했다니, 색다르군요. 대부분의 경우 많은 여성들이 자신의 자유를 찾고자 이혼하는데……. 누군가를 소유함은 잃어버린다는 뜻이기도 하죠. 서로 구속함으로써 자유를 잃게 되고 결국 상대방을 잃게 된다고 할까요?

**크리스티나:** 열여섯 살 때 우리는 만났는데, 5년 연애, 5년 결혼입니다. 제 생각으로는 저의 생이 그 사람 원하는 대로 살았던 것

같아요. 저의 갈 길이 아님을 깨달았죠. 그에게 자유가 필요한 만큼 저도 마찬가지이죠. 이혼을 원치 않던 그가 새 연인을 만났습니다. 기쁘게 결합했으리라 믿습니다.

**희숙:** 가족은 어떤 의미를 가집니까?

**크리스티나:** 자식들의 성장함에 의미를 부여하고 있다고 할까요. 그들의 학교생활, 부모 영향, 가정에서의 대화들에 관심을 가지고, 성장하는 모습을 바라보는 것은 제가 일하는 만큼이나 생에 보람을 줍니다. 지금 아홉 살과 열네 살인 아이들에게 바라는 것은 독립심입니다.

**희숙:** 자식들은 부모의 직을 따르는데…….

**크리스티나:** 아닙니다. 자식 한 명은 농담(?)으로 기자가 되고 싶다지만 기자란 직업은 일하는 시간을 많이 요구해서 제가 이상적인 어머니가 아니라는 것을 그들도 알고 있겠죠.

**희숙:** 스웨덴의 대부분 여성들이 직장과 가정을 동반하여 발생되는 문제를 어떻게 풀고 있나요?

**크리스티나:** 이 두 가지에 각각 최선을 다합니다. 조화 있게 꾸려 나가려고 하죠. 직업상 가족들이 원하는 것을 충분하게 채워 주지 못하지만, 생에는 여러 형태가 있는 것이 아닐까요?

**희숙:** 여성으로서 남성들과 함께 일하는 데 어려운 점은 없나요. 특히 여상사로서…….

**크리스티나:** 1960년부터 정치부 기자로서 항상 남자들과 그룹을 만들어 서로 도와 좋은 결과를 얻었습니다.

**희숙:** 동양에서는 여성해방운동이 급속도로 발전하지 않아 특수직 외에는 남녀 동등하게 일하는 데 어려운 점이 많아요.

**크리스티나:** 저희도 어려울 때가 있습니다. 저는 특수직이라 모르지만, 그러나 인간이 서로 존경하는 분위기 속에 일이 왜 안 될까요? 일에서 가장 중요함은 상호존경입니다. 스웨덴에서도 아직까지 남녀 사이의 경쟁과 갈등은 있습니다만, 많은 여성들이 멋지게 그 경쟁에서 성공합니다.

**희숙:** 스웨덴의 여성해방은 어느 정도까지 왔나요?

**크리스티나:** 상당히 발전했습니다. 어린 시절부터 남녀평등교육으로 여성들은 사회에 대한 충분한 정보를 입수해서 미래에 무엇을 할 것인가를 결정합니다. 남녀의 사회참여가 반반인데, 실제 결혼부부 중 대부분 여성들은 직업을 가지면서도 자식을 키우고 집안일을 하는 등 남성들보다 더 많은 일을 하죠.

**희숙:** 한국여성들은 외국여성의 사회참여에 영향받고 있습니다.

**크리스티나:** 대부분 동양여성들이 가정에 있다고 들었습니다. 장차 사회발전과 요구로 그들은 조심스럽게 가정에서 출발하여 사회활동을 시작, 나아가 세계를 발전시킬 수 있다고 봅니다.

**희숙:** 취미생활에 대해 말씀해 주세요.

**크리스티나:** 취미시간이 없지만, 독서입니다. 또 공원이나 들판의 산보입니다. 독서는 낭만적인 책에서부터 사회, 국제문제까지……. 책 내용의 의미도 모르고 읽을 때도 많아요.

**희숙:** 시간이 나면?

**크리스티나:** 그럴지 의문이지만, 독서와 여행을 하겠어요. 아프리카를……. 미스 리는 예술가로서 디자이너로서 기자로서 여행가로서 다니는데, 전 여행만을 목적으로 하고 싶습니다.

**희숙:** 외롭다고 느낀 적은?

**크리스티나:** 외로울 시간이 없지만, 그런 순간이면 누워서 음악을 듣고 좋아하는 책을 읽고 조용히 무엇인가 집중합니다.

**희숙:** 음악을 좋아하나요?

**크리스티나:** 주로 클래식으로, 오페라를 좋아합니다. 아홉 살 난 딸은 플루트를, 열네 살 난 딸은 팝 뮤직에 정신이 없어, 저도 재즈음악을 듣기도 합니다.

**희숙:** 어리석은 질문이지만 묻고 싶네요. 생의 의미에 관하여.

**크리스티나:** 저는 마흔아홉 살인데 친구들 대부분이 50대에 이르는 중요한 시기죠. 그들의 충고는 무조건 열심히 일하라는 것이 아니고, 하고 싶은 것을 열심히 하라는 점입니다. 저의 집은 혁신을 했습니다. 남편은 봉고를 사서 음악에 열중하고 또 아파트를

자연과 가까운 곳으로 옮겼습니다.

**희숙:** 자연 속에서는?

**크리스티나:** 안정을 찾습니다. 자연에서 일어나고 있는 성장, 변화, 사라짐을 보면서 생의 영원성을 배웁니다. 봄이 되면 여름이 오고 또 겨울 그리고 봄.

**희숙:** 윤회사상은?

**크리스티나:** 그 사상을 믿지 않습니다. 스웨덴인들은 대부분 교회에 등록되어 있어, 저는 열 살까지 일요학교를 갔습니다만, 대학 이후 신을 믿지 않습니다.

**희숙:** 무엇인가 원할 때 전지전능한 신에게 기도하지 않을까요.

**크리스티나:** 글쎄요. 저의 경우 일을 합니다.

**희숙:** 그렇다면 참을성이 필요합니다.

**크리스티나:** 그럼요. 저는 참을성이 부족한 때가 많아요. 특히 일이 제대로 안 될 때는 모든 일에 시간이 몹시도 많이 걸리는 것 같아요. 그러면서 참을성을 배우는 것이죠.

**희숙:** 지금까지 영향을 받은 사람이 있다면요.

**크리스티나:** 첫 남편입니다. 남에게 베푸는 것을 배웠습니다. 그는 저를 기자라는 직업 이전에 한 인간으로 생각했고, 또 시간이 나면 시, 문학 등을 읽게끔 하였고 미래를 볼 수 있는 사고력을 가르쳐 주었답니다. 그는 상당히 지배적이었어요.

**희숙:** 그건 일종의 열등감에서 오는 것이 아닐까요? 당신을 좋아하는 사람은 당신의 지배를 카리스마로 해석할 것이고.

**크리스티나:** 저의 직책이 최종결정을 하는 것이라 지배적으로 보일 수도 있습니다.

**희숙:** 지금의 남편에 대해 들려 주세요.

**크리스티나:** 그도 기자로서 TV프로그램을 담당합니다. 또 시간만 나면 집에서 봉고를 두들기죠.

**희숙:** 남편과 대화가 안 될 때 봉고연주로 분위기를 조성해야겠군요.

**크리스티나:** 직업적인 의견은 기자로서, 다른 일은 부부로서. 인

간관계는 대화가 제일 중요합니다.

즐거운 두 시간이 끝났는데도 여전히 비를 뿌리고 있었다.
크리스티나 편집장은 신문사를 안내하였다. 일요일에도 기자들이
많이 나와 있었다. 그녀에게 농담을 던졌다.
"여기 좋은 남자 있으면 저를 기억하세요."
그녀의 전송을 받으며 밖으로 나섰다.

**크리스티나 유테르스트럼은 2006년 스웨덴 TV의 회장직을 맡았**
**다. 현재 스톡홀름 재즈페스티벌을 대표하는 일 외에도 여러 방**
**면에 활동하고 있다.**

존재한다는 소중함안으로도 삶은 아름다운 것입니다

잉게게르드 트로에드손(1991. 12)

   실업자 증가와 경제침체라는 어려운 시기에 국회의장에 여성이
선출되었다. 시골의 농부를 꿈꿨던 소녀가 최초의 스웨덴 여국회의
장으로 취임하기까지의 과정을 들어본다.

늦가을의 우울한 가랑비가 지나간 스톡홀름에는 이미 겨울의 차가움이 밀려와 있었다. 음울하게 얼어붙은 대지의 북쪽하늘에서 떨어지는 투명한 사광으로 그나마 여린 밝음을 유지하고 있었다.

창밖의 푸른 바다와 대조를 이루는 붉은 톤의 국회의장 사무실에서 만난 스웨덴 최초의 여국회의장 잉게게르드 트로에드손(62, Ingegerd Troedsson)은 몹시 분주해 보였다. 몇 년 전부터 매스컴에 의해 연일 언급되어 온 경제침체에 따른 실업자 문제인지 이 나라의 국정을 담당하는 릭스 街 1번지에 위치한 국회 릭스닥(Riksdag)은 우울한 1991년 10월 스톡홀름의 시내풍경과는 다르게 쉴 새 없이 움직이는 활발한 분위기였다.

"누적되는 실업자가 사회문제로 부각되고 있지만, 노력하면 극복할 수 있습니다. 우리 국민들은 평등과 사회복지라는 훌륭한 두 가지 이념을 알고 있고 정치관심도 매우 높습니다. 우리가 좀 더 열심히 일을 해야 한다는 것과 적극적인 삶의 자세가 필요한데 행동으로 실천해야겠지요. 잠재된 능력으로 충분히 극복할 문제입니다."

한 마디 한 마디에 힘을 주어 설명하는 그녀의 얼굴에서는 바이킹의 후예로서의 강한 의지를 볼 수 있었다.

트로에드손은 1929년 6월 5일 박스홀름에서 태어났다. 두 살 때 찍었다는 흑백사진을 나에게 보여 주며, 어린 시절의 꿈이 공주였다며 수줍어선지 아니면 옛 추억 때문인지 크게 웃는다.

"정치가가 되리라곤 생각도 못했어요. 공무원 아버지는 예술문화에 상당히 조예가 깊은 분이셨어요. 1남 2녀였던 자식들에게 좋은 작품을 보여 주기 위하여 구하기 어려운 고전과 유명한 현대작품들을 복사해서 보여 주었을 정도였어요. 건축에도 관심 많아, 우리를 데리고 중세교회나 성들을 찾아다니며 자세히 설명해 주셨습니다. 제가 예술가가 되기를 원하셨나 봐요."

그래서 국회의장이 된 지금도 그녀는 주말이면 화랑이나 미술관을 찾아간다. 해가 지지 않는 미드서머에 드넓은 농촌의 커다란 집에서 뛰놀던 추억을 아직도 기억하는 트로에드손 의장은 대학을 결정할 때 농촌에 정착하기로 결심하였다. 농대생이 되고자, 직업에 관한 특별 기사를 싣고 있던 신문사 다그블라데(Dagbladet)에 농촌에 관한 문의편지를 내었다.

"시골을 꿈꾸는 소녀여! 흰 블라우스에 바지를 무릎 위까지 걷어 올리고······."

신문에 게재된 부정적인 조언자의 답에 이 기사를 읽은 스톡홀름 대학의 한 학생이 그 조언에 반대의견을 신문사로 보내왔다. 신문사는 그녀에게 이 청년의 편지를 전해 주었다. 그가 바로 트로에드손 의장의 현 남편인 트리그배 트로에드손(Tryggve Troedsson)이다.

이들은 슬하에 다섯 명의 자녀를 두었다. 장남은 은행장, 둘째 딸은 세금전문 법률가, 셋째 딸은 사회경제학자, 넷째 아들은 직업학교 교사이고, 다섯째 아들은 그녀가 꿈꾸었던 농부가 되었다. 손자, 손녀까지 대가족이 되어 전부 모이는 날이면 이들 부부는 놀림감이 된다. 결혼동기부터 그들이 커 오면서 느꼈던 부모와의 추억담이 온 가족의 웃음을 자아내기 때문이다. 트로에드손 의장에게는 이때가 참으로 행복한 순간이다. 다섯 자녀를 키우면서 책임의식을 가장 중요시하였다. 그들이 무엇을 하든지 인생관과 행복관은 자기 책임에 달려 있다는 것이 그녀의 기본 생각이었다.

"그들이 원하는 일을 스스로 찾아야죠. 제 자신도 젊은 시절 무엇이 될까 고심했었지만 결국 결정은 스스로 해야 했어요. 강요로는 얻을 수 없는 삶의 기쁨을 위해서죠."

지난 1991년 9월 트로에드손은 스웨덴 헌정사상 첫 여국회의장이 되었다. 놀람과 자랑스러움으로 매스컴은 연일 떠들어댔고, 그녀의 남편은 "쇼크"라고 농담하면서 당연한 결과라는 듯 담담하게 그녀에게 축하인사를 건넸다. 정치인으로서의 그녀에게 국회의장이라는 영광은 세월의 흐름에 따라 이어지는 순서의 일부분이다.

1954년에서 76년까지 지방정부의 요직을 두루 거쳤고 웁살라 주 온건당(Moderate)의 부회장이었다. 1983~1986년은 당의 정치그룹 부회장, 1989년에 국회부의장으로 선출, 올해 국회의장이 되었다.

"저는 정치가임에 자부심을 느낍니다. 국회의장은 여러 당의 의견을 수렴해서 하나의 결정을 하는 중요한 자리로 중립적이고 비정치적이어야 합니다. 특히 스웨덴에서는 왕과 수상 사이의 중개역할을 국회의장이 담당합니다. 또 국회를 대표해서 다른 나라의 대사나 정치인들을 접견할 기회가 많습니다. 다른 나라의 문화에 대해 알 수 있는 좋은 기회죠. 정치인이라는 직업이 주는 즐거움입니다."

국회 소유의 아파트에 거주하고 있는 의장은 평소 8시 15분경이면 사무실에 도착하여 하루 일과를 확인하고 업무를 시작한다. 주말이면 그릴비에 있는 집으로 돌아간다. 여름날의 태양, 겨울의 눈 속에서 느껴지는 자연의 웅장함과 경이로움 때문에 시골을 떠나지 않는다.

"집안일도 하고 쇼핑도 하면서 피곤에 지쳐 돌아온 저를 남편은 반갑게 맞아들입니다. 다른 여성정치인들의 남편들이 일에 지쳐 돌아온 부인을 외롭고 우울하게 만들어, 많은 문제가 생기는 데 비해 저는 행운아죠. 부부간에는 신뢰와 서로에 대한 충성·조화가 중요합니다."

한국여성들에게 하고 싶은 이야기를 청하자 토로에드손은 곤란한 표정을 짓는다. 문화가 다르고 습관과 풍속이 달라 어느 것이 옳고 그르다고 말할 수는 없지만 자기의 희망을 알고 그 가능성을 찾아내어 실현시키는 여성이, 자기 존재를 발견하고 생의 기쁨을 아는 이상적인 여성상이 아니겠느냐고 되묻는다.

평등이 있고 사회복지시설이 뛰어나 미래 사회의 모델로 제시되고 있는 스웨덴. 누적되는 경기침체와 늘어가는 실업자로 어려운 고비를 만났지만 예순두 살의 나이에도 여전히 젊음을 간직한 금발머리의 아름다운 국회의장 얼굴 위에 드러나는 강한 의지에서 오로라의 나라 스웨덴의 밝은 미래를 예견할 수 있었다.

**정치계를 떠난 잉게게르드 트로에드손은 가족과 지방역사 연구에 몰두하고 있다.**

덴마크

DENMARK

따뜻함과 친절함이 넘치는 동화의 나라

## 덴마크(1990. 7)

용감한 바이킹의 후예로 척박한 유틀란트 반도를 개간해 세계적
인 낙농국가로 만든 덴마크인들 그들은 힘들여 만든 목가적인 풍경
속에서 순수해져 아이들뿐 아니라 어른의 가슴을 따뜻하게 적시는
동화를 탄생시켰다.

마음이 울적할 때 나는 남자친구에게 전화를 걸어 드라이브를 시켜 달라고 조른다. 그는 그날의 기분에 어울리는 음악을 준비해 곧장 달려와 오슬로 동쪽 또는 서쪽, 어느 쪽 바닷가를 원하는지 내게 눈짓한다. 석양이 보고 싶으면 서쪽으로, 그림이 보고 싶으면 동쪽으로…….

그러나 더 큰 파도와 화폭이 그리울 때는 밤 여객선을 타고 코펜하겐에 도착, 기차를 30분 정도 달려 훔레백의 루이지애나미술관에서 나의 변덕을 자축하는 와인을 마신다. 이렇게 덴마크 여행은 갑자기 밀어닥치는 향수와 그리움을 달래는 것인데 이번에는 1990년 3월이었다.

영화 「아웃 오브 아프리카(Out of Africa)」의 작가 카렌 블릭센(Karen Blixen)이 덴마크 출생이어서 최근 더 유명해진 이 나라는 사실 어린 시절 신화와 동화로 우리에게 꿈을 키워 준 동화작가 안데르센으로 더욱 친숙하다. 1805년 덴마크의 두 번째로 큰 섬인 퓐의 수도 오덴세에서 태어난 안데르센은 가난과 학업중단, 몇 번에 걸친 사랑의 실패 등 시련의 연속인 생애를 살았다. 그러나 우리의 상상력을 자극하는 수많은 동화를 쓸 수 있었던 것은 전형적인 농촌에서 태어나 아름다운 자연 속에서 어린 시절을 보냈기 때문이 아닐까?

학교시절 덴마크는 낙농을 중심으로 한 농업국가라 배웠고 안데르센의 동화를 기억하며 아름답고 소박한 정경을 기대했는데, 막상 그의 태생지의 '미운 오리새끼'라는 식당에서 덴마크의 자랑인 치즈를 먹을 수 있었을 뿐, 공업화로 기계, 컴퓨터, 선박수출을 주 산업으로 하는 정책에 밀려 기대했던 목가적 경관은 찾을 수 없었다. 아마도 격감하는 농업인구로 젊은이들이 도시로 직장을 찾아 떠났기 때문이다. 또 농산물 수입 자유정책으로 임금이 비싼 농산물은 정부 보조금 없이 경영하기 힘들어 농부들은 농장을 개조, 여름이면 모텔로 여행자를 맞이한다.

"요즘 농촌에는 노총각이 많아 큰일이에요" 하는 여행가이드의 말에서 우리 농촌처럼 장가를 가지 못해 비관, 자살하는 위기상황까지는 아니더라도 문제가 꽤 심각함을 느낄 수 있었다.

활짝 펼쳐진 농토를 보며 펄 벅의 『대지』가 떠올랐다. 인간은 땅을 소유하기 위해 몸부림치지만 죽으면 몇 평의 땅밖에 차지할 수 없는데 조금 더 잘살려고 자기 농토를 떠나다니……. 인생은 길게 보면 결국 마찬가지일 텐데…….


북부유럽의 유틀란트 반도 및 그 동쪽 해상의 셀란·롤란·핀 등 다수의 부속도서로 구성된 덴마크는 한때 노르웨이를 통치하여 번성함을 과시하였다. 전 영토가 4만 3천km²로 스위스와 비슷하고 406

개 이상의 크고 작은 섬 중 현재 190개 섬에 사람들이 살고 있다. 2,300km의 넓고 긴 해안선으로 이어지는 스카겐 지방은 햇볕을 찾는 유럽인들이 휴가장소로 카뮈의 『이방인』의 살해충동을 일으킬 정도로 눈부신 태양을 소유하고 있다. 유틀란트 동쪽 해안은 숲과 농촌, 서쪽은 높은 절벽으로 둘러싸여 시민들의 화제가 되는 변덕스러운 날씨는 이런 다양한 지리적 조건 때문이다. 5백만(2011년 현재 약 550만) 인구 중 70%가 도시에 살며, 코펜하겐·오르후스·오덴세 등이 주요 도시이다. '상인들의 항구'라는 의미의 코펜하겐은 인구 120만이 채 안 되는 북구에서 가장 크고 오래된 도시이다. 825년 압살론 교주가 슬로츠홀멘성에 교역을 세웠다.

석기시대부터 수렵과 농업으로 사람들이 정착, 기원전 1,500년 청동시대에 태양을 숭배하는 조각, 태양의 전차(The Sun Chariot)를 제작할 정도의 문화를 이루었다. 서기 500년에는 바이킹족들이 영국·노르망디 정복에 나섰으며, 1035년 덴마크의 전 영토를 점령한 크누트 왕은 가장 용감한 왕이었다. 10세기 반 군주국이 생기기 시작하여 지금까지 54명의 군주가 내려왔는데 1397년 마그레테 1세는 덴마크·노르웨이·스웨덴을 통합시켰고, 크리스천 4세는 네덜란드 건축가를 초청하여 올드스톡 익스체인지, 운드 타워, 로젠부르크성 등 훌륭한 건물을 지었다. 덴마크는 1900년 북 독일까지 점령했으나 1, 2차 대전, 특히 히틀러 지배 아래 7천 명의 유태인들이 스웨덴으로

도망가야 했던 비극의 역사를 가지고 있다.

세계에서 가장 오래된 왕국 중의 하나인 덴마크는 마그레테 2세의 통치하에 있다. 1953년 장녀도 왕위를 계승할 수 있다는 법이 통과되어 1972년 서른한 살로 프레드릭 왕의 뒤를 이었다. 활동적이고 생동감을 가진, 시민들을 가장 잘 이해하는 여왕으로, 갤럽 인기조사에서 여러 번 순위에 올랐다. 특히 사회 병약자 캠페인에 직접 참여하여 제3세계를 도와주는 것도 중요하나 덴마크 내에 숨어 있는 노인들, 잊혀져가는 가족들을 보살펴야 한다는 것이 그녀의 주장이다. 여왕은 예술과 창작력에도 재능을 가져 1977년 톨킨의 『더 로드 오브 링』에 70점의 그림을 그렸으며, 크리스마스 우표디자인, 안데르센의 「산양지기와 굴뚝청소」TV극에서 의상을 맡았다.

덴마크인은 네덜란드인 못지않게 상술이 뛰어나다. 코펜하겐 카스트루프공항 면세점에서부터 시내 중심지 스트러게드까지 그들의 조상들이 만들어 놓은 훌륭한 디자인에 자부심을 가지고 여행자들로 하여금 무엇이든 꼭 사게끔 만든다. 방 올롭센 스트레오, 로열포셀린, 홀메고드 글라스, 게오르그 얀센 주얼리 등이다.

로열 포셀린은 1775년에 설립된 도자기회사로 1,800개의 식탁용 디너세트에 덴마크 식물과 꽃을 그려 넣은 프로라 데니카 서비스 (Flora Danica Service)는 유명하다. 프레드릭 6세가 된 덴마크왕자가 러시아 여황제 캐더린 2세에게 선물할 목적으로 제작되었지만, 이 세트가 완성되기 전 그녀가 죽어, 15년 후 덴마크왕실에서 대신 사용하였다. 현재는 세계 도처에서 판매주문을 받고 있으며 영국의 웨지우드와 순위를 다룬다.

스칸디나비아를 6개월의 화이트 윈터(white winter)와 6개월의 그린 윈터(green winter)라고 부른다. 덴마크 영토인 그린란드는 북극 백곰이 그들을 찍으려고 카메라를 들이대는 여행자들을 냉큼 잡아먹는 미개발 지역으로 세계에서 가장 큰 섬이다. 1000년 에릭 드 레드(Erik the Red) 아이슬란드인이 이 섬에 정착하여 원주민 에스키모인들을 통치하였다. 그러나 1397년 노르웨이·스웨덴·덴마크왕국이 칼마 유니언(Kalmar Union)으로 합병되면서, 그린란드는 덴마크에 의해 통치되었고, 300년 이상이 지난 1721년 목사 한스 에게데의 포교사업이 시작되었다. 현재 나토(NATO)의 일원으로 미군사기지가 설치되어 에스키모인들은 새 문화와의 마찰에서 갈등을 겪는다.

덴마크인들은 관세를 많이 지불하여 부자가 되려는 꿈을 꾸지 않는다. 그 세금이 사회보장제도에 쓰여 대다수가 균등한 생활을 한다. 그러나 좀 더 잘살려는 사람들은 세금면제가 되는 그린란드에 가서 몇 년간 고독을 벗 삼아 살아간다.

전 국민의 취미인 축구경기를 보러 가거나 인어공주상이 있는 부둣가에서 배회하는 낮과 달리 코펜하겐의 밤은 티볼리공원의 페스티벌에서, 이름 높은 로열발레 공연에서, 또 포르노 잡지를 살 수 있는 밤거리 누드쇼에서 절정을 이룬다.

다시 태어난다면 이사도라 던컨 같은 무용수가 되어 짧은 인생을 마음껏 표현하다가 이슬처럼 사라져 버리고 싶었던 젊은 날의 내 꿈은 150년 전 프랑스의 발레마스터 보드빌이 기초를 닦은 덴마크 로열발레를 보고 흡족했다.

이 발레단은 매년 세계에서 제일 우수한 팀에 주어지는 발레의 오스카상인 안데르센 상(그가 발레 찬미자였기 때문)을 수상하였다. 동화 속의 성으로 느껴지던 덴마크는 이렇듯 나의 즉흥적인 낭만적 감정을 충족시켜 주었다. 현대화의 과정에서 파생되는 나름대로의 문제점을 안고 변화하고 있지만……

# 꽃과 램프, 불꽃놀이가 어우러진 꿈의 동산

## 티볼리(1993. 8)

코펜하겐 중심지에 있는 티볼리(Tivoli) 공원은 세계에서 가장 오래되어 '오락공원의 할머니'라는 별명을 가지고 있다. 1843년 8월 15일에 문을 연 이 공원은 매년 약 4백만 명이 5월 중순에서 9월 중순까지 개장되는 이곳으로 몰려든다.

티볼리공원에서의 모험은 말로 표현하기 어렵다. 이곳을 첫 방문한 안데르센은 1843년 10월 그의 일기장에 기록하였다. "나는 중국 동화 나이팅게일의 영감을 얻었다."

1992년 6월 초, 티볼리를 찾았을 때 늙은 매표원과 이 직업을 막 시작한 듯한 젊은 매표원 두 사람이 외국인 첫 손님인 나를 맞았다. 내가 살고 있는 노르웨이와 비슷한 덴마크라도 티볼리에 들어서면 외국에 온 기분이 든다. 입구 오른쪽 매점 앞에 우리를 환영하는 150년 전부터 현재까지의 환영포스터들이 전시된 까닭이 아닐까?

미국 인구보다도 더 많은 사람들이 방문한 티볼리공원의 역사는 19세기로 거슬러 올라간다. 당시 코펜하겐은 유럽의 수도와 비교해서 턱없이 낙후된 12만 명의 시골도시였다. 여기에 시민공원을 세워야 한다고 생각한 사람은 게오르그 카르스텐센(Georg Carstensen)이다. 알제리 영사였던 아버지로 인하여 그는 어린 시절부터 동양의 신비에 도취되었다. 고향으로 돌아오는 길에 로마·런던·파리를 여행하였고, 코펜하겐에 정착한 후 신문과 잡지발행인으로 활동하였다.

카르스텐센은 정기구독자를 유지하고자 무료 음악축제를 수시로 열었다. 그는 이것을 '티볼리와 복스홀'이라고 불렀는데 여행 중 로마에서 수천 개의 분수가 있는 왕자의 여름별장지인 티볼리와 영국의 복스홀 공연을 본 결과이다. 그는 음악회를 확대시켜 상설음악공원의 방안을 생각해내었다. 파리 외곽에 있는 오락공원들이 정기공연으로 관람객의 사랑을 받는 것을 보아, 카르스텐센은 공원 설립안을 들고 덴마크왕 크리스천 8세를 찾았지만, 국내에 혁명과 폭동이 발발한 때라 왕은 하찮은 공원에는 관심 둘 여유가 없었다.

카르스텐센은 "국민들이 스스로 즐거우면 정치에 흥미를 잃기 마련이다"라는 논리로 왕을 설득하였고, 마침내 외항 성곽지역에 오락공원을 허락받았다. 열정만 높았을 뿐 행정적으로는 완벽하지 못하여 그는 동업자들과 불화를 일으킨 나머지 6년 만에 티볼리공원을 떠났다.

덴마크 식민지인 서인도 섬과 뉴욕을 떠돌다가 1855년 실의에 빠져 고향으로 돌아왔다. 티볼리를 방문했을 때 매표원은 그의 입장을 거절했지만, 여전히 국왕의 신임만은 변함없어 그는 이곳에서 1km쯤 떨어진 곳에 새 공원건립을 허락받았다. '알함브라'라 이름 지은 이곳에 무어 스타일의 대형무대 두 개와 독일 바이에른 양식의 양조장 홀을 설계하였으나, 완성을 보지 못한 채 마흔네 살에 죽었다.

티볼리의 전통을 만든 카르스텐센의 역사는 생의 무상함을 느끼게 한다. 이곳에는 매년 4십만 송이의 꽃들이 피는데 꽃 구근 중 2백 종이 네덜란드에서 수입된다. 공원 가로수를 장식하는 40그루의 라일락 숲은 온실에서 자라며 고광나무도 있다. 카르스텐센은 코펜하겐을 보호했던 옛 성곽의 벽을 공원의 담으로 하고, 864그루의 나무를 성곽을 따라 심었다. 호숫가의 산사나무는 2백 년 이상 된다. 티볼리는 새 나무를 심지 않는 한, 옛 나무를 자르지 않는다는 철학을 고수함에도 방문객들로 인해 훼손된 나무를 대신하여 매년 1천 그루의 새로운 나무가 심어진다.

나는 이국적인 꽃향기를 맡으며 의자가 놓여 있는 팬터마임 극장으로 향했다. 이 극장은 티볼리의 전통을 고스란히 간직하고 있다. 중국 스타일로 만들어진 무대의 막은 공작꼬리 모양을 하고 있으며, 극장 간판에 '시민들과 함께 즐거움'이란 맹자의 말이 중국어로 쓰여 있다. 이곳에서는 매년 10여 개의 팬터마임이 공연된다.


티볼리의 음악분위기를 지금처럼 만든 사람은 한스 크리스천 룸비로 음악당을 향한 길에 그의 동상이 있다. 룸비는 티볼리 오케스트라를 창단하고 '북구의 스트라우스'라는 별명을 가지며 항상 손에 바이올린을 쥐고 매일 음악회를 열었다. 이 오케스트라는 매년 50여 회의 연주회를 여는데, 아이작 스턴·메뉴인·루빈스타인 등 세계 음악가들이 이곳을 거쳐 갔다.

젊은 시벨리우스가 처음으로 그의 E단조 교향곡을 연주한 곳도 이곳이다. 발레페스티벌도 음악회 못지않게 국제명성을 얻어 올해는 뉴욕시티발레가 마지막을 장식한다. 티볼리공원의 또 다른 야외 공개 무대로 플레넨이 있다. 19세기에 모험심 가득 찬 사람들이 이곳에서 곤돌라를 매단 대형풍선을 타고 하늘로 올라갔다. 덴마크인 로리츠 요한센은 열아홉 번이나 하늘에 올랐다.

티볼리의 흥행오락시설은 아주 넓어서 한때 대형 캐러밴들이 있었으나 현재는 25필의 말을 단 카루셀만을 볼 수 있다. 글라스홀에서도 매일 쇼가 열린다. 조세핀 베이커, 마렌느, 디트리히, 모리스 슈바리에 등 유명인들이 초대되기도 했다. 이곳을 공연하는 예술가들에게는 영광의 휘장이 주어지는데, 1860년 엘비라와 기셀 마디건의 줄타기 묘기에 반한 크리스천 9세는 덴마크 최고의 영예인 다네보르그 문장리본의 황금십자가 훈장을 그들에게 수여하였다.

엘비라 마디건은 우리 세대의 감상적 영화 팬들이 기억하고 있는 명화의 주인공이다. 스웨덴 장교와 덴마크 댄서의 사랑이 모차르트 음악과 함께 전개되는 영화는 결국 배고픔을 이겨 내지 못해 야외에서 자살로 끝맺는다. 나는 공원을 순회하는 소년 호위병들을 보며 엘비라를 기억하였다. 그들에게서 스웨덴 장교의 모습이 연상되었기 때문에……

이들 소년 호위병은 티볼리의 또 다른 명물로 1844년 처음 조직되자마자 코펜하겐의 관심을 끌었다. 소년들은 여러 사회계층의 아들로 입학시험을 친다. 드럼과 행진을 배우는 것은 물론 1년 동안 시벨리우스, 바그너, 칼 닐센 등 광대한 클래식 작품을 마스터한다. 월급도 없이 하루 맥주 반 리터와 두 개의 샌드위치를 받지만 최고의 음악교육을 무료로 받는다. 그래서 덴마크 심포니 오케스트라의 금관악기 연주자들 중 30% 정도가 호위병 경력을 가지고 있다.

소년들은 매일 공원을 행진하며 교대의식을 갖는데 이때는 호위병대장이 하얀 아랍 말을 타고 선도하는 가운데 깃발을 든 스물한 명의 호위병과 세 대의 대포를 가진 열네 명의 해군호위병이 따른다. 이 공원은 차츰 국제행사의 중심지가 되었다. 1888년 스칸디나비아에서 가장 큰 산업, 농업 미술전시회를 개최한 것을 비롯하여, 크고 작은 행사가 이곳을 무대로 펼쳐졌다. 공원은 8만3천m²로 인구 1백만(2010년 약 118만) 도시 코펜하겐의 중심지가 되었다.

티볼리는 황혼이 지면 11만 개의 램프를 켜는데 엄청나게 큰 금으로 장식된 아홉 개 램프는 남쪽호수에서 빛을 발한다. 어린이 놀이터에는 불꽃나무처럼 금색과 오렌지색, 흰색으로 된 626개의 램프가 켜진다. 어둠이 깃든 후에도 사람들은 1,720개의 램프로 비춰진 분수와 3,953개의 조명에 빛나는 바자홀을 보려고 몰려든다. 일주일에 네 번 있는 불꽃놀이도 이곳의 자랑거리이다. 6대째 가업을 이은 불꽃제조가가 만드는 티볼리 불꽃은 무지개 색에서 시작하여,

금색과 은색으로 끝난다.

나는 그날 밤 티볼리 심포니 오케스트라의 룸비왈츠를 들었다. 무료 콘서트라 나이 든 시민들이 홀을 가득 채우고 음악이 나올 때마다 과거를 회상하듯 발로 조용히 박자를 맞추었다. 휴식시간이 되어 나도 그들처럼 열정을 식히려 램프로 가득 찬 호숫가를 걸었다. 그리고 하늘나라까지 올라갈 것만 같은 '야생 백조' 회전목마를 탔다. 「에덴의 동쪽」이라는 영화에서 제임스 딘이 사랑을 속삭이던 장면을 연상하였다. 나는 회전목마 위에서 꿈결 같은 기분으로 덴마크의 밤을 바라보았다.

세상은 저렇게 넓건만 인간들은 자신들이 만들어 놓은 좁은 울타리 안에서 기를 쓰며 산다는 생각에 슬퍼지고, 나는 갑자기 은하수의 별이 되어 사라지고 싶은 충동을 느꼈다.

# 우화 속의 안데르센을 살아 있는 음악으로 창조

## 칼 닐센(1990. 5)

창작한다고 자부하는 사람들에게 결점인 동시에 장점인 이상스러운 변덕이 있다. 유달리 반복을 싫어하는 체질을 타고난 매문일까. 이번에는 『미운 오리새끼』의 동화작가 안데르센(Andersen)과 음악가 칼 닐센(Carl Nielsen)이 숨 쉬었던 오덴세로 잠입하였다.

1990년 3월, 오슬로의 석양과 갈매기의 배웅을 받으며 열여섯 시간의 방황한 후 코펜하겐항구에 도착하였다. 지난밤 승객들이 한데 어울려 춤추며 낭만을 갈구했던 여객선을 뒤로하고 곧장 차를 몰아 유럽 66번 도로로 한 시간, 다시 페리보트로 한 시간, 퓐 섬에 첫발을 내밀었다.

안데르센 우화 속의 주인공들은 자그마한 동양여성이 어떻게 생겼는지 호기심에 가득 찬 모습으로 환영식 준비에 분주하였다. 미운 오리새끼들은 백조들과 함께 사열단을, 중국 왕의 생사를 가늠 지었던 나이팅게일은 환영의 노래를, 그리고 벌거벗은 임금님은 신하들과 함께 걸어오고 있다. 봄의 향연이 벌어지고 있었다. 영국의 낭만파 시인 워즈워스가 자주 읊었던 부활절에 피는 수선화들이 무리지어 무슨 구경거리라도 생긴 양 거만한 영국인처럼 관심을 보였다.

여행청의 현지가이드와의 약속시간까지는 다소 여유가 있어, 닐센의 음악세계로 들어가기 전 아스팔트와 바다 물결을 헤쳐 오느라 바쁜 마음을 잠시 정리할 필요가 있었다. 에게소브궁으로 발길을 향했으나 5월부터야 일반에게 공개된다는 표지판을 발견하고는 안타까운 마음으로 연못에 비치는 낭만적인 성채를 바라보았다.

남독일 바이에른에 있는 노이슈반슈타인성이 뇌리에 떠올랐다. 바그너 음악에 도취된 바바리아의 왕 루드비히 2세가 정신병으로 연못에 몸을 던졌는가 하면, 로엔그린에 반해 성 안을 백조 모습으로 장식했던 신비적이고 종교적이며 실용적인 독일인과는 달리, 오리새끼가 나중에 백조로 변하는 익살과 유머의 덴마크인을 비교해 보니 일치갑치 민족성의 차이가 크게 두드러져 온다.

오덴세로 다시 차를 몰고 가면서 오랫동안 나를 기쁨과 슬픔으로 몰아넣었던 오늘의 주인공, 칼 닐센의 바이올린협주곡을 켰다. 닐센은 1911년 제3번 교향곡에 이어 바이올린협주곡을 그해 12월에 완성시켰는데, 다음 해 그의 지휘로 덴마크에서 연주하였다. 당시 바이올린 협연은 페더 뮐러가 하였다고 한다.

시벨리우스의 바이올린 협주곡에 비하여 닐센의 작품은 음악적으로 훌륭하다고 볼 수는 없으나 두 악장을 연결하는 인테르메조에서 덴마크인의 특징과 개성이 엿보여 유럽에서는 자주 연주된다. 살아 있는 음악(living music)이 그의 철학이었던 닐센은 여섯 개의 심포니를 비롯하여, 관현악·실내악·기악곡들을 작곡하였다. 대표적인 작품은 안데르센 125주년을 기념하여 작곡한 「시인과 큐피드」를 위시하여 3백여 개의 성악곡들로 어린 시절, 퓐의 추억·자연·계절·어린이들의 세계가 담겨 있다.


일요일이라 연락이 잘못되지 않았을까 우려를 떨쳐 내지 못한 채, 가이드를 찾으며 새로 지은 칼 닐센기념관에 들어섰다. 중년을 지난한 여성이 옷매무새를 고치며 헐레벌떡 달려왔다.

"제 이름은 미미입니다. 1983년 한국의 유명한 지휘자 정명훈 씨가 칼 닐센의 심포니 2번을 스웨덴의 고텐부르크 라디오 오케스트라와 연주했어요."

닐센 취재차 한국인으로 처음 찾아온 나를 반갑게 맞는 그녀에게 정명훈의 소식을 들으며 악수를 나누었다. 따뜻한 손이었다. 나는 푸치니의 「라보엠」에 나오는 루돌프가 부르는 「그대의 찬 손」을 흥얼거렸더니 미미는 나의 뜻을 이해하였는지(만일 그녀가 예술가라면 틀림없이) 동그란 눈을 하고 나를 실내로 안내하였다.

칼 닐센은 1865년 오덴세에서 얼마 떨어지지 않은 조그만 마을 뇌레 린델세에서 태어났다. 두 명의 자식을 둔 아버지는 미숙련 노동자로 가족을 부양할 수 없어 자식들은 스스로 생계를 마련하여야 했다. 음악적 재능을 가진 아버지에게 닐센은 여섯 살 때부터 바이올린을 배워 부업으로 마을에서 그와 함께 연주하였다.

가난으로 정규 음악수업을 받을 수 없어 열네 살 때 마을 음악경연대회에서 수상하자 닐센은 학교를 그만두고 군대음악대로 취직하였다. 그는 오덴세를 떠나기 전까지 바이올린뿐 아니라 피아노도 혼자 배웠고, 바흐와 모차르트 음악을 공부하였다. 그때의 지식으로 만든 첫 작곡은 1874년이었다.

천재적 재능을 인정한 주위 사람들은 음악공부를 하게끔 그를 도와주었으며, 바이올리니스트와 작곡가가 되려던 그의 꿈은 1883년 코펜하겐 왕립음악원 입학으로 성취되었다. 그러나 그리그의 선생이었던 가데와 다른 선생의 교육은 그에게 별 영향을 주지 못하였고, 대신 어렸을 때 습득한 지식으로 친구들과 어울려 연주하며 당시 스칸디나비아의 중심이었던 코펜하겐 생활을 즐겼다.

나는 미미의 구두굽 소리를 들으면서 주위를 살폈다.

그리그가 살던 트롤하우겐에서는 직접 그리그와 이야기를 나눌 수 있었는 데 반해, 이곳은 벽돌과 철재로 새로 지은 기념관이라 칼 닐센과 그의 부인을 유리창을 통해 만나야 하는 20세기의 커뮤니케이션 방식에 실망하고 말았다. 차라리 여기서 조금 떨어진 닐센의 가난했던 어린 시절의 집에서 풍부한 영혼을 만나는 것이 나을지 모른다고 생각하였다. 그런 내 마음을 알아채지 못한 채 애국심에 불타는 미미에게 나는 잠시 휴식을 취하라고 말하고, 오디오실로 가서 그쳐 버린 닐센의 바이올린 협주곡을 다시 틀었다. 그 음악은 나의 30대를 뒤흔들어 놓은 혼의 울림이었다.

한때 나는 루이제 린저의 『생의 한가운데』의 주인공 니나처럼, 음악가와 사랑에 빠지기를 갈망하였다. 그러던 어느 날 코펜하겐에서 날아온 바이올리니스트의 공중전화! 지금 내가 듣고 있는 닐센의 바이올린 협주곡을 연주 차 왔다는 그의 음성이 생생하게 되살아났다. 하지만 그의 유일한 사랑은 바이올린이 아니었던가?

닐센은 코펜하겐에서 「현악 조곡, Op 1」을 티볼리음악당에서 연주하여 작곡가로서 데뷔하였고, 그를 세상에 알리는 계기를 마련하였다. 작곡만으로 생활이 힘들자 왕립극장 오케스트라의 제2바이올린 주자로 일하였다. 천성적인 성격으로 동료들과 잘 어울렸으나 악단 생활에서 기쁨을 가질 수 없어, 시간만 나면 그는 자신의 작품을 야외에서 연주하였다. 그런 닐센이 슈베르트의 「숭어」처럼, 왜 오리를 소재로 한 작품을 남기지 않았을까?

1890년 그는 장학금을 받아 갈망하던 해외여행에 나섰다. 독일 드레스덴과 베를린에서 바그너의 연주회를 보고 여러 비평을 하였고 미술과 골동품에 관심이 많아 박물관과 미술관을 두루 방문하였다. 그해 2월에는 파리에서 스물일곱 살의 덴마크 조각가 안네 마리 브로데센을 만났다. 인상주의가 범람하던 파리는 예술가라면 한 번 정도 이곳에서 보헤미안 생활을 하여야만 예술가로 대접을 받을 수 있던 시기였다. 그들은 첫 순간 사랑에 빠져 결혼을 하였지만, 부부 생활은 여러 차례 위기를 맞았다.

각자 분야에서 능력을 인정받기 위해 최선을 다했던 이 부부는 두 딸과 아들을 두었다. 나중에 아들이 일찍 병사하는 슬픔을 겪었지만, 그들은 자식들에게 따뜻한 사랑과 예술적 재능을 부여하였다.

부인이 작품제작으로 멀리 떨어져 있을 때는 닐센이 직접 아이들을 돌보았고, 두 사람 모두 집을 비울 때는 착한 가정부가 부부를 대신하였다.

1894년 닐센은 베를린과 빈을 여행하면서 브람스를 만났는데 그의 심포니 제1번은 이때 쓰였다. 이태리와 미국 여행길에도 올랐고, 1902년 빌헬름 한센 뮤직출판사와의 계약으로 부인도 후원을 받아 그들이 갈망했던 그리스를 여행하였다. 그는 아크로폴리스가 보이는 아테네 음악원에서 작곡에 몰두했고, 부인은 박물관에서 그리스 신화에 나오는 인간과 동물 형상을 주제로 침잠하였다. 큰 성공은 아니었지만 닐센은 구약성서에서 줄거리를 얻은 오페라 「사울과 다비드」와 시링크스와 목동 팬과의 사랑에 관한 오페라도 작곡하였다.

예술가라면 누구나 사랑에 관한 걸작을 완성하고 싶어 한다. 보티첼리는 조가비 속에서 태어난 사랑의 신 비너스를 그림으로, 호머는 아직도 우리를 궁금하게 하는 트로이전쟁의 장본인인 파리스 왕자와 헬레네 공주의 사랑을 『일리아드』에, 글룩은 『오디세이』에서 사이렌을 잠들게 한 비파의 명수 올페우스와 부인 유리디체의 사랑을 음악으로 표현하였다. 닐센도 이러한 고전에서 영향을 받아 목동 팬의 사랑을 추적한 끝에 갈대가 된 운명의 님프 시링크스, 그래서 팬은 그녀를 기린다는 의미로 그 갈대로 플루트를 만든 「시링크스」

오페라를 만들었다. 사랑은 업적을 남긴다!

  "미미, 당신이 주신 자료에 여행청의 디렉터 리사 요한센이 오늘
의 저녁식사와 닐센의 작품이 연주되는 프로메나드 연주회에 초청
한다는 편지가 곁들여 있군요. 시간과 장소를 대신 정해 주세요. 저
는 칼 닐센과 대화가 끝나지 않았어요."

  닐센은 1931년 심장병으로 죽을 때까지 작곡가·지휘자·바이올리
니스트·음악교수로 있으면서 시간만 나면 친구나 자식들과 함께 사
회활동에 참여하였고, 승마·스키·자동차경주를 즐겼다. 독서가인
그는 특히 플라톤·괴테·홀바르크 작품에 심취하며, 여러 곳을 여행
하였다. 많은 음악상과 훈장을 받은 것은 물론, 베를린 음악가협회
의 명예회원이 되었다.

  나는 그날 밤 리사 요한센이 초대한 '미운 오리새끼' 식당에서 낙
농국임을 자랑하는 덴마크산 쇠고기요리를 음미하였다. 그리고 음
악당에서 여러 청중들과 함께 모자를 쓰고 광고가 새겨진 덴마크 국
기를 흔들며 닐센이 작곡한 노래를 불렀다. 우리가 그곳을 나왔을
때는 저쪽 시청 굴뚝 위에 하얀 초승달이 걸려 있었다. 그날 밤, 민박
하기로 소개받은 전형적인 덴마크 농가로 돌아왔을 때는 집주인을
제외하고는 모두 잠들어 있었다.

  아침에 상상 속의 환영식에 바빴던 오리들, 나이팅게일, 그리고

이 집에서 키우는 고양이·강아지·돼지·암소들은 다른 지방의 사육제 준비로 떠났는지 숨소리조차 들을 수 없는 고요한 밤이었다.

밤에도 달빛을 받은 채 고고하게 피어 있는 수선화 곁으로 가서 '굿나잇' 하며 자기도취에 빠지기 시작하였을 때 나는 비로소 안데르센과 칼 닐센의 살아 있는 숨소리가 피부에 느껴지는 듯하였다.

이윤 오리새끼, 성냥팔이소녀, 인어아가씨의 오덴세

## 크리스티안 안데르센 I (1990. 7)

안데르센의 아름다운 동화가 피어난 오덴세. 한가운데 강이 흐르고 기념관이 된 그의 오막살이는 그가 살던 그대로이다. 동화처럼 남아 있는 안데르센을 찾는다.

'내 인생은 한편의 아름다운 동화'라고 말했던 한스 크리스티안 안데르센(Hans Christian Andersen)!

1990년 3월, 나는 동화 속으로 빠져 들어가는 오덴세 차창 밖으로 보이는 벽보와 상점표지판들에서 안데르센을 만났다. 그가 어릴 때 살던 동네는 185년 전의 그대로이다. 덴마크 정부는 오래전 이 지역의 가옥을 모두 사들여 옛날식으로 지어 일반에게 분양하였다. 정부의 노력 탓인지 이곳에 오면 세기를 떠나 지나간 시간 속으로 여행하는 듯한 착각에 빠진다. 유년의 꿈과 환상이 마을 골목까지 미끄럼 치듯 쫓아오며, 거리모퉁이에서 곧 '성냥팔이 소녀'가 나타날 것 같다.

그의 동화 속에서 나오는 마을처럼 목가적이고 조용한 오덴세의 한스 옌센스 스트레베 街에 안데르센의 기념관인 생가가 있다. 1805년 가난한 구두수선공과 세탁부인 부모에게서 태어난 이곳은 그의 탄생 100주년 때 기념관으로 개관되었으며, 안데르센의 영광스러운 일생을 담기에는 오막살이가 빈약해 1930년에 새로 달았고, 수집품들이 늘어나자 1976년 옆에 새 건물을 지었다.

『인어공주』가 쓰인 원고와 일기장들이 진열된 전시실 한편에 코펜하겐에서 그가 살았던 아파트 방이 옮겨졌다. 열네 살 때 오덴세를 떠나, 코펜하겐 왕립극장 합창단에서 노래를 불렀지만 변성기로 그만두었고, 또 발레에 출연하였다. 자기 이름이 인쇄된 프로그램을 집에 들고 와 밤새도록 촛불에 비추어 보던 이 프로그램은 왕립극장에 보존되어 있다. 한 시골소년이 훗날 왕의 빈객이 된 것에, 안데르센은 그때를 다음과 같이 썼다.

*그 옛날 무명의 가난한 소년이던 나는 짐 보따리를 들고 코펜하겐으로 왔다. 그러나 오늘 나는 왕실테이블에 앉아 여왕과 초콜릿을 함께 먹었다.*

그자 자주 드나들던 왕궁은 왕립극장에서 멀지 않은 곳이다. 그는 무용을 그만두고 글을 썼다. 처음엔 소설을 썼지만 잘 되지 않아 동화로 옮겼다. 동화를 쓰기 시작한 집은 코펜하겐의 니하븐 운하변 18번지와 20번지에 남아 있다.

기념관에 옮겨 놓은 아파트방은 18번지에 있는 스물아홉 살부터 4년간 살았던 곳이다. 그 방에는 손때 묻은 여행가방이 있다. 안데르센은 평생 29회에 걸쳐 통상 10년 이상의 외국여행을 다녔다. 독일을 시작으로 파리·이태리에 머물렀다. 그 당시 로마에는 스칸디나비아 예술클럽이 있었고, 1년 반을 머물면서 로마문화에 탐닉하였다. 또 스페인·모로코·터키·스코틀랜드로 이어지는 여행은 그의 동화작품에서 아름다운 글을 뽑아내는 누에고치가 되었다.

이곳을 찾아온 관광객들이 아파트방 전시물 중에 관심을 가진 것은 여행가방 곁에 있는 밧줄이다. 안데르센은 뱃멀미로 배 타기를 꺼렸고 심지어 미국 초대를 거절한 적이 있다. 그는 여행 때마다 밧줄을 가지고 다녔다. 여관에서 불이 나면 창밖으로 뛰어내리기 위해 이 밧줄을 가방에 넣고 다녔던 것이다. 프랑스의 괴도 뤼팽을 생각나게 하는 작가의 괴상한 버릇은 그를 보러 온 관광객들에게 슬그머니 웃음을 선사한다. 기념관의 벽화에 그려 있는 그의 천진스러운 모습과 꿈 많고, 익살스럽고, 상상력이 풍부한 그의 성격 속에서 나온 일상이 또 다른 동화를 엮어 낸다.

그는 "여행은 삶이고 그 속에서 인스피레이션을 느낀다"라는 글을 썼다. 입센은 『페르귄트』를 카프리 섬에서, 로렌스는 『채털리 부인의 사랑』을 이태리 지중해에서 착상한 것을 보면 작가에게 여행이란 무한한 상상력의 현장이며 따뜻한 영혼의 샘이 틀림없다. 어린 시절 우리들 가슴속에 아름다운 영혼의 삽화들을 그려준 안데르센 동화들은 작가의 마음의 고향에서 퍼올려진 것이리라.

안데르센 문학의 특성은 여성에 대한 사랑이다. 미운 오리를 공주로 승화시킨 것이 한 예로서, 안데르센 전문가는 이를 안데르센의 로맨스와 연관 짓는다. 안데르센은 평생을 독신으로 보냈다. 고향 퓐 섬의 학교친구의 여동생에게 첫사랑을 느껴 연애편지에 그림을 그려 보내면서 그리그가 작곡한 「Two Brown Eyes」를 선사하였다.

그러나 그의 마음이 사랑으로 타오를 때 그녀는 이미 약혼 중이었고, 죽을 때 이 편지를 몽땅 불태워 버렸다.

둘째 연인은 코펜하겐 왕립극장에서 일할 때로 극장책임자의 딸 루이스 콜린이다. 그의 일방적인 짝사랑으로, 그녀를 위해 동화책을 써서 선사하였다. 루이스와의 사랑의 실패는 아마 이상하게 생긴 그의 얼굴 탓도 있다. 안데르센 전문가는 못생긴 얼굴 대신 카리스마가 그의 글 속에서 빛났음을 평한다.

셋째는 1840년경 유럽과 미국에서 이름난 '스웨덴의 나이팅게일'이라는 가수 제니 린드였다. '나이팅게일' 우화는 그녀에게서 받은 영감에 대한 보답으로 쓴 작품이다. 제니 린드 또한 그를 사랑하지 않았고 미국으로 건너갔다. 안데르센은 그녀에 대한 사랑마저 거절 당하자 표현할 수 없는 슬픔에 빠졌다. 사랑에 지쳐, 그는 여기저기 농장주인의 초대를 받아 옮겨 다니며 여러 편의 동화를 썼다.

코펜하겐에서 서남쪽으로 50km 떨어진 기셀페르트 농장은『미운 오리새끼』를 쓴 곳인데, 죽기 몇 해 전부터는 부유한 유태인 가족 멜코스의 집을 자주 방문하며 편안함을 즐겼다. 1875년 8월 4일 멜코스 부인 도로테아의 간호 아래 '정적'이라 명명된 여름별장에서 안데르센은 눈을 감았다. 지금은 코펜하겐 시내가 된 이 별장은 무너지고 없다. 안데르센 무덤은 아시스텐스 공동묘지에 '작가 한스 크리스티안 안데르센'이라고 쓰인 묘비 아래 놓여 있다. 덴마크를 빛낸 또 하나의 동시대인 키르케고르의 무덤도 이곳에 있다.

안데르센의 사랑의 궤적을 살펴보면 "사랑의 기쁨이 위대한 사랑을 낳는다"는 말이 잘못되었음을 알게 된다. 그에 있어선 사랑의 슬픔이 위대한 문학을 빚어냈다. 그의 독신에 관해 예술인이 가지는 자유로움과 여행에서 오는 불안정이 원인이라 평하지만 또 안데르센의 성격에 기인한다고 해석한다. 그는 유난히 부끄러움이 많고 조심성이 많아 감히 결혼을 생각하지 않았다는 점이다. 두 가지 견해에 모두 동의를 하는 게 맞는다고 해야 할까? 그는 바쳐지지 않는 사랑을 글 속에 연소시킨 것이리라.

안데르센이 돌이 갓 지나서부터 소년시절을 보낸 먼커밀레의 집은 생가와 적당한 거리에 있다. 아버지는 놀기를 좋아해 틈만 나면 외아들을 위해 장난감을 만들고 연극을 하였다. 열네 살 때 안데르센은 아버지를 여의었고 학교를 그만두었다. 다시 공부할 기회에도 미운 오리새끼처럼 생긴 그의 얼굴로 친구의 놀림을 받고 학교를 그만두었다. 집 근처에 위치한 성 카누트 성당에서 견진성사를 받았다. 이때 새로 신었던 가죽장화가 삐거덕거렸다. 마음은 하나님께가 있지 않고 장화에 있었다. 이때의 경험을 쓴 것이 『분홍신』이다.

또 집 가까운 곳에 오덴세 천이 가로질러 흐른다. 그는 수초 우거진 이 강변에서 흐르는 강물을 바라보면서 "강이란 바닷사람의 한

길"이거니 생각하였다. 어린 마음속의 바닷가 사람은 북구 민화에 나오는 인어였다. 어릴 때의 명상이 인간이 되고 싶어 한 인어의 이야기인『인어공주』동화가 되었다.

열네 살의 안데르센이 오덴세를 떠나려 하였을 때 어머니는 그를 보내도 되는지를 마을의 점쟁이에게 물었다. 점쟁이는 "하늘 높이 치솟아 세상 사람이 다 쳐다보는 큰 새가 될 것이다"라고 말했다. 1867년 예순두 살의 안데르센은 금의환향하였다. 오덴세 市는 그를 명예시민으로 추대하여 대대적인 환영식을 베풀었다. 48년 전 점쟁이의 말대로 오덴세의 거리는 휘황한 조명으로 장식되었다. 안데르센은 그의 일기에 "이날이 내 생애 최고의 날이었다"고 썼다. 비록 50년 동안 코펜하겐에 머물렀지만 그의 마음엔 항상 어린 시절 고향의 기억이 흐르고 있었다. 헤르만 헤세의 방랑자『크눌프』에서도 주인공은 결국 귀향하는 것처럼······.

1868년 안데르센은 국왕으로부터 훈장을 받았다, 안데르센 125주기에는 덴마크의 또 하나의 자랑인 칼 닐센이 그를 기려 작곡을 바쳤고, 어린이들이 돈을 모아 동상을 세웠다. 그의 기념관에는 그가 직접 그린 그림이 보관되어 있다. 젊었을 때 자주 그림을 그린 안데르센은 늙어서는 그림보다 종이오리기를 하였고, 일기를 써서 책갈피에 꽃잎을 따 넣기도 하였다. 영국의 찰스 디킨스와도 친했다. 그의 책은 수많은 언어로 번역되었는데 80권의 책, 156개의 동화, 성악 작곡가사, 시, 연극 들을 썼으며, 왕립극장에서는 그의 작품공연이 쉬지 않는다. 전시실에는 번역된 그의 동화책들이 전시되어 있다.

오덴세의 마지막은 '미운 오리새끼' 식당에서 마시는 칼스버그 맥주로 끝이 났다. 맥주잔 속에서 그가 쓴 동화가 피어오르며 여행은 피날레로 다가간다. 너무 가난하여 교회 장례식 때 쓰던 판자로 만든 침대에서 태어났던 안데르센! 미운 오리새끼였던 안데르센 자신이 바로 백조였다.


## 크리스티안 안데르센 II(1996. 4)

안데르센을 찾으러 무덤을 방문하는 것은 아이러니였다. 아시스 텐스 묘지는 동네처럼 컸다. 나는 돌고 돌아서 마침내 눈 속에 파묻힌 표지를 보았다. 두 개의 큰 나무와 비석이었다.

1996년 유럽은 코펜하겐을 '문화도시'로 선정, 음악·미술·무용·연극 등 많은 프로그램으로 축제 분위기이다. 시민들은 꿈과 희망을 심어준 동화작가 안데르센을 또 한번 알리려는 심사이다. "코펜하겐은 안데르센을, 안데르센은 코펜하겐을 세계에 알렸다"는 구호로서……

2월 초라 눈과 바람이 몹시 불었다. 나는 '안데르센이 살던 때에도 겨울이 있었던가?'라는 엉뚱한 생각을 하며 그가 스물아홉 살에 4년간 살던 니하븐의 18번지와 20번지를 방문하였다. 겨울이라 문은 잠겨 있었지만, 여름에는 코펜하겐 역사가 시작되는 운하가 있는 곳이다. 잠시 몸을 녹이려 북구협동기관인 노딕카운실에 들렸다.

"오덴세 바다는 얼음으로 찼어요. 한 달 후면 눈이 녹을 거예요."

그곳 직원의 조언에 나는 안데르센의 묘지로 방향을 돌렸다.

"이 눈발 속에 무덤에? 그의 무덤은 표지판에 적혀 있을 거예요."

이번에는 코펜하겐 여행청 직원의 놀란 대답에 오히려 화가 났다. 문화를 사랑하는 시민들이 이런 대답을 하다니……. 혼자 안데르센을 찾기로 하며, 우스운 추억을 기억해 내었다.

철학가 키르케고르의 집을 찾던 중이었다.

행인은 나에게 저쪽으로 손을 가리켰다. 한참 걸었던 나의 앞에는 묘지가 보였고 하염없이 비는 내리고 있었다. 나는 겁이 나 그 행인을 원망하며 다시 오던 길로 달렸다. 갑자기 떠올랐다. 키르케고르는 영어발음이고 덴마크어로 키엘케고드! 키엘케고드는 교회묘지임을! 나의 착각도 문제이지만, 그 행인의 상상에 한 동양여성이 덴마크 철학자를 찾으리라고는?

많은 여행자들은 유럽의 도시확장에도 불구하고 시내에 있는 무덤을 자주 본다. 묘지는 한국인의 귀신과 두려움의 개념보다 유럽인

에게 생의 연장으로 죽은 자도 산 자와 공존한다는 뜻이다. 심지어
러시아정교회 교인들은 주말이면 묘지에서 피크닉을 한다.

발길을 시청으로 향하였다. 중세기에 장터가 열리고 마차의 출발
지라, 버스도 마찬가지였다. 왕립극장의 포스터가 흔들리고 있었다.

"안데르센은 열네 살 합창단에서 노래를 불렀으나 변성기로 발레
에 출연했어요. 자기 이름이 인쇄된 프로그램을 밤새도록 촛불에 비
추어 보았죠. 그는 무용도 그만두고 동화로 바꾸었어요. 그의 성공
에 관한 뮤지컬이 현재 글라드 삭세극장에서 열려요."

기억 속에서 오덴세의 안내원은 최신 정보까지 제공하였다. 나는
16번 버스를 탔다. 유령같이 보인 승객들을 태운 운전사는 안데르센
무덤을 금방 알아차렸다. 아시스텐스 묘지에 도착하여, 큰 개를 동
행한 젊은 남자에게 물었더니 술 냄새가 풍겼다.

"우선 교회에서 물어보세요."

그는 내가 동양여성임을 보고, 추억이 그리웠던지 선원으로 동양
에 가본 적이 있다고 덧붙였다.

"안데르센도 바다를 좋아했어요. 당신도 글을 써 보시죠."

그는 나의 제안에 술과 현실에서 깨어났다. 동네처럼 큰 공동묘
지를 한참 두근거리다가 묘지기를 만났다.

"입구에 있어요."

나는 돌고 돌아서 마침내 눈 속에 파묻힌 표지를 보았다. 두 개의 큰 나무와 비석이었다. 나의 어린 시절을 환상으로 채워 주었던 안데르센은 주위의 정적 속에서 속삭였다.

"1875년 저는 이곳에 묻혔어요. 이 눈 속에 나를 찾는 당신의 집념과 용기에 놀랐어요. 살았더라면 멋진 동화 한 편이 되었을 텐데."

나의 일은 끝났다. 터벅터벅 묘지 철문을 떠나려고 하자 또다시 안데르센이 내 마음을 붙들었다.

"저의 마음은 항상 고향에 머물렀어요. 잎을 따서 책갈피 속에 간직했어요. 지금이 봄이라면 당신도 파란 잎을……."

나는 한때 상체를 도둑맞았던 랑케리니에스의 인어공주가 파란 잎 대신 기다리고 있음을 기억해 내었다.

# 『아웃 오브 아프리카』의 하얀 렁스테드런트

## 카렌 블릭센(1992. 7)

렁스테드런트는 블릭센이 태어난 곳이자 세상을 떠난 곳이다. 그
녀는 데니스와의 슬픈 사랑을 『아웃 오브 아프리카(Out of Africa)』
소설로 유명해졌는데, 지금도 이곳에는 그녀의 문학 순례자들의 발
길이 끊이지 않는다. 1992년 6월, 그 무리의 하나가 되었다.

카렌 블릭센(Karen Blixen)은 아이작 디네센(Isak Dinesen)이란 필명으로 글을 썼지만, 가족들은 그녀를 탄네(Tanne)라 불렀다. 문학계에서 슈퍼스타인 그녀를 어떤 사람들은 여신으로 숭배하였다. 그녀 또한 중심점이 되어 사람들의 눈을 끌기 원했다. 배우 존 길그드는 자기가 주연 맡은 영국극장의 「템페스트」 공연에 그녀를 초대, 알도스 헉슬리와 조지 버나드 쇼는 런던의 파티에, 웨일스왕자 에드워드 8세는 케냐의 점심에 그녀를 초대하였다. 뉴욕에서는 마릴린 먼로와 사진을 찍었다.

카렌은 먼로의 인상에 "거의 믿을 수 없을 정도로 예쁘지만 결코 아름답지는 않다. 그녀는 경계선이 없는 생동감과 어떤 무지로 반짝인다. 나는 그런 타입을 아프리카의 원주민에게 발견할 수 있다"고 말한 것이 주디스 트루만이 쓴 카렌의 자서전에 적혀 있다. 노벨상 수상 시 헤밍웨이는 아이작 디네센이 상을 받을 가치가 있으며 재클린 오나시스도 『아웃 오브 아프리카』를 명작으로 인정, "어떤 다른 책보다 항상 나에게 많은 의미를 준다"고 말하였다.

카렌에게 1914년부터 1931년까지의 아프리카는 지구상 어느 곳보다 실망과 비극으로 가득 찬 곳이다. 케냐 농 언덕의 커피경작은 실패였으며 스웨덴 태생 브로 블릭센 남작과의 결혼은 그녀에게 매독을 옮겨 주는 일로 끝이 났다. 더 슬픈 사실은 유일한 사랑 데니스 핀치 해튼이 비행기 추락으로 사망한 것이다. "농장에서 자동차로 쉽게 도달할 수 있는 곳에 그의 무덤이 있다. 사자들이 그의 무덤에 왔으며 그를 아프리카의 기념상이 되게 하는 것은 데니스에게 어울리는 명예다"라고 카렌은 『아웃 오브 아프리카』에 썼다.

그녀 자신도 1962년 사유지인 코펜하겐 북쪽의 룽스테드런트에 묻혔다. 세계의 문학 순례자들이 그녀의 집이 공개되기 전부터 종종 찾았으며, 영화는 1985년에 만들어져 카렌으로 분장한 메릴 스트립과 데니스 핀치 해튼 역을 맡은 로버트 레드포드도 이곳을 방문하였다. 덴마크의 전형적인 유머로 사람들은 카렌의 출생지를 '메릴 스트립'이라 일컫는다.


담쟁이덩굴로 된 이 집에서 카렌은 1835년에 태어났으며 아프리카에서 돌아온 후 죽을 때까지 이곳에서 보냈다. 지금도 흰 머리의 가정부 카롤린 칼센이 정원에서 꽃을 꺾고 있음을 볼 수 있다. 룽스테드런트를 방문하는 사람은 이 집에 실망하지 않는다. 미국에서 큰 성공을 거둔 '세븐 고딕 테일즈'가 덴마크에서는 혹평을 받았지만, 이 집은 그녀를 기념하는 박물관이 되었다. 식당·응접실·거실, 여름과 가을 서재, 이층침대는 카렌이 살던 그대로 두었다.

처음에 여인숙이던 것이 1803년 현상태로 재건되었다. 에발드 (Ewald)룸이라 부르는 여름서재는 바다를 향하고 있는데 그녀가 가장 좋아하던 18세기 서정시인 요하네스 에발을 추모하기 위한 것이다. 에발은 여인숙의 이 방에서 훌륭한 시를 썼다. 이곳에는 아프리카의 기념품인 마사이창·방패·사냥총·조각동물 위에 카렌의 혼이 깃든 조그만 옛 코로나 타이프라이터가 있다. 카렌은 오직 이 타이프라이터를 사용하였다. 또 핀치 해튼의 선물인 옛 축음기도 여전히 작동한다. "축음기는 내 마음의 기쁨이 되어 농장에 새로운 생을 가져오고 농장의 목소리가 되었다. 나이팅게일 새가 지저귀는 숲 사이의 영혼이다"라고 카렌은 서술하였다.

입구 쪽에 가까운 다른 방은 그녀의 그림을 전시하는 갤러리로 쓰이는데 어린 시절 그녀가 장난하던 방이다. 미술학교에 다녀 솜씨가 꽤 훌륭하였지만, 그녀는 공식적으로 그림 작품을 보여 주지 않았고 화가로서의 재능을 숨겼다. 그녀는 그림처럼 글도 서술적으로서, 문체는 화가를 꿈꾸는 그녀 자신만의 독특함을 지녔다. 풍경과 초상화를 그렸고 그녀 농장에서 일하던 아프리카인들을 모델로 하였다.

트루먼의 자서전에는 "카렌 블릭센의 모델은 조용히 앉아 있기를 지독히도 못하는 젊은 키쿠유였다. 한번 그녀는 그를 총으로 위협했으나 아무런 효과를 얻지 못했다. 그녀는 키쿠유족이 부동자세보다 죽음을 덜 두려워한다고 말했다"는 부분이 있다.

옛날, 말과 가축들이 있던 외양간은 카페, 책가게, 전시장과 그녀에 관한 그리고 그녀가 즐긴 책으로 가득하다. 여러 나라 말로 번역된 그녀의 책들 외에 어린 시절 아버지에게 듣던 프랑스어판 『천일야화』도 전시되어 있다. 카렌은 현대 미국문학에 심취했으며 개인 도서관에는 스타인백, 포크너, 트루만 카포트의 책들이 꽂혀 있다. 좋아하는 작가는 토마스 만, 헉슬리이고, 시인은 셸리, 보들레르이다.

렁스테드런트의 40에이커 정원과 숲은 새의 성역으로 아름답고 평화스럽다. 자갈길에는 앵초·금잔화·블루히야신스가, 봄에는 하얀 아네모네가 꽃밭에 가득 핀다. 흰색의 조그만 나무다리는 연못 위에 우아하게 걸려 있고 오랜 자작나무·단풍나무·물푸레나무의 숲 속을 거닐면 날짜도 없고 오직 이름만 돌 위에 새긴 그녀의 무덤에 이른다. 옆에는 그녀가 시인 에발을 위해 기념비를 세운 조그만 언덕도 있다. 담쟁이덩굴로 덮인 집과 사랑스러운 정원은 시골의 목가적인 분위기이나, 실제 거주하기에는 꽤 힘들었다. 카렌은 이 점을 잊고 겨울에는 바다에서 불어오는 강한 바람을 견디었다.

"현대적 수도시설이나 중앙난방이 있기 전인 20세기 중반까지 그녀는 집의 아름다움을 편리함보다 중요시하였다. 그녀의 집은 무너지고 있었지만 돈이 없다고 했다. 당시 이중세금을 피할 수단이 없어 인세를 쪼개어 미국과 덴마크에 각각 세금을 내야 했다. 나는 그

녀에게 집과 정원, 작가로서의 수입을 전부 처리하고 대신 재단을
설립하여 인세를 그곳에 지불하면 집이 재건되고 그녀도 자유스러
운 장소에 살 수 있을 것이라고 권하였다. 그러나 그녀는 허세 부리
지 않고 조용히 그대로 살기를 원했다"는 루이지애나박물관의 건립
자인 크누드 옌센의 회상이다.

카렌 블릭센은 렁스테드런트에서 불행한 어린 시절을 보냈다. 아
버지 빌헬름 디네센은 덴마크와 프랑스에서 복무한 군인으로서, 방
랑적 기질로 인해 그녀가 열 살경에 자살하였다. 가장 귀여움을 받던
카렌에게 아버지의 죽음은 결코 이겨 낼 수 없는 타격이었다. 어머니
잉게보르그까지 1939년에 죽자 카렌이 이 집의 소유주가 되었다.

미국에서 1938년에 발행한 『아웃 오브 아프리카』는 대단한 반응
을 일으켰고 그녀는 순식간에 인기를 얻었다. 그러나 1940년 독일의
덴마크 점령으로 그녀는 5년 동안 외국에 나갈 수 없어 고립된 기분
이었다. 전쟁 후 파리나 런던 같은 번화한 도시로 다시 여행할 수
있어 기뻤다. 집으로 돌아오면 좌절감을 느꼈는데, 궁핍한 경제적
상태 때문이었고, 덴마크가 감옥처럼 느껴졌다.

그녀는 자신의 작품이 덴마크에서 인정받았다고 여기지 않아, 이
것은 떠나지 않는 원한이 되었다. 수년 후 유명해진 다음에도 카렌
은 그녀의 첫 책에 부정적인 덴마크 비평문을 복사하여 친구들에게

보이며 그들이 그녀처럼 화를 내기를 기대하고 동정심을 원했다. 비평가 프레데릭 시베르그는 저명한 코펜하겐 신문에 그녀를 천박하다고 비난하였다. 시베르그가 지나치고 불공평하다며 친구들이 위로했지만 그녀의 상한 마음은 가라앉지 않았다.

카렌은 몇 사람의 도움으로 자기 생을 안락하게 만든 행운아였다. 1944년에 대학을 졸업한 클라라 스벤슨은 학문적 커리어를 포기하고 카렌의 가정부가 되었다. 또 비서이자 여행친구로서 그녀가 죽은 뒤에는 문학 집행자가 되어 이 집에서의 일상생활을 묘사하는 책을 썼다. 카롤린 칼센도 가정부로 13년을 일했으며 카렌을 간호한 또 다른 추종자이다. 카렌은 하인들이 항상 그녀를 남작이라고 불러 주길 원하였고, 종종 아플 때마다 고약한 성격을 나타냈다. 그러나 그녀는 매우 친절하고 사려 깊은 사람이었다. 낫지 않는 매독 외에 심신증 환자로서 신경성 무식욕증으로 고통을 당했다. 몸무게가 35kg도 안 나갈 정도로 약해져 그렇게 사랑하던 아프리카에 다시 돌아가지 못하고 여행경험을 쓰고 싶은 꿈도 완성치 못하였다. 하지만 그녀는 1959년에 미국을 방문해 여왕처럼 대접받았는데, 최절정의 인기로 그녀의 작품이 '이달의 책'으로 선정되었다.

카렌은 항상 신비의 오로라에 싸여 있었다. 말하는 태도·제스처·옷치장으로 돋보이는 것을 특징으로, 그녀를 만나는 사람들은 그녀의 인간성과 외모에 모두 매혹되었다. 미국 작가 허드슨 스트로드는 1939년 코펜하겐에서 그녀와 점심을 한 후 첫인상을 기록하였다.

"그녀는 내가 만난 사람들 중 가장 특별한 눈을 가졌다. 다이아몬드처럼 검었으며 깊이 박혀 있었다. 눈동자의 반짝임과 검은 긴 속눈썹, 눈꺼풀의 검은 아이라인, 입술은 다크 크림슨처럼 화장을 하였다. 그녀는 독특한 검은 모자와 코까지 드리우는 긴 베일을 썼다. 그녀는 키가 크지 않았지만 가느다란 몸매는 자랑스러운 젊은 마사이 유목민이 사자를 죽일 때 사용하던 창처럼 그녀를 보이도록 만들었다."

시간이 지나면서 카렌의 수척하고 희고 주름진 얼굴은 때때로 죽은 마스크처럼 보였다. 자서전의 작가 트루만은 세실 비튼이나 리차드 마네톤 같은 사진작가들이 그녀가 늙은 나이에도 사람을 녹인다는 말을 했다고 기록하고 있다. 허드슨 스트로드가 룅스테드룅트의 카렌을 방문했을 때 그녀는 그에게 데니스 핀치 해튼의 사진을 보여 주었는데 이 핸섬한 젊은 남자의 사진은 지금도 에발룸에 그녀의 책상 창문가에 놓여 있다. 카렌은 결코 사라지지 않는 노스탤지어에 파묻힌 우울한 기분을 가진 낭만주의자였다. 그녀는 아프리카로 향한 남쪽 문을 둘러보고 침실이 있는 위층으로 올라가기 전 에발룸에 가서 핀치 해튼의 사진을 응시하곤 하였다.

그녀는 지나치게 부와 명예에 집착하였고, 민주주의를 싫어했다.

"나를 위해 차를 만들어 줄 하녀가 없는 집에 차를 마시러 가는 것은 고역이다"라는 말을 하기도 하였다. 천사처럼 글을 썼던 카렌은 1962년 9월 7일 룽스테드룬트에서 영양부족으로 인한 쇠약으로 죽었다.

젊은 시절 그녀는 화가가 되고자 코펜하겐의 왕립미술학교에서 잠시 공부한 후 파리에서 그림을 계속하였다. 그녀는 자신의 안목으로 전시회와 미술관의 유명한 옛 작품들을 보기 원했다. 화가의 눈을 가지고 태어남은 룽스테드룬트의 각 방마다 꾸며진 특수한 분위기와 색깔, 하모니의 독특함이 증명한다. 방문객은 그녀의 집을 구경할 때 차가운 입구에서 시작, 다음 두 개의 큰 창문이 동쪽 신선한 바닷가를 향한 에발룸으로 들어간다. 이 방은 시인 에발을 기리기 위해 푸른 바탕의 아름다운 벽지로 꾸민 방이다. 딴 방들은 동선 관계상 서로 연결되어 있지만 이 방만은 고립되어 있다. 문틀에는 20세기 초 디네센의 어린이들이 키를 잰 연필자국이 여전히 있어 새로 칠한 적이 없음을 의미한다. 창문 가까이엔 빌헬름 디네센의 책장이 있다.

난로가 있는 응접실은 룽스테드룬트에서 가장 큰 방으로 남북을 향한 창문이 있고, 따뜻한 빛깔과 차가운 빛깔이 골고루 섞여 있다. 그녀는 여름에는 엷은 자수를 놓은 커튼이 드리워진 베란다에서 글을 썼으며, 겨울에는 양모커튼으로 감춘 이 방의 난로 옆 안락한 루이 16세 가구에서 추위를 피했다. 에발룸보다 더 따뜻한 크림색의 목재에 초록색 벽은 사진과 꽃의 배경이 된다.

꽃은 그녀에게 특별한 의미를 가진다. 아프리카에서 돌아와 그림을 그리지 않았지만 손님을 기다릴 때는 아침 일찍 꽃을 꺾어 화려하게 방을 꾸몄다. 조그맣고 단단한 장미꽃을 크고 볼록한 붉은 양배추 잎과 함께 꽂고, 린덴나무의 만발함에는 파슬리와 민들레로 조화시켰다. 사람들을 초대할 때 그들이 자기 집에 있는 기분을 느끼게 하려고 여러 개의 가구들로 안락하게 꾸민 응접실로 안내하였다. 응접실은 그녀의 어머니가 지내던 곳으로 고전적인 분위기인데, 신선한 감각의 에발룸에 비해 자작나무에 초록빛을 써서 중후한 것이 특징이다.

이처럼 렁스테드런트의 집은 카렌의 영혼이 느껴지는 따뜻하고 아름다운 곳이며, 일에 대한 그녀의 투쟁적인 열정이 함께 전해지는 예술가의 공간이다.

# 간결하고 신선한 디자인의 아름다운 세라믹

## 본 빈블라드(1990. 7)

북구풍의 신선하고 간결한 디자인이 돋보이는 세라믹의 대가일 뿐 아니라 환상적이고 익살적인 일러스트레이션으로 세상의 재능을 혼자 독차지한 것 같은 본 빈블라드를 만났다.

북해와 발트 해를 가로지르는 유틀란트 반도의 풍요한 덴마크에서 세라믹 예술로 칭송받는 본 빈블라드(Björn Wiinblad)는 안데르센, 키르케고르 이래, 또 한번 덴마크로 하여금 유명세를 치르게 한다.

1990년 3월 빈블라드와의 인터뷰를 부탁하기 위해 덴마크 여행청에 근무하는 닐센을 찾아갔을 때, 그는 고개를 절레절레 흔들었다. 빈블라드를 만나는 것은 하늘의 별을 따는 만큼 힘들다는 반응이었다. 그러나 빈블라드는 인터뷰에 흔쾌히 응했을 뿐 아니라, 자신의 집에서 닐센과 함께 점심을 하자는 호의까지 베풀어 주었다.

얼마 후, 나는 서둘러 짐을 챙겨 코펜하겐행 밤 여객선에 올랐다. 보통 때면 다른 여행객들과 춤도 추고 대화를 즐겼지만, 세계적인 작가를 만나는 사실로 밤새 인터뷰 준비로 끙끙거렸다. 그러나 다음날 아침 코펜하겐에 도착했을 때 불현듯 "준비 없는 상태로 그를 만나자"는 생각이 떠올랐다. 꽉 짜인 질문은 비예술적이고 비인간적이며, 차라리 순간적인 질문이 그를 한층 가깝게 이해하는 지름길이 될 수도 있다.

빈블라드의 집은 시내에서 떨어진 콩겐 룽비(Kongen Lungby)에 자리 잡았다. '백설공주와 일곱 난쟁이'를 연상케 하는 푸른 집(Die Bla Hus)의 문을 두드렸을 때 푸른 옷을 걸쳐 입은 자그마한 늙은이가 우리를 반갑게 맞아 주었다. 슈베르트의 「미완성 교향곡」이 은은하게 들려왔다. 나는 지극히 평범한 그의 행색에 처음엔 그를 문지기쯤으로 착각하였다. 그의 조그만 손을 잡으며 인사를 나눌 때에도 명성에 걸맞게 늠름한 체구의 대가를 머릿속에 그려 온 나의 상상력은 여지없이 배반을 당하고 말았다. 이 조그만 늙은 노인의 어느 곳에 영혼을 휘어잡는 예술적인 열정이 숨어 있단 말인가?

그러나 그의 안내를 받으며 위층으로 올라갔을 때 나는 나도 모르게 아! 하고 탄성을 질렀다. 붉게 타오르는 벽난로의 불빛을 제외하곤 온통 푸른 자기와 푸른 벽지, 장식품으로 꾸며져 있는 방에 마치 동화의 나라에라도 온 듯한 황홀한 기분이었다.

빈블라드는 다재다능한 재주 외에 이방인을 편안하게 만드는 여유 있는 노신사였다. 자신이 특별히 만든 술을 대접하며, 한때 중국 여배우와의 로맨스를 거리낌 없이 고백하는 솔직함도 보여 주었다. 아시아·아프리카·그리스에서 사온 도자기와 고풍스러운 조각품에 둘러싸여 얘기를 듣는 동안 집안 구석구석에서 예술의 향기가 솔솔 풍겨 왔다. 풍성하게 내놓는 술과 식사는 나의 임무를 망각하게 하였다. 인터뷰를 해야 하는 나를 향하여 그의 집, 그의 호의가 빚어내는 유혹!

수십 개의 촛불이 영롱한 빛을 발하는 동안 우리는 그가 만든 유리잔을 수없이 부딪치며, 아라비안나이트『천일야화』의 주인공처럼 한껏 대화에 도취되었다. 서재로 옮겨지자 그는 오래된 하프시코드 건반을 두드리며 중얼거렸다.

"도자기를 사랑하는 만큼 음악을 사랑합니다. 모차르트도 좋아하지만, 그의 빛에 가려져 알려지지 않은 그 시대의 작품들을 즐겨 듣고 연주하죠. 그러나 내가 가장 중요하게 여기는 것은 이곳의 책들입니다."

빈블라드는 원래 작가가 되기를 원했다. 가족들 대부분은 작가이거나 저널리스트로서, 그 역시 밤을 꼬박 새우며 책을 읽고 글을 쓰며, 지금도 독서로 밤을 지새우는 적이 많다. 작가 지망생인 그가 미술공부를 한 계기는 뚜렷하지 않다. 단지 색의 무한한 세계에 빨려 들어가는 순간 자신도 모르게 붓을 들고 있었다는 고백 외에는……

젊은 시절, 그는 국제전시회에 그림을 출품하여 상금을 받았다. 수상자에게 주는 상금은 500크로나이나 손에 쥐어진 것은 300크로나였는데, 그림 한쪽에 시를 넣었다는 이유로 벌금으로 200크로나가 깎인 것이다. 오랜 세월이 흐른 후 그는 상금을 깎아 먹은 그 작품을 경매장에서 비싼 가격에 다시 사들여, 서재에 걸어 두었다. 젊은 날의 추억이 담긴 작품인 만큼 애착이 남다르다. 자신의 작품을 보여 주고 벌점을 먹은 그 시를 읊어 주는 빈블라드에게서 출렁이는 파도처럼 생생하게 넘쳐나는 추억을 간직한 황혼기의 한 인간이

지니는 삶의 향기를 맡게 된다.

그는 갑자기 옆방으로 가더니 내 키보다 더 큰 포스터를 가져왔다. 그가 그린 여러 장들 중에는 어린이들의 꿈의 공원인 티볼리포스터와 88장애인올림픽에 대한 포스터가 눈에 띄었다.

"훌륭한 포스터는 사람들을 놀라게 하며, 작가가 전하고자 하는 메시지가 뚜렷해 공감형성이 쉽지요. 작가와 관람객이 쉽게 친해지므로 저는 포스터를 사랑합니다. 저를 유명하게 해준 것도 한 이유가 되지요."

피카소의 그림이 우리에게 이해의 고통을 준다면, 뭉크는 인간 본질의 고민을 던져 준다. 그러나 그의 그림은 꿈과 희망과 사랑을 심어 준다. 그는 장애인 포스터를 그리며 한국을 알게 되었으나, 정신적·신체적으로 정상인 자신이 장애인들을 표현하기 힘들어 당시를 기억하는 게 고통스럽다고 고백한다. 티볼리공원 포스터는 어린이의 꿈을 묘사하는 작품이라 제작 자체가 즐거움이었다.

평생을 예술 속에 살아온 빈블라드는 어린이들의 여린 감성과 행복, 꿈에 대한 동화 같은 동경심을 아직도 지니고 있다. 그래서 그림을 그리고 세라믹을 만들고, 음악을 들으며 자신의 생에 대해 외롭다고 느낀 적이 없다. 꿈이 있는 한 늘 즐거울 따름이다.

"외롭다니요? 우스운 질문이군요. 결혼은 안 했지만, 외롭거나 불행하다고 생각진 않아요. 일과 어린이들을 그 무엇보다 사랑하거든요.”

　1918년 9월 20일 코펜하겐에서 태어난 빈블라드는 스무 살이 되자 시내 한구석에 조그만 아파트를 구해 독립하여 창작에 몰두하였다. 왕립미술아카데미에서 미술을 전공했는데 그 당시는 여름에만 주로 작품을 하고, 겨울에는 추운 아파트에서 난로만 껴안고 작품을 못할 정도로 어려웠던 시절을 겪었다. 지금은 콩겐 룽비 외에도 잘츠부르크와 암스테르담 두 곳에 개인 아틀리에를 가지고 있다.

　아래층에 위치한 그의 작업실은 젊은 시절의 포스터, 세라믹 작품으로 장식되어 있다. 한 발짝 한 발짝 들어설 때마다 신세계가 펼쳐지듯 아틀리에는 그의 체취가 배어 있다. 화려함이나 현란한 색채보다는 동양적인 여백(그는 이것을 Emptiness라 표현했다)을 즐긴다는 빈블라드! 이것은 세라믹에도 반영되어 마치 우리나라의 백자나 청자, 수묵화를 보는 듯한 친밀감을 느끼게 한다. 온갖 풍상을 겪어낸 완숙함이 표출해 내는 여유일까? 그의 작품은 가장 서양적이며 동양적이다.

　푸른 옷의 자그마한 체구와 어린아이의 손보다 조금 큰 손에서 그토록 완벽하고 절묘한 작품이 나오는 걸까? 신이 인간에게 선사한 최대의 선물인 재능을 그에게서 느꼈다. 몰리에르의 프랑스 문학과 동양의 전통문학이 한데 어울려져 탄생한 듯한 빈블라드의 독특한 작품세계! 독서로 밤을 새운다는 그의 철학과 감성, 지성이 오늘의 그를 낳았으리라.

"성공은 우스운 것입니다. 한차례 스쳐 지나가는 태풍 같다고 할까요? 엄청난 위력으로 사람들에게 대단한 영향을 주는 듯싶은 태풍도 결국 지나고 보면 별게 아니거든요. 단지 상처와 허망함만을 줄 뿐이죠. 가장 중요한 것은 재능입니다. 천부적인 재능은 때때로 매우 유용하지만, 그보다는 각자에게 주어진 재능을 어떻게, 어디에 적절하게 사용하는 것을 깨닫는 일이지요. 그리고 노력하는 성실함이 절대 필요합니다. 물론 종종 행운의 여신이 보내주는 뜻밖의 미소도 있지만……."

빈블라드는 자신을 운이 좋은 사람이라고 비유한다. 첫 전시회를 개최했을 때 돈이 없어 임대료가 가장 싼 작은 전시장을 빌렸다. 비평가들은 그를 거들떠보지 않았을뿐더러, 추운 겨울이라 관람객도 적었다. 1945년 2월 15일, 생생하게 기억나는 전시회 첫날, 행운이 찾아왔다.

아틀리에 주인의 아저씨뻘 되는 사람이 왕립미술아카데미에서 개최되는 전시회를 보러 가는 도중 잠시 그의 전시장에 들렀는데, 그의 운명을 바꿔놓았다. 유명한 비평가인 그는 빈블라드의 그림에 감동되어 적극지원을 아끼지 않았다. 독일 점령하의 추운 겨울, 아무도 찾지 않을 것만 같았던 첫 전시회를 떠올려 보면 현재의 자신은 크게 성공한 것임에는 틀림없다.

그러나 그의 성공은 결혼까지 잊은 채 자신의 일에만 매달려 온 그의 열정과 세라믹 자기로 자신의 작품세계를 넓혀 온 노력의 결과이다. 대부분의 사람들이 생을 정리하고 갖고 있는 부와 명예로 황혼기를 즐기는 데 비하여, 일흔한 살의 고령이 된 빈블라드는 아직도 여러 가지 일과 계획에 파묻혀 지낸다. 일본 어린이들을 위한 포스터 제작과 왕립극장의 커튼장식 등 손을 대야 할 일은 무궁무진하다. 평생 곁눈질 없이 예술을 향해 줄달음쳐 온 그의 열정적인 삶과 순수한 모습에서 시들지 않을 영원한 그만의 세계를 느끼게 된다.

**본 빈블라드는 2006년 6월 8일 사망함.**

자연은 제게 있어 하나의 오케스트라입니다

엘리자벳 융게슨(1990. 7)


1990년 3월, 코펜하겐의 호텔에 머물고 있는 내 귀에 전화벨소리
가 들렸다. "엘리자벳 융게슨(Elisabeth Jungersen)입니다. 한스 한센
社 사장님에게서 연락받았습니다." 수화기를 내려놓으며, 나는 아름
다운 옷과 화장으로 그녀를 만나고 싶었다. 상대가 보석디자이너라

기보다 그녀의 이름과 목소리에……

예상은 적중하였다. 빠져들어 갈 것 같은 눈과 빨강과 검정이 매치된 세련된 옷차림! 얼마 전 노르웨이 친구가 끼고 있던 반지를 디자인한 사람이 바로 그녀인 것에 섬짓 놀랐다.

**희숙:** 당신 마음속은 무엇으로 가득 차 있나요?
**엘리자벳:** 세계 속의 저를 느끼죠. 마음을 활짝 열어 사람들과 하루하루 좋은 이야기를 교환하고 사랑받는 베스트 스위트걸(Best Sweet Girl, 이 단어를 몹시 강조했다)이 되기 원하는 희망으로 가득 차 있어요. 그러나 자꾸 사회가 방해를 하죠.
**희숙:** 항상 최고가 됨은 재미없지 않아요? 희망이 없으니까요. 만나자마자 생의 의미를 묻는 이유는 당신을 보는 순간, 뭔가 강하게 느낀 것이 있기 때문입니다.
**엘리자벳:** 저는 인생의 음양설을 믿습니다. 즐거움과 기쁨, 죽음과 생명, 밤과 낮, 단지 밝음이 강하기 때문에 어둠이 보이지 않는 거예요. 반대로 어둠이 없으면 밝다는 관념이 없죠. 생의 의미는 작품과 인간미를 통해 다른 사람들, 특히 어린이들을 기쁘게 하는 것이에요. 전 세상을 아름답게 보고 싶어요.
**희숙:** 아름다움 속에서 더 아름다움이 창조되니까요. 자연 속에서도……
**엘리자벳:** 자연은 제게 있어 하나의 오케스트라입니다. 거기에는 크고 작은 악기가 필요하고 또 유니크하죠. 새들의 지저귐은 심포니의 일부예요. 그리고 음악·예술·시간·군중 심지어 실패한 보석디자인에서도 영감을 얻습니다. 왜냐하면 나쁜 디자인을 보면 빨리 리디자인하여 아름답게 창조하고 싶기 때문이죠.
**희숙:** 욕심이 많네요. 음악은 어떠세요?
**엘리자벳:** 음악을 통해 인생의 하모니를 느낍니다. 어떤 때는 감정이 넘쳐 조그만 새처럼 울기도 하죠. 격렬한 자기 표현적 록음

악보다는 클래식이 더 마음에 다가옵니다.

**희숙:** 남이 당신을 이해하는 것이 중요한가요?

**엘리자벳:** 아뇨. 저를 이해할 필요는 없어요. 저 자신이 저를 가장 잘 알고 제 안에서 즐기면 되죠. 그러나 디자인은 사람들과의 소통이 중요해요. 그들 마음속에 들어가 그들이 원하는 것을 만들어야 하죠. 그러면서 저도 그것을 좋아하게 되고, 훌륭한 작품이 창조된답니다. 제가 만일 한국에 가면 한국인들이 원하는 것을 알아내어 틀림없이 그들이 좋아하는 작품을 만들 거예요.

우리는 첫 와인글라스를 비우고 있었다. 나는 그녀의 반짝이는 눈에 홀리고 있었다.

**희숙:** 일을 하다 회의감이 생기나요?

**엘리자벳:** 열심히 일을 하는 것만이 제일 좋은 약이에요. 하고 싶었던 것을 회의감 때문에 그만두면 꼭 후회하고 말 테니까요.

**희숙:** 그런 면에서 우리는 비슷하네요. 외로운 적은?

**엘리자벳:** 없어요. 다섯 명의 아들과 사랑하는 남편·부모·친구·형제, 또 충분히 돈을 가지고 있습니다(디자이너가 많은 돈을 자백함은 드문 일이나, 자기 분수를 아는 그 사상에 부러움이 일었다). 돈을 많이 가짐은 행복합니다. 하고 싶은 작품을 할 수 있죠. 당신은 돈 없이 소망을 이룰 수 있나요?

**희숙:** 글쎄요. 돈이란 자유를 사기 위한 수단입니다. 당신은 그 점에서 타협주의자 같네요. 많은 예술가들은 팔리고 안 팔리고에 상관없이 자기 작품에 성실하다 보면 성공한다고 믿는데, 그것이 디자인과 순수예술의 차이겠죠.

**엘리자벳:** 타협? 저는 어렸을 때 방을 제 맘대로 했어요. 결혼을 하게 되니까 자연히 남편이 좋아하는 것을 만들게 됐죠. 그것이 나를 기쁘게 해요. 그가 기뻐하니까요.

투명한 엘리자벳의 눈을 닮은 글라스에 두 번째 와인이 담겼다.


**희숙:** 남편은 어떻게 사랑하게 되었나요?
**엘리자벳:** 15년 전, 레스토랑에서 그를 만났죠. 그날 저녁 집에 돌아와 생각하니 그야말로 내가 오랫동안 원한 남자였어요. 난 코트를 다시 걸치고 곧장 그에게 달려갔죠. 그래서 그를 얻었어요. 매일밤 잠자리에서 그를 쳐다보며 너무나 행복하답니다.
**희숙:** 많은 사람들은 행복이란 단어를 쉽게 쓰는 것 같아요. 칼부세는 행복을 찾으러 산 너머로 갔는데, 당신은 자주 행복을 느끼니 부럽군요.
**엘리자벳:** 우리는 항상 행복하고 하루하루가 굿데이여야 해요. 행복해야 할 권리와 또 행복하게 만들 재능을 가지고 있거든요.


엘리자벳은 상기된 얼굴로 화를 내는 듯하였다. 불행이란 단어가 그녀 마음을 거슬렸을까?


**희숙:** 당신을 보니 생을 새로 시작해야겠다는 마음이 생겨요.
**엘리자벳:** 행복은 생각과 관련됩니다. 세상일을 의미 있게 생각해보세요. 지금의 만남도 서로 만난 적이 있었던 윤회 때문이죠. 지금의 엘리자벳은 미스 리와의 엘리자벳이고 오늘 저녁은 남편과의 엘리자벳이고요. 행복하게 생각하면 행복해집니다.
**희숙:** 생을 긍정적으로 보는 당신의 성격은 어떤가요?
**엘리자벳:** 열려 있고 이해심 많고 친절하고 일을 열심히 하죠. 모든 사물에 관심 가지고 조그만 것도 이해할 수 있는 능력이 있습니다.
**희숙:** 그 점이 당신의 보석디자인에 영향을 끼치나요? 심플하면서 동시에 꿈도 느껴지고……

**엘리자벳:** 바로 그 점이에요. 최소한의 상세함에서 가장 심플하면서도 보석으로서의 기능을 가지고 있죠. 상세함이 아름다움을 파괴시킬 때는 저는 하모니와 콘트라스트를 제거해 버립니다.

**희숙:** 음양설로 돌아온 기분인데요. 완성 속의 미완성. 슈베르트의 음악이 생각나는군요.

**엘리자벳:** 저는 완벽주의자이지만, 디자인은 완전하면 재미가 없습니다. 덴마크 여왕이 제가 만든 손가락에 낄 수 없을 정도의 개미 같은 다이아몬드 반지를 산 적이 있었지요. 저는 열여섯 살의 젊은이들이 평생 사용할 수 있는 디자인을 만듭니다. 금을 많이 사용합니다. 좋아하는 사람과 춤출 때 그 손 위에 엊혀 있는 반지를 생각해 보세요. 당신의 눈처럼 보석도 아름다워야죠.

**희숙:** 당신의 '달콤한 기대(반지 이름)'를 오슬로에서 보고 디자이너가 누구인가 했었어요.

**엘리자벳:** 친구 약혼식을 위해 특별디자인을 했습니다. 금은 사랑이고 둥근 반지는 영원함이란 의미로 4백 년 전에 유래한 것입니다. 생각 끝에 반지 속에 또 다른 반지가 나타나는 디자인을 만들었어요. 대단한 성공이었죠. 보통 가격보다 두 배로 비쌌는데요. 일생에 한 번인 약혼반지인데 그 속에 사랑의 말을 쓸 수 있어요.

**희숙:** 자기도취나 자기 아이러니에 우리는 닮은 점이 많군요. 후배에게 할 말이 있어요?

**엘리자벳:** 디자이너는 사물을 관조하고 관찰하고 그 속에서 상세함을 발견해서 새로운 것으로 만들어 낼 줄 아는 능력이 필요합니다. 디자인은 예술과 수학 사이의 학문이죠. 젊은 디자이너들이 제 작품을 복사해서 저보다 더 나은 것을 만들면 저는 환영하고 기뻐요.


새 카세트가 끝나고 있었다. 그녀는 갑자기 엉뚱한 말을 하였다.

"미스 리! 처음 보는 순간 당신 뒷모습에서 무엇을 느꼈습니다. 그 검은 옷에서."

그녀와 헤어진 후 봄이 되었다. 나는 그 옷을 잘못 세탁하여 망쳐
버려 그녀와는 두 번 다시 못 만날 줄 알았다.

어느 날 전화 벨소리가 나의 방에 울렸다.

"안녕하세요. 엘리자벳입니다."

갑자기 윤회를 믿던 그녀의 말이 뇌리를 스쳐가고 있었다.

## 안네 마리에 베셸(1991. 4)

바람에 날리는 엉겅퀴 꽃씨처럼 가벼운 발레리나의 영상과 강인한 의식과 지성을 겸비한 후덕한 이미지의 수상부인이라는 두 얼굴을 지닌 안네 마리에 베셸(42, Anne Marie Vessel)! 북구의 작은 동화나라에서 정치와 예술계의 프리마돈나로 활동해 오고 있다.

1991년, 어느덧 성큼 가 버린 3월 끝에 매달린 따뜻한 봄날이라 관광객이 북적대는 티볼리공원과 스트러게드 상점가를 지나 '왕의 광장'이라는 콩겐스 뉘토브에 들어서자, 고풍과 현대적인 분위기가 교묘하게 어우러진 로열발레극장이 보였다.

　　그곳으로 발길을 재촉하며 코펜하겐의 각종 매스컴을 인상적인 아름다운 모습으로 장식한 여주인공을 떠올렸다. 발레팬들에게 사랑과 갈채를 받아 온 안네 마리에는 우리 시대의 신데렐라이다. 올해 6월 폴 홈스코브 슐리터(Poul Holmskov Schlüter) 수상인 부군과 함께 '해 뜨는 동양의 작은 나라' 한국을 공식방문하기 전, 코펜하겐에서 그녀의 사적·공적 생활과 예술관에 대해 직접 들어 보았다.

　　로열발레 학교장인 안네 마리에는 때마침 무용 연습복과 발레 슈즈 차림으로 다음 레슨을 위해 연습 중이었다. 화장기 없는 맑은 얼굴과 165cm 정도의 자그마한 체구, 우유 잔을 한 손에 든 채 스스럼없이 악수를 청하는 그녀에게서 친밀함이 전해져 왔다.

　　"저의 연습실이에요. 대부분을 이곳에서 춤추며 하루를 보냅니다. 여기 있으면 마음이 편하고 행복해요."

　　천장까지 거울로 장식된 고전풍의 창문 사이로 코펜하겐 항구에서 떠오른 오후의 포근한 햇살이 비춰 들어 꿈결처럼 아늑하였다. 그녀는 「호두까기인형」의 한 장면을 춤추듯 발끝으로 빙글빙글 돌며 발레 포즈를 몇 번 취하며 천진한 미소를 지어 보인다. 그녀처럼 앙증맞은 분위기가 풍기는 분장실 겸 사무실인 그녀의 방으로 자리를 옮기니 수상부인의 이미지는 한껏 뒤로 물러나고 발레에 몰입한 발레리나만이 보인다. 그녀의 생에서 발레는 어떤 의미일까 궁금하였다.

"발레리나가 되려면 강한 의지와 신체가 중요합니다. 몸매도 아름답고 음악에 대한 심취, 예술재능을 두루 갖추어야 해요. 세상을 다양하게 좋아하거나 많은 친구와 어울려도 안 됩니다. 그럴 시간이 없어요. 그렇다고 이기적이어서도 안 됩니다. 난 다행히도 강한 의지와 몸매를 타고났고 예술을 좋아하죠. 발레를 위해 일생을 살아왔고 그래서 발레만이 내 생을 얘기해 줄 수 있다고 믿어요."

노래 부르듯 읊조리는 그녀의 말소리가 인상적이다. 다소 평범한 얼굴과는 달리 그녀 목소리는 사람을 사로잡는 독특한 매력이 있다.

안네 마리에는 발레 지망생과 시간만 나면 바깥으로 나간다. 덴마크신화에서부터 시작하여 삶의 구석구석에 담겨 있는 아름다운 이야기를 그 매혹적인 목소리로 들려주며, 그들에게 선한 심성과 미를 향한 영감을 불어넣는다.

"무대에 섰을 때가 가장 행복해요. 관중에게 저의 사상을 전달하여 그들을 기쁘게 할 수 있기 때문입니다. 3년 전부터 교장으로 행정 일을 맡고 있지만 언제든 무대에 설 수 있어요. 또 무대연출과 발레를 가르치는 일도 즐거워요. 스무 살부터 발레선생으로 일해서 제가 지닌 것을 제자들에게 전해 주는 것만큼 멋진 일도 없답니다."

로열발레단 댄서였던 아버지 폴 베셀 크리스텐슨과 어머니 토베 슐츠 사이에서 1949년 5월 1일 태어난 안네 마리에는 어려서부터 한 쌍의 백조처럼 춤추던 부모의 모습 속에서 자신의 미래를 꿈꾸게 되었다.

"네 살 때였어요. 발레단장인 아버지에게 「나비부인」에 나오는 사내아이 역에 날 출연시키자는 제의가 왔어요. 당시 극단에는 사내아이가 없어서 짧은 머리에 사내아이처럼 생긴 저를 충분한 리허설 없이 무대에 세운 거죠. 오케스트라 음악에 맞춰 벌벌 떨며 춤춘 그 때가 바로 데뷔였어요."

일곱 살 때 현재 교장으로 있는 이 학교에 입학한 그녀는 열세 살이 될 때까지 학교의 낯선 분위기와 힘겨운 테크닉 연습으로 가장 고통스럽고 쓸쓸한 나날을 보냈다.

"그런 긴 시간 후에 찾아온 발레에 대한 애정은 걷잡을 수 없어요. 무대에만 올라서면 신세계에 들어선 것처럼 몸과 마음이 날아올랐죠. 발레는 저에게 모험과 사랑을 함께 안겨 주었어요."

매일 열두 시간에서 열여섯 시간 연습에 몰입한 안네 마리에는 흥얼거리며 노래를 부르거나 동료들과 가볍게 나누는 잡담을 좋아한다. 그녀는 주변을 늘 유쾌한 분위기로 이끌어 가는 성격으로 사랑받아 왔다. 프리마돈나로서의 시작은 1970년 초에 「졸업무도회」, 「한여름밤의 꿈」, 「수업」 등에서 주연을 맡으면서 덴마크의 가장 활동적인 발레리나로 인정받게 되었다.

발레계에서 명성을 누리며 덴마크인의 사랑을 받아 온 안네 마리에는 뒤늦게 수상 슐리터의 마음을 사로잡아 그의 사랑과 수상부인이 되는 기회를 얻었다. 수상을 만난 것은 3년 전 학교기숙사 건립 기금을 모금하고자 여왕과 유명인사, 발레를 사랑하는 사람들이 참석한 때였다. 공연이 끝나고 교장인 안네 마리에가 연설하자 앞좌석에 앉아 조용히 듣고 있던 수상이 관심 있게 그녀의 말에 귀를 기울였다. 수상은 그녀의 매력에 사로잡혀 두 사람의 사랑은 삽시간에 타올랐다. 1989년 7월 21일 떠들썩한 매스컴과 호기심에 가득 찬 국민의 초점에 잡혀 화제의 결혼식이 거행되었다.

"생의 새로운 전환기였죠. 3년 전에 세상을 떠난 수상의 전 부인을 국민들은 사랑했어요. 저도 그분의 온화한 미소를 잊을 수 없습니다. 하지만 폴에 대한 애정과 존경심을 억제할 수 없었고 폴의 사랑도 거절할 수 없었어요. 흘러가는 물처럼 사랑도 가로막을 수 없는 것 아닐까요?"

그녀에게서 어려운 고비를 넘어선 수상부인의 자리가 결코 신데

렐라의 꿈같이 화려하고 달콤한 것만은 아니라는 느낌이었다. 정치가는 발레리나보다 내조만을 하는 부인을 원하지 않겠냐고 슬쩍 던져 본 말에 다소 무거웠던 표정을 던지듯 그녀는 환한 웃음부터 먼저 보낸다.

"글쎄요. 계획의 문제라고 봐요. 폴과 저는 늘 꽉 짜인 스케줄이 있어요. 이번 한국 방문도 1년 전에 계획되었는데, 학교 시작이 8월이라 방학을 이용한 거죠. 남편의 공식파티도 주로 공연이 없을 때를 이용합니다. 언뜻 남들은 고개를 갸우뚱하지만 폴은 발레가 저의 생에서 얼마나 중요한지 알기 때문에 신경을 씁니다."

그렇다고 그녀가 자신의 일만 고집하거나 남편의 사회활동에 무관심한 것은 아니다. 수상남편이 수행해야 할 갖가지 일에 그녀가 지닌 해박한 지식으로 조언을 아끼지 않으며, 피곤한 그에게 편안한 안식처와 예술의 즐거움을 제공하는 아내의 역할에 충실하다. 몇 년 후면 정치 일선에서 물러나 연금자가 될 남편의 미래를 계획하면서 안네 마리에는 폴과 함께 자유시간을 기대한다. 스무 살 연상인 남편의 취미 역시 자신이 좋아하는 골프와 여행이다.

10년 넘게 골프를 쳐 온 폴은 프로급이에요. 얼마 전부터 저도 이틀에 두 시간씩 그에게서 골프를 배우기 시작했지요. 처음에는 발레 테크닉을 배울 때처럼 힘겹더니 요즘은 골프처럼 즐거운 스포츠가 없다는 생각이 듭니다."

슐리터 수상은 또 수준급 솜씨로 피아노를 치며, 예술애호가이다. 스트라우스, 바그너, 모차르트를 특히 좋아하는 그는 클래식에 몰두해 있고, 안네 마리에 자신은 뭐든 좋아한다.

"음악은 발레와 아주 밀접해서 음이 곧바로 동작으로 연결됩니다. 클래식도 좋지만 덴마크 민속음악, 재즈, 에디트 피아프의 음악이 아주 마음에 들어요. 그들이 노래하는 모습이나 가사가 인상적이에요."

생의 의미를 예술과 사랑에서 찾고 있는 그녀에게는 남편과 팔짱을 끼고 정원이나 근처의 아름다운 자연 속에서 산책할 때가 행복한 시간이다. 영감을 얻으며 남편의 애정을 확인한다. 채소에 레드와인이나 맥주를 좋아하는 소박하고 매력 있는 수상부인은 최근 여왕을 위한 발레공연 준비로 분주하다. 덴마크역사를 그린 작품으로 그녀는 역사공부에 많은 시간을 보내고 있다. 시간이 없어 평소에는 책을 많이 읽지 못하지만, 정치가의 아내로서 다른 나라를 이해하고 세계정세의 흐름을 파악하기 위한 노력은 게을리 할 수가 없다.

남편의 전 부인 태생인 세 아이와 자신이 전 남편과 사이에 둔 다섯 살 된 아들 니콜라스에게 많은 시간을 내줄 수 없어 안쓰럽다는 그녀는 하루 일과의 대부분을 극장과 학교에서 보낸다. 그녀의 활동이 남편의 자상한 이해 없이는 불가능함을 누구보다 잘 알고 있어 남편에 대한 자부심과 자랑이 대단하다.

"폴은 멋진 사람이고, 무엇보다 인간적이지요. 또 예술적 안목을 지닌 훌륭한 정치가여서 국민에게 사랑받는 수상입니다. 매우 따뜻한 성격이지만 드러내 놓는 찬사를 싫어하는 완고한 면도 있어요."

세계적인 발레단에 우수한 발레마스터를 배출해 온 2백 년의 전통과 명성을 지닌 발레스쿨의 교장인 그녀는 오후반에 참석해야 한다면서 친밀한 몸짓으로 손을 내밀었다.

나는 학교를 나와 눈부신 봄 햇살을 받으며 서둘러 오슬로행 여객선을 타고 돌아오는 동안 "발레예술을 자신의 이상을 성취시키는 매개로 생각해 왔다"는 그녀의 말이 계속 머릿속에 맴돌았다.

"품위와 개성이 빠져 버린 묘기와 같은 발레는 이상을 성취시키기보다는 예술을 변질시킨다고 믿습니다. 인생도 마찬가지죠. 품위와 개성을 가지고 원하는 일에 몰입하면 어떤 삶이든 값어치 있다고 생각합니다."

여왕보다 평범한 예술가로 기억되고 싶습니다

## 마그레테 Ⅱ세(1991. 7)

여왕은 눈이 시릴 만큼 푸른 북구의 독특한 풍경과 프랑스의 부드러운 자연을 마치 숨 쉬듯 자연스럽게 화폭에 담았다. 전통적인 군주의 이미지를 벗고 평범한 국민의 마음을 닮으려 노력해 온 여왕의 예술세계와 가정생활을 지면에 옮겼다.

덴마크는 여전히 『인어공주』를 낳은 동화의 나라로 존재한다. 그 덴마크인에게 행운을 부르고 고상한 마음을 지니며 지혜에 불붙이는 상징적 존재가 바로 마그레테(Margrethe) 2세이다.

최근 여왕의 유화·수채화·드로잉 및 교회장식용 텍스타일 등 창작품 120여 점이 노르웨이에서 전시되어 화제가 되었다. 오슬로에서 두 시간 남짓 떨어진 '푸른색 공장'이라는 블라파르 베베르켓 갤러리에서 열린 여왕의 세 번째 개인전이다. 그 옛날 푸른색이 도는 귀금속을 캐낸 광산으로 유명한 이 마을은 미풍에 너울거리는 황금빛 수선화가 흐드러진 아름다운 봄 풍경으로 1991년 5월 10일부터 9월 30일까지 계속될 이 전시회의 서막을 화려하게 수놓고 있다.

20여 년 동안 몰두해 온 그녀의 아름다운 작품세계가 세상에 선보인 것은 1987년 덴마크 커피뮤지움이었다. 그 후 여왕은 순수한 자연세계를 정감 어린 터치로 그리면서 추상과 관념의 세계에서 놓여난 아름다움을 표현하였다. 인기를 모으자 여왕은 스웨덴의 율고든에 이어 노르웨이에서 전시회를 열어 자신의 작품을 선보였다.

개막식 날에 노르웨이 손야 왕비와 나란히 나타난 마그레테 여왕은 취재차 몰려든 기자들과 북적대는 관람객 등에게 둘러싸여 자신의 작품에 대하여 설명해 주었다.

"여기 니포숨에서 전시회를 부탁받고 무척 기뻤습니다. 작년 손야 왕비와 이곳을 여행한 적이 있는데, 아름다운 전원을 배경으로 서 있는 3백 년이 된 통나무 갤러리가 인상적이었습니다. 겨울스키를 즐기면서 설야·절벽·능선·협만 등 인간의 발길이 닿지 않는 태초의 모습을 한 노르웨이의 산에 완전히 사로잡혔죠. 여기서 작품을 전시하고 싶다고 생각했는데, 이렇게 전시회를 열게 되었습니다."

여왕의 태도에는 권위적 분위기나 환상적인 이미지와는 달리 자신의 작품을 조심스럽게 대중 앞에 내놓으며 날카로운 비평을 가슴 졸이며 기다리는 평범한 예술가의 그것을 닮아 있었다.

그녀는 세심한 예술 감각으로 아름답고 매력적인 이곳의 분위기에 어울리게 작품을 통나무로 만든 심플한 액자에 넣어 작품 전체가 하나의 완성된 자연으로 녹아들게 손수 배치해 놓았다. 특징적인 스칸디나비아와 프랑스의 자연에서 영감받은 풍경화들이 주류를 이루고 있다. 코펜하겐의 아밀리엔부르크성에 있는 아틀리에가 바로 그녀의 작품이 태어나는 산실이다.

여왕의 삶과 예술이 어울려진 이 궁에는 천사의 날개 같은 새벽 햇살이 창문 사이로 스며들고, 울창한 나무로 가득한 숲으로 둘러싸인 바닷가가 내다보이며 배들이 돛을 하늘로 향해 솟는 모습이 한 폭의 그림처럼 펼쳐져 있다. 여왕은 눈앞에 펼쳐져 기쁨과 희열을 일으키는 이러한 자연을 숨 쉬듯 자연스럽게 화폭에 옮겨 놓는다.

작품에는 그녀의 긍정적인 인생관을 보여 주듯 어두운 그림자가 드리워 있지 않다. 즐겨 쓰는 밝은 색조는 바로 생 그 자체이다. 그래서 교황의 성복과 교회 실내 텍스타일 등에 구원과 사랑을 갈망하는 이미지를 부여하고자, 그녀의 눈빛을 닮은 그윽한 푸른빛이 변주되어 있다. 근원을 알 수 없는 바람결과 물결소리에서 하나님의 존재를 알게 되는 순간의 빛을 푸른색으로 표현하였다.

여왕은 그림이나 텍스타일 외에도 하나님에 대한 외경심을 주제로 한 톨킨의 작품에 감명받아 일러스트레이션에 몰입, 70여 점을 완성하였다. 이번 전시작품의 대부분을 차지하는 드로잉에서 인간적인 약점을 극복하고 지극한 하나님의 은총을 추구하는 순례자의 모습과 예술가로서의 부단한 노력을 엿보게 된다.

"한 작품이 완성되려면 많은 시간이 소요됩니다. 처음에는 그리고자 하는 자연에 푹 빠져 그 자체를 고스란히 누리죠. 그 다음 거리를 두고 관망하면서 첫인상의 기억이 마음속에서 완전히 용해되면 혼자서 아틀리에에 틀어박힙니다. 직접 그 장소에서 그림을 그린 적이 없어요."

마그레테 여왕 2세는 천 년의 역사가 숨 쉬고 있는 세계에서 가장 현대적인 덴마크왕국을 대표한다. 1953년 공주도 왕위를 계승할 수 있다는 법이 통과되어 1972년 서른한 살의 나이로 선왕인 프레데릭

9세를 따랐다. 다재다능한 공주의 왕위계승은 1375년에서 1412년 덴마크를 부흥시켰던 신화적인 마그레테 여왕 1세를 제외하고는 560년 동안 이어져 온 왕자계승의 전통을 깼다. 이는 덴마크 부흥을 꿈꾸며 우리 시대에 불고 있는 남녀평등의 의지를 보여 준다.

여왕은 위압적인 군주의 이미지를 벗고 적극적이고 실질적인 국가 임무수행을 하며 평범한 국민의 마음을 닮으려고 노력해 왔다. 가난한 이웃, 잊히기 쉬운 노인, 버림받은 사람에게 사랑을 베풂을 신조로 정치 활동하여 국민의 신뢰와 사랑과 인기를 받아 왔다. 덴마크인이 여왕을 좋아하는 또 다른 이유는 예술재능 때문이다. 일러스트레이션을 비롯해서 발레, 연극의상, 우편 디자인까지 그녀의 재능은 국민의 일상과 문화생활 곳곳에 스며들어 있다.


마그레테 여왕의 풀 네임은 알렉산드리네 노르힐두르 잉그리드 마그레테이다. 알렉산드리네는 할머니의 이름에서, 노르힐두르는 덴마크가 독일 점령하에 태어난 것을, 잉그리드는 어머니 이름을 따온 것이다. 마그레테는 1940년 4월 16일 프레데릭 9세와 잉그리드 왕비 사이에서 세 자매 중의 맏딸로 태어났다. 그날은 독일이 덴마크를 점령한 일주일 후여서 국민은 그녀의 출생을 '어둠 속의 광명'으로 믿으며 해방을 기다렸다.

어린 시절 여왕은 여동생 베네딕트 그리고 마리와 함께 궁전에서 교육받다가 코펜하겐고등학교에 입학하였고 그 후 코펜하겐대학, 오르후스, 파리, 런던의 대학에서 역사·정치·경제학을 공부하며 앞으로 물려받게 될 통치자로서의 자질을 닦았다. 고고학과 미술에 대해 심오한 조예를 지닌 외할아버지이며 스웨덴국왕 구스타프 6세의 영향을 받아, 정치안목을 기르는 학문 외에도 고고학에 관심을 갖고, 예술에 대한 남다른 미학을 세우며 자기만의 세계를 만들어 갔다.

런던대학에 다니던 무렵 여왕은 영국대사관에 근무하던 프랑스의 젊은 외교관인 헨리 드 라보르데 몬페자 백작을 만났다. 훗날 여왕은 "지평선이 온통 불타오르는 듯했다"며 당시 백작과의 첫 만남을 회상했다. 여섯 살 연상인 그는 유머감각을 지닌 예술애호가로 다정다감한 마그레테 여왕을 사로잡아 1967년 성대한 결혼식을 올렸다. 덴마크식 이름인 헨릭 왕자로 바꾸고 현재 덴마크 수출, 적십자, 세계 야생동물협회와 덴마크와 프랑스 간의 문화교류에 힘쓰며 아내인 여왕이 짊어진 정치활동을 돕는다.

여름이면 그들은 풀 냄새와 포도향기에 묻혀 프랑스 카호르의 드 카이스 성에 드넓게 펼쳐진 포도밭을 재배하여 순수한 와인을 직접 만들며 전원생활을 즐긴다. 북구의 기나긴 겨울밤에는 왕궁에 칩거하여 시몬느 드 보봐리의 『모든 인간은 죽는다』를 덴마크어로 번역한다. 부부는 아름다운 프랑스 산문을 번역하면서 서로 간의 애정이

나 숨겨진 재능을 확인하는 즐거움을 인생의 최고 덕목으로 생각한다. 현재 스물세 살인 프레데릭 왕자와 연년생인 요아킴 왕자는 여왕에게는 또 다른 기쁨과 삶의 동기이다.

"두 아이들은 어린 시절부터 붓과 캔버스를 들고 돌아다니는 나를 달갑게 여기지 않았어요. 아이들이 갖게 마련인 독점적인 사랑을 못 받아 불만스러워했습니다. 하지만 갖가지 색으로 하얀 화폭이 메워지는 것을 늘 보아 둔 그들은 어른이 되어서는 색 감각에 눈을 뜨고 세상의 아름다움을 배우게 되었다며 오히려 좋아하더군요."

그녀에게 그림에 대한 열정을 불어넣어 주며 끊임없는 자극제가 되었던 것은 예술에 대한 전문식견을 지닌 남편의 충고와 지지였다. 그녀는 여왕이라는 후광을 업은 지나친 찬사나 갈채를 받는 예술가이기를 거부하며 늘 날카로운 비평을 원한다.

"예술은 그저 여가를 때우는 단순한 의미가 아니라 내 생에서 중요합니다. 솔직하고 정확한 비평을 받고 싶어요. 그것만이 내 예술 활동에 의미 있는 가치를 부여할 수 있기 때문입니다."

그녀는 여왕이라는 자리 때문에 작품의 질에 상관없이 고가로 팔리는 것을 알고 상업적으로 그림을 파는 것을 사양해 오고 있다. 자기예술에 대한 고집만이 화단에 떳떳한 화가로 오를 수 있다.

"어려서는 아버지의 초상을 그리던 하랄드 하센에게 기초를 배웠고 그 후 달 부인과 마벨 로제 선생님에게 사사받았습니다. 비록 화가로 세상에 발을 내디뎠지만 무엇보다 덴마크를 대표하는 여왕으로서 공식임무를 더 충실하려고 노력합니다."

올해 쉰한 살이 된 마그레테 여왕은 스칸디나비아에서는 우리의 환갑만큼이나 인생의 가장 큰 축제인 쉰 살 기념 축하행사로 특별 전시회와 자서전이 발간되었다. 예술가와 여왕이라는 자리에서 그녀는 자유로운 예술세계와 적극적인 정치활동을 통해 국민에게 생은 예술만큼이나 아름다운 것임을 직접 보여 주고 있다.

짙푸른 녹음 속에서 불어오는 바람결에 수선화를 배경으로 취재기자를 떠나보내는 여왕의 치맛자락 곁에는 제노비라고 불리는 애완개가 고리를 흔들며 컹컹 짖어댄다. 그것은 여왕의 그림을 보듯 자연스럽고 평화로운 풍경으로 오랫동안 망막에 잡혀 왔다. 마그레테 여왕은 잃어버린 동화와 영광을 덴마크인에게 안겨 줄 여왕임에 분명하다.

아이슬란드
ICELAND

# 화산과 사가 문학, 그리고 쾌락주의

## 아이슬란드(1991. 12)

　스칸디나비아에서 가장 북극권 내에 있는 아이슬란드는 우리에
게 그다지 알려져 있지 않다. 지리적 고립 속에 탄생된 사가 문학과
진보적인 여성 민주주의는 이 나라의 상징이다. 화산, 온천과 불규
칙한 기후로 인한 극심한 인플레이션에 쾌락주의를 낳은 오로라가
빛나는 아름다운 섬이다.

세계에서 가장 아이스크림을 많이 먹는다고 아이슬란드로 했을까?

1987년 후 나의 두 번째 방문이 되는 1991년 11월, 북극권에 가까운 이곳에 비행기는 도착했다. 멀리서 20년마다 터지는 지옥의 입구 헤클라 산이 화산을 조용히 기다리고 있었다.

제2차 세계대전 후 나토의 일원으로 미군이 주둔해 있는 케플라비크 공항을 지나 수도 레이캬비크로 버스는 달린다. 스칸디나비아의 울창한 산림과 달리 나무는 거의 찾을 수 없으며 군데군데 화산에 터져 나온 암석이 지구의 역사를 말해 주는 듯하다.

20세기의 독립국가라 모든 것이 현대적이다. 지리상 고립되어 외부문화에 물들지 않은 야만인일 것이라는 나의 편견에 미안함을 느꼈다. 젊은 시절 세계 각처에서 공부하고 돌아와 조국을 위해 공헌하는 아이슬란드인들의 현대성은 쇼윈도의 명품이 증명해준다.

북극과 열대성 공기가 합쳐 항상 비가 내려 때로는 심한 바람에 하루아침 집을 잃고 생필품이 몇 배로 올라가는 나라이지만, 이 순간 북극의 오로라를 보며 가로등 사이로 첫 일이 끝나고 다음 직장으로 향하는 시민들의 발걸음은 바쁘다.


나는 약속된 인터뷰와 여행을 앞두고 소개받은 여성에게 전화를 하였다. 1989년 3월, 74년 만에 맥주수입이 이 나라에 가능해졌음을 환영한다는 의미인지, 그녀는 맥주를 말린 대구포에 버터를 곁들여 대접하였다. 딸이 인사를 하자, "저는 미혼모예요. 혼자 사는 여성들이 많아요. 옛날에는 어업을 하는 남편들이 심한 풍랑으로 목숨을 잃는 경우가 많았죠. 지금은 여성해방"이라며 미리 신분을 방어한다.

다음 날, 나의 안내원은 스웨덴에서 공부를 마치고 이곳 방송국에서 일하는 기자였다. 과연 듣던 대로 아이슬란드인들은 과반수가 두 개의 직장을 가지고 있다.

나는 여기서 두 시간 떨어진 세계적인 온천지 블루 라군으로 향하며 몇 년 전 대통령 인터뷰에 와서 충분히 듣지 못한 이 나라에 관해 듣기 시작하였다.

"노르웨이인 잉골프 아나손이 874년 도착, 바이킹 시기를 거쳐 14세기에 법이 정해지며 덴마크 통치 아래 있었죠. 치열한 독립운동으로 1918년 자치권을, 1944년 6월 17일에 마침내 아이슬란드 공화국이 되었습니다."

언덕을 따라 달리니 멀리 신도시가 보인다. 인근 도시 하프나르피에르뒤르와 코파보귀르를 합해 전 인구의 2분의 1을 차지하는 인구 9만의(2011년 현재 12만) 레이캬비크는 스모크베이(Smoke Bay)라는 뜻이다. 처음 이곳 정착자가 뜨거운 온천에서 흘러나오는 증기를 보고 이 이름을 정했지만, 최근 들어 스모크레스 시티(The Smokeless City), 즉 공해오염이 없는 도시란 별명이 생겼다. 그들이 사용하는 언어는 변경되지 않은 12세기 옛 노르웨이어이다. 지리적 고립으로 중세기 문자가 그대로 보존되었으며, 언어의 순수성을 보호하기 위해 새 문자와 단어들이 만들어져 신화와 함께 그들 문학을 세계적으로 올려놓게 되었다.

절대 전능의 신, 지혜의 신, 기적의 신인 오딘에 의해 세상은 지배되며 신들 중에서 가장 힘이 센 두 마리 염소를 이끈 마차로 땅과 하늘을 돌아다니는 그의 아들 토르신! 대지의 신이 어머니인 이 토르신은 세 가지 보물을 간직한다. 거인을 살해하고 돌을 깨는 해머, 그의 힘을 두 배로 증가시키는 힘의 끈, 그리고 이 지독한 해머를 잡게 해 주는 철제장갑으로 로마신화의 헤라클레스와 비교된다.

그에 관한 신화가 풍속이 되어 있다. 토르는 옛 캘린더로 겨울의 네 번째 달인 1월 19일, 25일에서 2월 18일, 24일인데 겨울이 가고 봄이 온다는 뜻으로 이날이 되면 전통적 음식인 훈제 산양, 마른 생선, 시큼한 피, 간 소시지, 고래 기름, 압제된 고기를 강한 술과 함께 마신다. 미보튼 호숫가 마을사람들은 지난봄에 계란을 저장해 두었다가 나중에 삶은 치즈 맛의 썩은 계란을 먹는다. 북쪽지방은 토르의 첫날을 '남편의 날'이라 부르고 이날은 남편을 지극히 섬긴다.

문맹률이 매우 낮으며 시인을 국왕처럼 대접하며 책 출판이 왕성한 아이슬란드는 20세기 노벨문학상을 탄 할도르 킬찬 락스네스의 작품을 즐긴다. 의무교육이 열다섯 살이나, 그들은 방과 후 일을 하므로 다른 나라에 비해 학교 공부시간이 짧다.

　잠시 잠겨 있던 생각에서 깨어나 보니 자동차는 시내 중심에 있는 가장 높은 건물 앞에 정거하였다. 1950년에 시작, 86년 완성된 할그리마교회로 시인 할그리무르 페투르손이 그의 「신을 향한 열정」을 기념한 것이다. 11세기 기독교가 들어오고 1550년 종교개혁으로 가장 오래된 교회는 1750년의 북부지방의 홀라교회이다. 레이캬비크 시만 해도 20개의 신교와 두 개의 가톨릭교회가 있지만 93%의 신교도들은 교회에 등록만 하였지 실제로는 교회에 잘 가지 않는다. 아마 사회복지국가여서 구태여 하나님에게 빌 필요가 없어서일까?
　높은 교회를 카메라에 담고 있는데 옆에 일본인들이 지나간다. 여기서까지 동양인을 만나니 우선 반가운 마음이 든다. 그들은 이곳의 유명한 국회법을 공부하는 학생들인 것 같아 얼마 전 아이슬란드 여성당수 아그나스도티르가 안내하던 국회의 모자이크 창문을 기억해 내었다.
　국회 알팅(Althing)은 세계 최초의 것으로 930년 발족, 국회의 할머니(영국 웨스트민스터는 국회의 어머니)라 부른다. 왕이나 군주가 나라를 민주적으로 다스리는 입법기관이 정치문제나 사회행사, 행정을 논의했는데 그 구성은 신화에서 보는 것처럼 대변자 오딘과 열두 명의 신들의 제도를 본뜬 것이다.

'아이슬란드' 하면, 비그디스 핀보가도티르 여대통령을 연상한다. 입법권한을 가져서 국회법을 사인하거나 거절하고 나라를 대표하는 그녀는 세계에서 처음으로 직선제로 뽑힌 대통령이다. 어릴 때 배선장이 되어 세계를 구경하는 것이 꿈이었다는 그녀는 레이캬비크 시 연극단의 책임자로 있다가 주위의 권유로 대통령에 당선되었다. 젊은 시절 나라를 더 알기 위해 관광안내원, 프랑스어 강좌를 들었고 대통령 출마 전에는 아이슬란드의 자유를 위해 나토군 철수를 요구하기도 하였다. 3차의 임기로 10년 동안 대통령 자리를 보위한 실력가이며 인격자로 교육의 절대중요성을 역설한 문화 찬양자이다.

그녀의 대통령 당선은 이 나라에 여성 민주주의가 자리 잡았음을 뜻한다. 의사였던 남편과 이혼, 양녀를 최초로 가진 미혼모로서 그녀의 인기는 절대적임을 국민들의 눈빛에서 알 수가 있다. 미인이 많이 태어나는 이 나라는 미로써 남성을 능가할 뿐 아니라, 여성의 사회참여로서 그들의 지위를 지켜 나가고 있다.

우리가 탄 차는 이제 시내를 빠져 나와 본격적으로 황야를 달렸다. 아이슬란드는 유럽에서 두 번째 큰 섬으로 평면적이 10만 3천km²인데 이 중 1%가 경작이 가능하고, 방목지(20%), 호수(3%), 모래(41%),

빙하(12%), 용암(11%), 나머지는 화산지역과 바위층이다. 2,119km 높이의 바나달스무크르 산, 8,400km$^2$에 두께가 100m, 일곱 개의 빙하를 가진 유럽에서 제일 큰 바트나요클과 함께 남쪽을 제외하고 전국 해안에 펼쳐져 있는 피오르가 장관을 이룬다.

중세기, 지옥으로 사람이 반드시 통과해야 할 헤클라 화산은 1,491m 높이로 20년마다 화산이 터지는데 이럴 때마다 세계적으로 큰 사건이 일어났으며, 올봄 이라크전이 발발할 때도 약간의 기미를 보였다. 1947년에 일어난 폭발은 3만m로 용암이 600km$^2$를 이루었고 13개월 동안 계속되었으며, 1980년이 마지막이다.

멀리서 온수가 터지는 소리에 도착지가 가까워져 옴을 느끼며, 나는 왜 이렇게 안개가 많을까를 중얼거렸다. 옆에서 운전하는 안내원은 유명한 블루 라군의 온천에서 나오는 자연증기라고 한다. 호텔 수돗물에서 나는 유황냄새로 구정물이 아닌지를 의심했던 내 어리석음! 오늘 새벽, 세 가지의 다른 온도(평균 45도)의 물로 채워진 옥외수영장에서 매끈한 피부를 가진 아이슬란드인들의 몸을 훔쳐보던 경험이 되살아났다.

5분마다 한 번씩 터지는 스토르쿠르 가이저 외에 전국에 수백 개나 되는 온천물의 평균온도가 75도이며, 가장 뜨거운 다아알퉁바르 온천은 1초에 200리터를 뿜는다. 주택전력의 대부분을 온천에서 끌어오며 나머지는 수영장·학교·산업체 등에 사용하는 이 나라는 자연에서 복과 화를 동시에 누린다고 할까?

블루 라군을 떠나 돌아오는 차창 사이로 그린하우스가 보인다. 옛날에는 이곳에 숲이 있었으나 여러 번의 화산으로 소멸돼버려 대신 인공숲을 조성하였다. 2차 대전 후, 아이슬란드에는 "나뭇가지 아래마다 처녀가 있다"는 말에 유혹되어 이곳에 온 미군들은 처녀는커녕 나무조차 발견하지 못했다는 이야기가 있다.

세상의 중심인 이그드라실에는 거목들이 지옥과 천당을 향해 뻗어 있어 윗가지에는 독수리가, 뿌리 밑에는 큰 뱀이 살면서 서로 싸웠으며, 그럴 때마다 민첩한 다람쥐가 나무 위아래로 오가며 서로의 욕을 전해 주었다는 신화가 전해 내려온다.

한참 광야를 달리니 멀리서 외로운 말들이 자유분방하게 떠돌아다니고 있다. 원종은 외국에서 들어왔으나 외래종과 교배하여 유행병이 없는 조그맣고 힘센 튼튼한 말이다. 예전에 이 말들은 산양을 지키러 가는 농부를 높은 고지에 태워주는 역할을 했지만, 신기술 도입으로 농업이 감소됨에 따라 경기용 말로 변하였다.

나는 관광객이면 잊지 말아야 할 기념품을 물었다.

"아이슬란드 산양털로 만든 스웨터를 모르세요? 또 어류만 해도 열다섯 종류인데 고등어·대구·삼치와 민물고기인 연어·숭어로 수

출의 다반수를 차지하죠. 어류는 심장병을 50%나 감소시킨다나요."

아이슬란드는 예상 밖에 현대적이라고 마침내 나는 토로하였다.

"기술과 컴퓨터입니다. 어업이 아니라……. 화제가 바뀌었지만 우리 민족은 나라에 대한 자부심이 대단해요. 성격도 개방적이고 새것을 모험하려는 태도, 부지런함, 유학 후 꼭 귀국하여 사회봉사, 이것이 발전의 원인입니다."

그녀의 말에 부러움을 느끼며, 다음에는 기차여행과 디스코장에도 가야겠다고 하니 그녀의 눈이 휘둥그레진다.

"기차라니요? 기차는커녕 군대도 없어요. 유럽에서 제일 큰 디스코장이 작년에 폐쇄되었습니다. 대신 금지되었던 맥주를 제가 대접하죠."

그녀도 어제 만난 여자친구처럼 똑같은 말을 반복하였다.

짙은 황혼이 북극에 가까운 레이캬비크 市와 그녀와 헤어지는 내 자그마한 몸체를 아름답게 감싸주고 있었다.

*행복은 자신에게 주어진 삶을 인정하는 것입니다*

## 비그디스 핀보가도티르(1987. 10)

세계 헌정사상 최초로 직접 민주선거에 의해 여대통령으로 선출됨으로써 여성운동의 분기점을 마련한 핀보가도티르 여사. 가장 이상적인 민주주의체제를 갖춘 나라로 손꼽히고 있는 아이슬란드 공화국을 이끄는 독신의 여대통령을 한국에서는 처음으로 인터뷰했다.

비그디스 핀보가도티르(57, Vigdis Finnbogadottir) 여사를 방문한 것은 1987년 8월 11일이다. 모처럼 만의 청명한 날씨가 마치 오래전 헤어졌던 친구를 만나는 듯한 설렘과 흥분을 불어넣고 있었다. 여사의 집무실은 작년 10월 미소 정상회담이 열림으로써 세계의 이목이 집중됐던 수도 레이캬비크 市 중심가에 자리 잡고 있었고, 얼핏 대통령 집무실이라 믿어지지 않을 만큼 빛바랜 회백색 건물이었다.

이 건물은 2백여 년이 된 것으로 아이슬란드 근대사의 변천을 한 몸에 간직하고 있는 유서 깊은 곳이다. 초창기에는 감옥, 그 후에 족장관저, 금세기에 들어와서는 수상관저로 사용되는 등, 국가와 사회체제의 변화와 함께하였다. 집무실의 분위기 역시 건물 외양과 크게 다르지 않다. 서가를 가득 메우고 있는 장서와 나폴레옹 시대의 클래식 가구를 제외하면, 특별히 눈길을 끄는 것이 없이 평범하다. 안내를 받아 안으로 들어서자, 반갑게 맞이해 주는 비그디스 여사는 부드러운 금발의 미인이었다.

**희숙:** 만나 뵈어 영광입니다.
**비그디스:** 저 역시 이런 자리를 갖게 됨을 대단히 기쁘게 생각합니다. 88올림픽 개최국인 한국에 저의 나라를 알리게 될 계기를 마련해 주신 것도.
**희숙:** 정당에 가입하신 적이 없으며 문화, 예술 등 비정치적인 분야에서 활동하셨습니다. 1980년 대통령 선거출마는 상식적으로 갑작스러운 일로 여겨지는데, 특별한 계기가 있었습니까?

**비그디스:** 대통령이 되겠다고 나선 것은 자신의 의지보다는 주위의 강력한 권고 때문입니다. 사실 저는 정치에 관심이 없었고, 대통령을 생각해 본 적이 없었습니다. 연극과 대학강의에 만족하며 그 분야의 발전에 전력을 기울였을 따름인데……. 선거에 즈음하여 매스컴에서 세 명의 남자와 저를 후보로 거론하더군요. 처음에는 몹시 당황하고 화가 났지만, 주위의 끊임없는 권고와 설득으로 출마를 결심하게 됐습니다. 그들은 저의 당선 가능성보다, 여성이 나서야 할 필요성과 국가발전에 이바지할 수 있다는 자신감을 일깨워 주는 기회로 저를 설득했습니다.

주위의 권고에 출마를 결심한 후, 대통령이란 자리에 관심을 갖게 되었다고 여사는 술회한다. 권좌에 매력을 느꼈음이 아니라, 미지의 직업과 그 분야에 대한 순수한 호기심이다. 실제 아이슬란드 대통령은 국가공무원처럼 군림하는 자리가 아니고, 국민에게 봉사하는 자리이다.

선거유세에서 그녀는 "나는 국가를 위해서가 아니라 나를 원하는 사람들을 위해서 일어섰다. 나는 그들의 대변인이다"라는 캐치프레이즈로 많은 유권자의 갈채를 받아 비정치적 성향을 보여 주었다.

비그디스 여사가 강조하는 내용 중의 하나는 아이슬란드에 있는 NATO(북대서양조약기구) 미군기지의 철수이다. 그 점에 좌파라는 오해를 받자 "어느 국민이 자기 나라에 외국군대가 주둔하는 것을 좋아하는가?"라고 반문하였다. 군대 유지비용으로 세계보건기구(WHO)나 사하라사막의 개발에 힘씀이 세계평화에 도움이 된다는 주장이었다. 또 아이슬란드를 지키는 것은 군대나 무기가 아니라 고유의 언어와 문화라고 역설하였다.

대통령 취임 후, 그녀는 이 소신을 국정에 반영하여 1982년에는 "대통령이란 자리는 절대적으로 비정치적이다. 정치란 차라리 서정적인 것"이라는 이색주장의 철학을 재과시하였다. 1980년 선거에서 여사는 총 투표수의 34%를 얻어, 세 명의 남자후보들을 물리치고 제4대 대통령으로 선출되었다. 정치배경도 없는 무소속 후보가 승리했다는 사실이 이례적이고 획기적이었으나, 직접선거에 의해 여성이 대통령에 당선된 점이 더 의미가 있었다.

이것은 세계 헌정사상 최초의 일로 아이슬란드는 물론 전 세계 여성운동에 큰 자극과 활력을 불어넣었다. 그녀의 승리는 여성권리와 지위를 일거에 10년쯤 끌어 올린 쾌거로 평가되었다.

그러나 아이러니하게도 그녀의 대부분의 표가 남성들에게서 온 것이었다. 출마를 권고받았을 때 비그디스 여사가 그랬던 것처럼, 아이슬란드의 여성들 역시 여성의 역량에 대해 회의적이었다.


공학교수였던 아버지와 간호협회장을 지낸 어머니를 둔 비그디스 여사는 1930년 4월 15일에 태어났다. 어린 시절 그녀의 꿈은 여선장이 되어 세계를 항해하는 것이었다. 주위에서는 의사나 변호사가 되길 바랐으나 아이슬란드인이라는 자긍심과, 역사와 문학에 심취한 그녀는 1949년 레이캬비크대학을 마치고 프랑스로 건너가 그레노블대학과 소르본대학에서 프랑스 문학과 연극을 공부하였다. 귀국 후 5년간 극장과 도서관 일을 하며 영문학과 철학에 몰입하였다.

연극과 문학에의 동경은 끊임없이 배우는 자세로 이어져 다시 코펜하겐대학에서 연극시사를 전공하였고, 스웨덴에서는 프랑스어와 언어학을 계속하였다. 그녀는 대통령직을 수행하면서도 아침 커피타임을 이용하여 관저에서 5분 거리인 극장에 들러 이따금 배우들의 연습광경을 지켜볼 정도로 연극에 관심이 높다.

"연극과 문학에 심취했지만, 무대 위에 서고 싶지는 않았어요. 이제는 어쩔 수 없이 무대 위에 서 있는 셈이 돼 버렸지만요. 대통령직이란 모든 아이슬란드 사람들이 바라보는 무대나 다름없지요."

**희숙:** 여성정치인들이 특별히 관심을 가져야 할 분야가 있다면요?
**비그디스:** 인문분야입니다. 교육과 문화는 여성들이 크게 이바지할 수 있는 분야라고 생각합니다.

소수국인 아이슬란드를 외세로부터 보호하고 길이 보존하는 방법을 묻자, 비그디스 여사는 출마 당시 펼쳤던 주장들을 서슴없이 피력하였다.

"무엇보다 우리 민족의 일체감(Identity)을 다져야 합니다. 그것은 우리 고유의 언어와 문화를 보존하고 가꾸는 데서 시작되어야 합니다. 그럼으로써 아이슬란드는 무엇인가를 줄 수 있는 국가가 되며, 무조건 흡수하는 스펀지 같은 국가가 되는 것을 피할 수 있습니다."

**희숙:** 여성의 사회정치참여로 성행하는 이혼대책이 있습니까?

**비그디스:** 결론부터, 특별한 처방이 없습니다. 이혼은 대개 부부가 서로 직장생활을 하다 보니 가정에 소홀하게 되고, 그로 인해 생기는 갈등에서 비롯되는 것 같습니다. 이혼을 초래하지 않으려면 부부가 직장과 가정생활을 여건에 맞춰 원만하게 병행해야 하는데, 그것은 개인문제라 제도적인 차원으로 해결할 수는 없죠. 어린 시절 어머니가 들려주던 동화가 기억납니다. 가정을 지킴은 소중하나 여성이 자신의 커리어를 포기하거나 두려워해서는 안 됩니다. 문제는 직장과 가정의 조화의 문제지요. 요즘 남성들은 가사 일을 돕고 심지어 쇼핑을 어색해하기는커녕 즐깁니다. 우리 세대에는 거의 불가능한 일이었죠. 여성들의 능력과 커리어를 살리는 사회가 어느 정도 이뤄진 셈이지요.

**희숙:** 외람된 말씀이지만, 대통령께서는 오래전에 이혼을 하신 것으로 알고 있습니다. 그 후 20년 넘게 독신을 고수하고 계신데, 재혼할 생각이 없으신지요?

**비그디스:** 아까는 제가 여성들이 결혼을 계기로 사회참여의 기회를 스스로 포기하는 것이 문제라고 지적했는데, 이런 말을 하면 아이러니하게 들릴지 모르겠군요. 제 경우는 결혼하지 않는 것이 나은데, 저는 항상 제 자신이 소신껏 발언하고 행동하기를 원합니다. 이런 점은 대통령이란 특수위치에 있는 사람에게 특히 요구됩니다. 남편의 존재는 저의 소신에 크건 작건 영향을 줄 수도 있으며, 설령 그렇지 않다 해도 국민들은 저의 생각이 남편 생각이라 믿을 수도 있습니다.

비그디스 여사는 스물세 살 때 의학도이며 대학동창인 라르나이린 브자르나르 씨와 결혼하였으나 9년 만에 이혼, 그 후 딸을 입양하였다. 첫 대통령 선거를 치르면서 이혼녀인 것이 항간에 논란이 되었지만 그녀는 "대통령인 남자가 아내를 잃었다고 사표를 내겠는가?"라고 되물었다. 그녀의 삶은 정치와 사생활에서도 여느 대통령과 다르다.

"누구나 언젠가는 독신이 됩니다. 혼자인 것이 딸에게는 미안하지만……. 저는 중요한 것일수록 혼자서 냉정하고 철저하게 책임질 수 있는 옳은 결정을 할 수 있다고 믿습니다."

**희숙:** 특별한 취미가 있으신지요?
**비그디스:** 취미는 삶의 영양제입니다. 미스 리께서는 무엇이 우리들의 풍부한 생을 만든다고 생각하나요?(그녀는 나에게 질문한 후 스스로 대답했다) 독서입니다. 읽는다는 것은 인간 내면을 살찌게 하는 영양분을 섭취하는 행위입니다.
**희숙:** 음악은?
**비그디스:** 아주 즐깁니다. 특별히 애호하는 음악은 없으나, 즐기는 방법이 다양합니다. 분위기에 따라 어떤 날은 기타를 치고, 어떤 날은 알비노니의 바로크 음악을, 열네 살의 딸이 팝음악을 너무 좋아해 함께 듀란듀란이나 마이클 잭슨을 듣고 춤도 추죠.
**희숙:** 춤을 좋아하시는군요.
**비그디스:** 물론이죠. 젊은이들이 좋아하는 팝뮤직에 맞춰 춤도 추지만, 민속무용을 잘 춥니다(이야기가 민속무용에 이르자, 그녀의 목소리는 저절로 탄성이 섞였다). 춤을 정말로 좋아합니다.
**희숙:** 음식을 직접 만드십니까?

**비그디스:** 그럼요. 영어속담에 '주부는 언제나 주부(Once House-wife, Always Housewife)'라고 있지 않습니까? 저도 다른 어머니들처럼 딸과 함께 부엌일을 합니다.

여사는 대통령으로서뿐 아니라 어머니로서도 최선을 다한다. 가정은 사회의 중추이다. 혼자 키우는 딸이라 아버지에게 받지 못하는 사랑을 채워 주고자 그녀의 친구와 아버지의 역할도 한다.

"딸과 많은 이야기를 나누며 그녀의 결정과 행동을 100% 신뢰합니다. 엄마의 믿음은 아이에게 책임감을 심어줍니다."

**희숙:** 쇼핑은 공인이라 곤란한 점도 있을 텐데요.
**비그디스:** 전혀 그렇지 않습니다. 세일을 하거나 예쁜 옷이 있는 곳이면 딸과 함께 어디든 찾아갑니다(그녀는 말끝에 인터뷰가 끝나면 딸과 함께 옷을 사러 갈 예정이라고 했다). 옷을 사러 많은 시간을 소비함은 낭비라, 계절이 바뀔 때마다 한 차례씩 쇼핑합니다. 옷을 스마트하게 입으면 왠지 자신감도 더해지는 것 같아 옷차림에 신경 쓰는 편이죠. 모두가 주시하는 위치라……

실제 그녀의 차림은 언제나 우아하고 세련되었다.

**희숙:** 슬프거나 괴로울 때는?
**비그디스:** 글쎄요. 슬플 때? 왜 괴로운가, 왜 슬픈가를 분석해 봅니다. 그 이유를 알면 그 고통을 치유하고 극복할 방법도 자연히 나오지요.
**희숙:** 지난 일을 후회하신 적이 있으십니까?

**비그디스:** '그때 이렇게 할 것을' 하고 후회하는 사람들을 가끔 봅니다. 그러나 일의 결과야 어찌됐던 최선을 다했다면 그 말은 하지 않겠지요. 저는 하고 싶은 일에 최선을 다하므로 후회하지 않습니다. 결과가 잘못되었을 때 후회보다 차라리 그 원인을 분석해서, 다음에 같은 결과가 생기지 않도록 해야 합니다. 실패가 남긴 교훈을 그냥 마음속으로 새기지 말고 현실화시켜야 합니다.

나는 비그디스 여사가 매사에 적극적이고 긍정적인 사고방식의 소유자임을 새삼 느낄 수 있었다. 그녀의 이런 면모를 엿보게 해 주는 일화가 있다. 지난 1986년 암환자를 돕고자 대대적인 모금운동이 벌여졌으나, 저조한 실적에 대통령이 직접 나섰다. "아픈 사람이나 우리 자신을 위해서가 아니라 우리가 사랑하는 사람을 위해서"라며 방송을 통해 그녀는 국민참여를 호소하였다. 대통령이 직접 나섰기 때문인지, 그녀의 특유의 호소가 주효했는지 모금은 대성공이었다.

**희숙:** 한국을 알고 계십니까?
**비그디스:** 어느 정도 알고 있습니다. 5천여 년의 유구한 역사와 전통을 가진 단일민족으로, 남북으로 양분되어 있고, 수도는 서울, 성은 김씨가 가장 많고, 국민성이 근면하여 '한강의 기적'이란 경제성장을 이룩했고, 최근에는 민주화에 박차를 가하고……

여사는 생각나는 대로 나열해 보이다가, 고유의 문화와 언어 그리고 독창적인 글(한글)을 가진 우수한 민족이라는 말로 끝을 맺었다.

**희숙:** 한국 여성에게 하고 싶은 말씀이 있다면?

**비그디스:** 부끄럽지만 제가 한국을 자세히 알지 못해 구체적 얘기는 할 수 없고, 전 세계 여성에게 대신하고 싶습니다. 자신의 존재를 강하게 인식하며, 스스로를 알고 이해하는 데 게을리하지 말고, 불합리한 인습이나 전통에는 과감히 맞서야 합니다.

모험심이 강해 늘 새것을 추구하는 국민들은 비그디스 여사의 자신감 넘치는 리더십을 존중한다. 그녀는 교육이야말로 자신을 알게 해주는 열쇠이며, 다른 사람의 가치를 깨닫게 되는 길이라고 강조한다. 끊임없이 학문에 몰입하였고, 직책을 수행하면서 다방면에 걸친 지식이 환원됨을 체험하였다. 한없이 부드러운 듯하면서도 달구어진 쇠처럼 무한한 잠재력을 지닌 비그디스 여사는 대통령직을 떠나도 국민들 가슴속에서 지워질 수 없다.

"교육은 인간을 성숙시키고, 교육을 받은 사람은 가정생활 역시 성공할 수 있는 지혜가 있으며, 미래를 결정할 지침을 얻게 됩니다."

**비그디스 핀보가도티르는 1998년 유네스코의 언어 친선대사로서, 2000년 인종차별에 반대하는 유엔의 호의대사로 활약했음. 2001년 이후로 "Voices of the World"라는 세계에서 현존하는 언어들을 담은 다큐멘터리 필름 프로젝트에 참여. 그녀를 기념하기 위해 2002년 아이슬란드대학에 The Vigdis Finnbogadottir Institute for Foreign Languages가 설립되었음.**

제 작품은 팔이 없기 때문에 낭물 아프게 하지 않습니다

## 새문드프 발디머손(1990. 1)

새문드프 발디머손은 팔이 없는 조각으로 이름났다. 35년 동안 밤 노동자로서 춘부처럼 살아온 그의 생은 통나무를 재료로 한 작품에 잘 투영되어 있다. 모든 행복은 완전한 눈을 통해 흘러들어 온다고 믿는 그는 노르웨이 및 유럽에서 순회전시를 갖고 있다.

오슬로의 토요일 아침, 가랑비가 내리고 있다.

노르웨이 남성의 손바닥만큼 커다란 낙엽들이 길 위에 차곡차곡 쌓이고 있다. 곧 겨울이 닥쳐오리라는 예감을 남몰래 전해 주는 외로운 분위기의 1989년 10월 말. 그것은 앞으로 긴 6개월의 겨울을 어떻게 지낼까를 가만히 나에게 추궁한다.

나는 친구와 박물관 전시장에서 돌아오던 중, 찬바람을 피하러 얼굴을 돌렸더니, 기묘한 포스터가 눈에 띄었다. 최근에 생긴 화랑인가 의아해하며 비걱거리는 2층 계단을 오르며, 창문가에 놓인 난해한 조각들을 보니 행복한 기분이 들었다.

새문드프 발디머손(Saemunduv Valdimarsson)!

1918년 태어나서, 어릴 때부터 전문적인 조각교육을 받아 본 적이 없는 그가 주인공이다. 곧바로 그를 만날 수 없을 것 같아, 우선 하랄드 크뢰 아이슬란드 대사 부부와 대화를 나누며 곁에 있는 한 가족을 넘겨보았다. 평범한 그 얼굴에 누가 그를 조각가로 추측할 수 있을까?

다음 날 아침 바이킹 박물관에서 얼마 떨어지지 않은 대사 댁에 10분 일찍 도착하였더니, 대사부인은 조각가가 곧 돌아올 것이라며 나를 반갑게 맞이하였다. 잠시 후 나타난 발디머손 씨는 산책 때 떠오른 영감을 나에게 보여 주었다.

*우리는*
*맨발로*
*이슬이 가득 찬*
*풀밭을 걸었다.*

*태양은*
*눈을 감고*
*그리고 얼굴을 붉히고 있었다.*

*우리는 이야기하지 않았다.*
*우리는 생각도 하지 않았다.*
*그리고*
*시작조차도 존재하지 않았다.*

어제 화랑에서 기사를 취재할 예정이라 말해 둔 탓인지 인터뷰를 시작하기 전, 그는 행복에 관한 이야기를 들려주었다.

*한 나그네가 길을 걸어가고 있었다. 그는 빨리 걸어서 행복을 찾으려고 했다. 그러나 행복을 발견할 수 없었다. 그는 더욱 빨리 걸었다. 그러나 갑자기 그는 어쩌면 그 행복을 지나쳤는지도 모른다고 생각했다. 그는 걸었던 길로 되돌아왔다. 그래도 그는 행복을 발견할 수 없어 이번에는 천천히 걸어야겠다고 마음먹고 천천히 걸었다. 그러나 여전히 행복을 찾아낼 수 없었다. 어쩌면 그는 행복이 어떻게 생겼는지 몰랐기 때문일까?*

**희숙:** 갑작스러운 인터뷰 요청에 감사합니다. 대사님 내외분께서도 함께 통역도 해 주시고……. 어디서 영감을 얻나요?

**새문드프:** 잘 모르겠습니다. 마치 행복이 어떻게 생겼는지 몰랐던 것처럼 영감도 역시 그런 게 아닐까요? 어떤 때는 영감이 마음속에 들어왔다가 어떤 때는 갑자기 사라지죠. 미술교육을 받은 적이 없어 영감 찾는 법을 배운 적이 없습니다. 그래서 영감을 기다리지 않아요. 열심히 일을 하면…….

**희숙:** 탄트라 불교에서 말하는 "마음을 비워라", 즉 명상을 할 때 마음을 열어 두고 생각을 마음대로 들어오고 나가게 하는 것과 같네요. 행복했거나 슬펐던 추억들이 있나요?

**새문드프:** 저에게 가장 큰 행복은 아내입니다(그는 그의 아내를 쳐다보았다. 조용한 아내는 수줍은 듯 고개를 숙였다). 저의 가족들에게는 많은 비극적인 일들이 일어났었습니다. 이야기하고 싶지 않는데, 가슴이 아파 말로 표현할 수 없어요. 그러나 저는 인생을 기쁘고 긍정적인 눈으로 봅니다.

**희숙:** 왜 조각가가 되셨나요?

**새문드프:** 처음부터 조각을 하겠다는 생각은 없었어요. 취미였을 뿐. 저는 35년간 한 공장의 밤 노동자로 일했는데, 고작 하는 일이란 벽에 걸린 기계의 수량을 재는 것입니다. 끝날 것 같지 않던 이 기간을 많은 책 속에서 보냈어요. 스웨덴어를 배웠기 때문에 스웨덴 문학을, 또 핀란드 고전도 읽었어요. 책을 읽고 그 감동 때문에 눈물을 흘렸던 적도 많았어요. 아름다운 추억이죠.

발디머손 씨는 어느새 눈물을 흘리며, 내가 눈치 챈 것을 아는지 모르는지 그냥 자신의 눈물을 내버려 두고 있었다. 나는 생각했다. 성인이 되어서도 눈물을 흘릴 수 있음은 훌륭한 것임을…….

바깥에는 북구의 아름다운 겨울하늘이 내다보이고 낙엽이 떨어지는 소쇄한 음향이 가만히 내 가슴에 스며들었다. 나는 대사부인이 마련한 은잔에 담긴 커피를 조금씩 마시며, 잠시 훌륭한 대사관저를 둘러보았다. 이 조각가의 어둡고 고독한 밤들과 얼마나 대조되는가!

> **희숙:** 35년간의 무의식 속에서 터져 나오지 않으면 안 될 당연한 감정들이 쉰 살이 되어서야 작품으로 표현된 것이군요. 그래서 발디머손 씨 작품이 인간적이고 진실하고 다른 조각들처럼 과장이 심하거나 매너리즘에 빠지지 않아 관심을 끈 것일까요?

대사부인은 나의 말을 통역하다가 잠시 머뭇거리더니 바깥에서 손님을 만나고 있던 남편을 불렀다.

"여보, 와 주세요. '진실'이란 단어가 생각이 안 나요."

우리들은 인터뷰를 잊은 채 10분 동안이나 웃음으로, 그리고 대사부인이 권하는 맛있는 모차르트 초콜릿을 전부 먹어치웠다. 곁에 조용히 앉아 있는 조각가 부인의 얼굴을 쳐다보았다. 평범하고 성실한, 시골 아주머니의 얼굴은 사교계를 다니는 대사부인과는 지극히 상반되었다.

> **희숙:** 통나무를 재료로 사용하나요?
> **새문드프:** 돌로 시험해 보았지만 나무가 제 성격에 맞습니다. 저는 자연 속에서 서성거림을 좋아해요. 폭포나 바닷가에서 파도에 말려 떠내려오는 통나무를 자주 발견하는데, 그 경험들이 무의식적으로 저를 나무와 친하게 만든 계기로 생각해요.
> **희숙:** 통나무를 발견하지 못하면?
> **대사부인:** 제가 대답할게요. 저는 노르웨이 출신이지만 남편을 따

라 아이슬란드에서 살았어요. 그곳은 지구의 북쪽으로 극과 극이 만나는 곳이라 지구 곳곳에서 통나무들이 떠내려 옵니다. 그중에 는 시베리아나 심지어 한국에서 떠내려 온 게 있을지도 몰라요.

**희숙:** 작품이 대중들에게 받아들여지지 않을 때가 있나요?

**대사부인:** 그 점에 대해서도 제가 대답할게요. 발디머손 씨의 작품은 한 번도 외면당한 적이 없어요. 언제나 환영받고 좋은 평가를 받죠. 작년 아이슬란드 비행기 안에서 이분에 대한 기사를 읽고 관심이 끌려 노르웨이로 초청했어요. 이 전시회가 그 결과입니다.

**대사:** 조각가가 된 것이 쉰 살 이후니까 작품이 계속 발전 중입니다. 그런 점에서 젊어서 시작한 예술가들과 다르고 비평도 자연히 적을 수밖에는 없죠.

**희숙:** 작품을 만들 때 이것이 사회의 공헌이라고 생각하고 책임을 느끼나요?

**새문드프:** 저는 제 작품이 그다지 가치가 있다고 생각진 않아요. 훌륭한 평가를 받았을 땐 부끄럽고 당혹스러웠습니다. 늦게 시작해서 예술가들만의 분위기를 느껴 본 적이 없었거든요.

**희숙:** 하나님을 믿나요?

**새문드프:** 하나님을 믿지는 않지만 성경이야기는 믿습니다(갑자기 웃는 듯한 얼굴이 되었다). 한 비평가의 말인데 저의 작품에 팔이 없어서 남을 아프게 하지 않는 장점이 있다더군요. 아프고 고통받는 사람들을 예수님께선 두 팔로 안아 주시고 돌봐주셨죠. 이 세상에는 그 팔로 남을 아프게 하는 사람들도 무수한데……

**희숙:** 정말 작품에 팔이 없네요. 왜 조각에 화장을 시키죠? 속눈썹도 길게 붙이고? 민속예술에서 영향받았는지 작품이 아주 소박한데요.

**새문드프:** 행복이 완벽한 눈을 통해 흘러나온다고 믿어요. 보통사람들이 지닌 모습 그대로 속눈썹을 붙이고 화장시켜야 사람 같은 완전한 느낌을 갖게 되거든요. 그렇지 않으면 왠지 편하지 않습니다.

**희숙:** 여성지향적인 면이 있어서 작품에 그렇게 나타나는 것이 아닌가 싶은데요.

**새문드프:** 그 말은 맞아요. 저는 여성복지와 권리를 위해 일하는 여성단체의 일원입니다. 아이슬란드 여성들이 남자들보다 일을 더 많이 하면서도 월급은 적고 사회적으로 불공평하게 취급받고 있어, 이 문제에 관심이 많습니다. 그런 일로 여자들을 자주 만나고 순간적인 사랑에 빠질 때도 있지만요.

**대사:** 벌써 노르웨이의 한 여성과 사랑에 빠졌는데 구태여 누군지는 말하지 맙시다. (모두 웃음)

**희숙:** 작은 파도가 큰 파도를 이루듯 어느 날 사랑에 빠지면 어떡하죠? 만일 부인이 딴 남자와 사랑에 빠진다면 인정하겠어요?

**새문드프:** 그럴 수 있겠죠. 저의 아내는 그런 적이 없었는데. 글쎄요, 제가 질투할지도 모르겠네요.

**희숙:** 사랑의 끝남은 생명의 끝을 의미하죠. 발디머손 씨 작품 속엔 인체의 하반신보다는 상반신에 사랑, 즐거움, 외로움이 더 많이 나타납니다. 예술가는 원하는 것을 충분히 표현했을 때 행복을 느낀다고 했죠. 그러나 크리슈나무르티의 말처럼 행복은 순간에 그치고 마는 거품이 아닐까요? 작품에 무엇을 표현하고 싶은지요?

대사부인은 통역을 하면서 "예술가는 원하는 것을 표현했을 때 말할 수 없는 행복을 느낀다"라는 말을 얼떨결에 노르웨이어로 통역하고 말았다. 옆에서 조용히 듣고 있던 대사가 아이슬란드어로 통역하라고 부인에게 귀뜸하자, 대사부인은 이러다가 러시아어, 프랑스어 전부 동원되겠다며 또 한번 웃음이 터졌다. 대사라는 국제적인 직책을 잘 설명해 주는 장면이었다.

**새문드프:** 살아 있는 조각이 되도록, 작품 도중에 저의 사상을 불어넣습니다. 미리 어떤 메시지를 결정하여 시작하지 않고, 다만 내 마음속에 명멸해가는 영감들을 표현할 뿐입니다. 저는 인간에게 관심이 많아 통나무를 발견하면 그것을 땅에 내려두고 오랫동안 그 주위를 돌면서 이것은 이런 모습으로, 저것은 저런 모습으로 마음을 정합니다. 마치 자식들이 성장하면 어떤 모습이 될 것인가를 상상하는 것처럼, 그것을 작품에 투영시킨다고나 할까요?

**희숙:** 특별한 취미를 가지나요?

**새문드프:** 조각이 취미였는데 직업이 되었습니다. 그리고 여성권리를 위해 노동단체에서 일하는 것이죠.

**희숙:** 생은 어떤 의미를 가지고 있을까요? 저는 몇 년째 그 대답에 지쳐 있는데요.

**새문드프:** 생에 대해 심각하게 생각지 않아요. 중요한 점은 생 그 자체가 의미 있다는 것입니다. 생은 계속 진행되어야 합니다. 그렇지 않으면 생은 의미가 없죠. 아까 미스 리께서 하나님에 대해서 물으셨는데, 저는 사람이 죽은 후 생명이 계속된다는 점에 관심 쓰지 않아요. 이 나이가 되어서도 그 점에 결론내지 못했어요. 저는 죽어서 천사가 되지 못할 것 같아요. 훌륭한 일을 하지 않아서요.

**희숙:** 겸손의 말씀이네요. 지금 하시는 일이 훌륭하지 않나요? 작품을 통해 기쁨을 선사하니까요. 죽어서 천사가 되는 점은 하나님이 결정하지 우리 소관이 아니라고 생각합니다. 발디머손 씨의 작품을 좋아하는 특별한 그룹이 있습니까?

**새문드프:** 이상하게 많은 여성들이 제 작품을 삽니다. 또 별 관심이 없는 남성들도 자기 부인의 선물로서……. 한번은 제가 토르신(천둥신)을 만들었는데, 한 여성이 사고 싶어 했지만 남편이 원하지 않았어요. 그녀는 3일간 계속 화랑에 오더니 마지막 날 남편이 동행했어요. 그는 그 조각을 사고 말았죠.

발디머손 씨는 조용하고 침착하면서도 약간은 수줍은 듯이 위층으로 올라가 앨범을 가지고 왔다. 아이슬란드 대통령을 비롯해 여러 유명인사들에게 팔린 그의 작품들이 스크랩되어 있었다. 대사부인은 그의 작품의 무구함이 비평가들이 말하는 민속예술에서 기원된 것이 아니고 조각가 자신의 생에서 나온 것이라고 생각한다. 대사는 아이슬란드 사람들이 이 작품을 보고 5천 년 전 이집트와 연관시키지만, 이 조각가가 그런 고대문명에 대해 지식이 없고, 많은 교육을 받았든 안 받았든 예술가로서 표현의 근본방법은 같다고 믿는다고 말했다.

**희숙:** 지망생에게 들려줄 말씀이 있다면?
**새문드프:** 젊은 조각가들의 작품을 보면서 그것이 잘 만들어졌는가 아닌가에 신경 쓰지 않아요. 오직 그 작품에 자신을 충분히 표현했고, 그 속에서 작가가 행복했는가가 중요합니다. 최고의 작품이라도 작품이 진실하지 않으면 그 작품의 질이 사라져 버립니다.
**희숙:** 자신의 좋고 나쁜 점을 알고 있나요?
**새문드프:** 좋은 점은 제 자신에게 진실한 것입니다(To Be Myself). 나쁜 점보다, 안타까운 점은 저의 생을 너무 빨리 달려 행복을 잃어버렸는지, 지나쳐 버렸는지 아직까지 모른다는 사실입니다.
**희숙:** 학창시절 저의 교수님 말씀으로는 생에는 행복을 잡을 세 번의 기회가 있다. 첫 번째는 천천히, 두 번째는 조금 빨리, 마지막은 촌음처럼 사라져 버리므로, 행복을 얻으려면 그 행복을 느낄 수 있게 여건을 미리 준비해야 한다고 주의시켰어요. 그런 점에서 발디머손 씨께서는 두 번의 기회가 남았군요. 끝으로 부인은 남편의 작품을 어떻게 생각하고 비평하는지요?

**새문드프 부인:** 남편 작품을 아주 좋아합니다. 또 예술가로서 어느 정도 그가 성공했다고 믿습니다만, 저는 비평할 줄 모릅니다 (가만히 자기 구두코를 내려다보며 얼굴을 붉혔다. 나이 든 얼굴이 단풍잎처럼 홍조를 띠고 있었다).
**새문드프:** 문제는 제가 아내의 비평을 잘 듣지 않는 데 있지요.
**희숙:** 사랑한다면 진실한 비평이 필요하지 않을까요.

인터뷰가 끝났다. 마시던 커피잔도 비워져 있었다.


발디머손 부부는 몇 시간 후 스웨덴으로 떠나게 되어 있었다. 내년 아이슬란드에서 재회할 것을 약속하며, 나는 대사 댁을 나섰다. 달려오는 버스를 향해 뛰며 나는 "감사합니다"라고 큰 소리로 그들에게 외쳤다.

다음 날 작품사진 차 화랑에 들렀다. 작품이 많이 팔려 흐뭇했는데, 화랑주인은 발디머손 씨가 달갑게 여기지 않고 오히려 걱정한다고 했다. 35년 공장의 밤 노동자로서의 조용한 행복이 이제 돈과 명성으로 환산돼 깨어질 것을 두려워하기 때문일까?

"죽기 전에 돈이나 명성을 가진 처지가 한번 되어 봤으면……." 욕망이 나에게 스쳐 갔다.


**새문드프 발디머손은 2008년 3월 13일 사망함.**

## 나는 훌륭한 여자가 되고 싶었고, 그것을 실현시켰죠

## 구두른 아그나스도티르(1992. 2)

세계에서 유일한 여성당을 창단했던, 올해 쉰한 살인 구두른은 두 아이의 어머니로 여성의 사회평등을 원한다. 국회위원이란 직업에도 불구하고 옷을 직접 만드는 그녀는, 여성보다 더 나은 자연적인 원동력은 없으며 늘 사회의 일원임을 느낀다.

여성당(Woman Alliance) 전 당수, 구두룬 아그나스도티르(Gudurun Agnarsdottir) 여사를 만난 것은 몇 년 전이었다. 그녀와의 재회를 위해 1991년 11월, 레이캬비크 市에서 20분 거리에 있는 자택을 찾았다.

그녀는 '미래를 위한 비전'의 주제로 내년 6월 열릴 국제여성회의를 준비 중이었다. 작년 여름 미국 페미니스트 운동의 어머니라 할 수 있는 벨태 테담의 강연이 기회가 되었다. 레이건, 고르바초프 전 대통령의 평화회담 장소이며 동양과 서양의 중간점인 이곳이 최적지라고 믿고, 미래 여성들의 직장과 가정 병행, 또 가족을 지켜 다음 세대에 무엇을 줄 수 있는가에 대한 것이 논의된다.

나는 그녀가 따라주는 차를 마시면서 어린 시절을 물었다.

**구두룬:** 다른 여자애들처럼 미국영화를 자주 보고 그 속의 주인 공처럼 되고 싶었어요. 댄서·가수·영화배우 같은……. (웃음) 이 모든 꿈들은 정말로 아름다웠죠. 그러나 건설적인 훌륭한 여자, 즉 의사가 되고 싶었는데 그것을 실현시켰죠.

**희숙:** 성격은 부모에게서 받은 것인가요?

**구두룬:** 물론이지만 저의 환경도 작용했지요. 읽었던 문학책이에요.

**희숙:** 아이슬란드는 세계에서 가장 문맹률이 낮아 "시인을 영웅처럼 대한다"는 말을 들은 적이 있습니다. 부모님은 어떤 분들이었죠?

**구두룬:** 아버지는 대부분의 아이슬란드인처럼 어부였어요. 나중에 보험일을 했어요. 어머니는 가정주부였고. 저는 네 명의 형제 중 맏딸로 학교·친구·부모님으로 둘러싸인 도덕적인 가정에서 책으로 어린 시절을 보냈죠.

**희숙:** 어떤 특별한 책이라도?

**구두룬:** 자서전을 많이 읽었어요. 영리한 소녀가 하고 싶은 것을 하는, 정의의 사자로서 사회 대변자 같은 여자에 관한 책이었어요. 그런 여자들은 용기를 가지고 주도권도 있어 다른 사람들을 위해서 무엇인가 할 수 있기 때문이죠. 현재 여성의 어머니와 가정주부 역할은 자기 자신을 사회를 위한 여성으로 변화시키고 있는데 더 교육을 받았기 때문입니다.

**희숙:** 집을 둘러보니 모차르트 음악을 좋아하는 것 같은데요.

**구두룬:** 클래식이면……. 특히 외국 민속음악을 가장 즐깁니다.

**희숙:** 민속음악을 좋아함은 그만큼 여행을 즐긴다는 뜻이겠죠.

**구두룬:** 그럼요. 저는 영국에 14년간 머물렀고 여러 곳을 여행했어요. 또 춤추기를 좋아하지만 젊은이들이 다니는 디스코텍에 가기 힘들고 저에게 맞지도 않아요. 우리 민족은 세계 선진국들 중 가장 일을 많이 하여 일주일에 50시간을, 심지어 두 개의 직장을 가지는 것이 보통이죠. 저의 젊은 시절은 자식 키우고 일하느라 사실 춤출 시간이 없었어요.

구두룬 여사는 레이캬비크 상대를 졸업한 후 6년간 의학공부를 하던 중 의사인 남편을 만났다. 학창 초기에 첫딸을, 말기에 둘째로 아들을 낳았다. 가족들과 함께 영국에서 대학원을 졸업하였다.

**희숙:** 공부를 마치고 이곳에 다시 돌아온 이유는 뭔가요?

**구두룬:** 난 아이슬란드인이에요. 거기서 일할 수도 있었지만 유학은 더 배우려는 목적이었어요. 가족들 전부가 돌아와 사회를 돕고 헌신하는 것이 우리들의 철학입니다.

**희숙:** 가정의 의미란?

**구두룬:** 어린 시절, 어머니나 가정주부가 아닌 여성상을 생각해 본 적이 없어요. 어머니가 전형적 가정주부여서인지 어머니의 역

할을 저는 몹시 존경했죠.

**희숙:** 어떻게 여성당을 창당했나요?

**구두룬:** 가정과 의사 일로 바빠, 정당에 가입한 적이 없었어요. 1968년 사회제도가 바뀌면서 저도 사회의 일원임을 깨닫고, 사회 변화와 이상적인 여성상, 페미니스트에 관한 책과 접촉하게 되었습니다. 귀국 후 어떤 여성이 저를 여성당 후보로 추천했습니다. 결국 국회위원이 되고 정치에 관여한 지 8년이 됩니다. 여성당의 유일한 점은 권력과 경험의 분배인데, 경험이 한 사람에게 너무 쏠리면 따른 여성들은 경험할 기회가 적어, 결국은 권력의 균형을 잃어버리죠.

**희숙:** 여성당에 대해 더 들려주세요.

**구두룬:** 당의 취지는 사회를 특수한 방법으로 개조하는 것입니다. 사회정책의 결정자가 남자만이 아니고 또 어떻게 이 사회체제가 개인, 가족 환경에 영향을 주는가에 관한 것 등, 우리는 다음 세대를 염려하고, 또 여성의 사회평등과 급여, 정책 결정에서 여성들의 위치를 살리고 존경받기를 원합니다. 현재 페미니스트 경향은 가정주부로서 또 사회직업인인데, 여성 스스로 선택할 수 있는 자유입니다.

**희숙:** 선택할 수 있는 여성은 어떤 조건을 갖추어야 하나요?

**구두룬:** 일반교육을 받고 경제자립이 가능한 것이 저희 당의 핵심이에요. 권력분배는 그 다음이죠. 전국에서 자치적 결정권을 가져, 좀 더 나은 사회를 만들기 위한 것입니다.

여성당의 국회의원은 여섯 명이다. 당원들은 교육을 받은 스물다섯 살 이상의 직장여성들로 1,500명 정도이며 그중에는 남성들도 있다.

**희숙:** 외로울 시간이 없겠군요.

**구두룬:** 바빠요. 생은 순간으로 싸여 있어요. 행복의 조건으로 불행하지 않으면 행복이란 개념도 없겠죠. 사람들은 행복에 관해 느끼고 경험하는 게 서로 다를 뿐이죠. 생의 의미는 건강하고 지혜를 가져서 자기가 믿는 것을 행하며, 남에게 무엇을 받는 동시에 자기가 가진 것을 줄 수 있어야 합니다. 어떤 사회이든 그 사회를 건설하는 일부분의 힘이 되어야 하죠.

**희숙:** 건강관리는?

**구두룬:** 최소한의 건강을 소유한 것이 다행입니다. 자주 수영을 하고 겨울이면 스키를 타지만 운동이 더 필요한 것 같아요. 저는 자연 속에서 영감을 얻습니다. 나뭇잎 위에 맺힌 물방울에도 저로 하여금 무엇인가 가치 있음을 느끼게 해요.

**희숙:** 신을 믿나요?

**구두룬:** 신이란 의미를 가지고 우주를 건설하는 어떤 힘이라고 생각해요. 종교에 관한 것을 많이 듣지는 않지만 만일 신이 있다면 그녀는(그녀는 신을 여성명사로 말한다) 미스 리가 어떤 종교로 가든 그곳에 있을 것입니다.


국회위원이란 직업에도 시간이 나면 옷을 직접 만들고, 세일행사에도 간다. 가정은 적절한 경제정책에서 온다는 것이 그녀의 믿음이다. 좋아하는 음식은 생선요리인데 가족들과 번갈아 저녁식사를 준비한다. 그것은 자식들이 자신을 돌볼 줄 알게 되고 남을 돌보는 것도 배운다.


**희숙:** 제가 만나는 아이슬란드인마다 애국심이 대단한데요?

**구두룬:** 나라를 자랑하는 대신 이 나라에 살아남은 사람들을 존경합니다. 아이슬란드는 화산이 많고 땅이 거칠어 농작이 힘들며, 먹을 것이 부족하고 심한 겨울로 인해 이곳에 살아남은 사람들은

자연에 의해 선택된 강한 성격을 가진 사람들이에요. 노르딕, 켈트족이 9세기 여기에 이주하여 훌륭한 사가 문학을 만들었고 교육률이 높고 문맹자가 없는 문학민족이에요. 많은 사람들이 외국 유학 후 돌아와서 동질성을 잊지 않고 그들이 배운 새로운 현대 문화와 아이슬란드 고전을 혼합, 우리만의 독특한 문화를 만듭니다. 우리나라에는 군대가 없고, 평화회담이 자주 열립니다.

**희숙:** 앞으로의 계획은?

**구두룬:** 미래가 어떻게 될지 모르지만, 국회 경험은 저로 하여금 가능한 일을 찾도록 도와줄 거예요. 열일곱 살부터 배웠어요. 나를 위한 어떤 일도 저쪽 구석에 기다리고 있음을…….

**희숙:** 성격에 대해서 들려주세요.

**구두룬:** 사람들을 만나기 좋아합니다. 단점은 여러 가지를 한꺼번에 하려는 성격인데, 조금씩 일을 완성하도록 주의해야겠어요.


1941년 6월 2일에 태어난 그녀는 네 살 위인 남편의 생일이 7월 16일로 점성술에 같은 성좌에 속한다고 한다. 동양적으로는 뱀띠인 그녀에게 뱀띠인 딸은 물어보지도 않고 아내로 맞는다는 한국의 결혼풍습을 들려주니 웃음을 멈추지 않는다.


**희숙:** 한국 여성에게 들려줄 말이 있다면?

**구두룬:** 자기의 위치와 본연을 알고 자기를 믿어야 해요. 이것은 또 남을 믿는 데 기여합니다. 우리들은 세계를 더 발전시키고 건설적이고 긍정적인 힘을 가지기 위해 서로 도와야 해요. 이 세상에는 여성보다 더 나은 자연적인 원동력이 없어요. 이상과 경험을 포함한 여성의 힘은 아직까지 사회에 사용되지 않았죠. 모든 결정에는 여성의 힘이 작용돼야 해요. 위대한 자연적 힘, 여성의 힘이 세계를 더 살찌게 하는 것입니다.

나는 그녀의 말을 들으면서 얼마 전 만난 아이슬란드 여대통령이 생각났다. 어느덧 대화가 끝났다. 멀리서 지금이라도 터질 것 같은 헤클라 화산 너머로 황혼이 깃들고 있었다.

이희숙

학자, 예술가, 디자이너, 저널리스트이다.

힌두교·불교·기독교와 이슬람교에서 나타나는 여러 가지 공통유산을 연구해 종교 간의 상호영향과 교류를 연구해 온 이색 예술인이다. 또 이를 연구하는 가운데 영 감을 받은 건축·오너먼트·디자인이나 사상에 독일 시성 괴테의 작품을 통합하여 독창적인 작품세계를 구축해 온 작가이다.

이화여자대학교 신문방송학과를 졸업한 후, 그리그의 '솔베이지송'이 흘러나오는 북구의 매력에 반해 동양 최초의 스칸디나비아 유학생이 되었다. 노르웨이국립예 술디자인대학에서 회화, 그래픽디자인 등으로 학사와 석사학위를 받았다. 그 이후 기독교 신학과 문화에 관해 공부하였으며, 특히 미국 시라큐스대학교에서 이슬람 과 관련한 응용미술분야에서 석사학위를 받았고, 박사학위는 힌두교·불교·기독교 와 이슬람 건축의 비교연구로 영국 옥스퍼드브룩스대학교에서 받았다.

수 개 국어에 능통하여 세계 각지를 다니며 강의, 전시회와 인도주의적인 일 (Humanitarian Work)을 한 후, 현재 핀란드에 돌아와 연구에 몰두하면서 유네스 코 무형문화재의 임원으로 일하고 있다. 1970년대 이후 한국 언론과 방송에 스 칸디나비아를 알리는 동시, 해외에서 한국을 알린 공로로 故 김대중 전 대통령 으로부터 The Order of Certificate of Civil Merit상을 비롯, 여러 상들을 외국정부· 사회·학술단체 등으로부터 수여받았다.

# 나의
# 스칸디나비아

초 판 인 쇄 │ 2011년 9월 9일
초 판 발 행 │ 2011년 9월 9일

지 은 이 │ 이희숙
펴 낸 이 │ 채종준
펴 낸 곳 │ 한국학술정보㈜
주      소 │ 경기도 파주시 문발동 파주출판문화정보산업단지 513-5
전      화 │ 031) 908-3181(대표)
팩      스 │ 031) 908-3189
홈 페 이 지 │ http://ebook.kstudy.com
E - m a i l │ 출판사업부 publish@kstudy.com
등      록 │ 제일산-115호(2000. 6. 19)

ISBN        978-89-268-2569-3 03380 (Paper Book)
            978-89-268-2570-9 08380 (e-Book)

이담
Books 는 한국학술정보(주)의 지식실용서 브랜드입니다.